Tagebuch der Weltwirtschaft
2000-2010

Internationale Märkte

Herausgegeben von
Prof. Dr. Herbert Strunz
und Prof. Dr. Monique Dorsch

Band 18

PETER LANG
Frankfurt am Main · Berlin · Bern · Bruxelles · New York · Oxford · Wien

Herbert Strunz

Tagebuch der Weltwirtschaft 2000-2010

Kommentare, Kritik, Reflexionen

PETER LANG
Internationaler Verlag der Wissenschaften

Bibliografische Information der Deutschen Nationalbibliothek
Die Deutsche Nationalbibliothek verzeichnet diese Publikation in der Deutschen Nationalbibliografie; detaillierte bibliografische Daten sind im Internet über http://dnb.d-nb.de abrufbar.

Umschlaggestaltung nach einem Entwurf
von Monique Dorsch

Gedruckt auf alterungsbeständigem,
säurefreiem Papier.

ISSN 1435-473X
ISBN 978-3-631-60705-3

www.peterlang.de

Vorwort

Das „Tagebuch der Weltwirtschaft" ist ein langjähriges Projekt. In relativ loser Abfolge und gänzlich subjektiver Themenauswahl versucht ein hoffentlich aufmerksamer Zeitgenosse, weltwirtschaftliche Ereignisse im Zeitraum von 2000-2005 zu kommentieren, öfter auch zu kritisieren und zu reflektieren und so seine eigene Wahrnehmung der Wirklichkeit zu dokumentieren. Wie man es eben in einem Tagebuch üblicherweise so macht. Nicht mehr als das und auch nicht weniger.

Der Inhalt soll den geneigten Leser nicht nur interessieren, sondern möglichst für die vielfältigen Probleme der internationalen Wirtschaft, oft im Hinblick auf ihre Schattenseiten und Kuriositäten, sensibilisieren, vielleicht ein wenig aufrütteln. Ein besonderes Anliegen ist es, mit dem „Tagebuch" in gewisser Weise auch Wirtschaftsgeschichte festzuhalten. Abgesehen vom Inhalt ist die Form und Methode neu. Tagebücher zum Wirtschaftsgeschehen hat – soviel ich weiß – noch niemand veröffentlicht. Den strengen Kriterien der wissenschaftlichen Forschung entsprechen meine Betrachtungen freilich kaum. Das wollen sie aber auch nicht.

Herbert Strunz

Inhaltsverzeichnis

2000

Internationale Wirtschaft – nichts Neues

Grenzüberschreitende Wirtschaftsaktivitäten gibt es schon seit mehreren tausend Jahren. In der Antike hatten die Kulturen des alten Orients, die Griechen, Phönizier und Etrusker zahlreiche Stützpunkte für den Fernhandel und ein weitreichendes Netz von der Atlantikküste bis nach Indien. Später kam der Seidenstraße, ein von China durch Zentralasien bis nach Syrien führender Karawanenweg, eine wichtige Rolle zu. In bedeutendem Ausmaß wurden Seide, Porzellan und Gewürze aus China, Indien und Java nach Westen und Agrarprodukte, Edelmetalle, Glas und andere Luxusprodukte nach Osten transportiert (vgl. Marco Polo). Erst im späten Mittelalter erlangte der Fernhandel durch die Kreuzzüge, die Kolonialisierung der Ostsee (Hanse) und den Aufstieg der Städte wie etwa Venedig, Genua, Brügge, Antwerpen und Augsburg (Fugger) wieder große Bedeutung. Regelrechte Wirtschaftsimperien wurden errichtet, die auch über ein dichtes Netz von Handelswegen und Messen verfügten.

Im 17. Jh. erreichte der (allerdings einseitige) Warenfluß durch die zu Kolonialmächten gewordenen Seefahrernationen England, Niederlande, Frankreich, Spanien und Portugal mit der „Erschließung“ von Asien, Afrika und Amerika einen neuen Höhepunkt. Skrupellosigkeit, Ausbeutung und Sklaverei wiesen dabei den Weg zu oft enormen Gewinnen. Eine wichtige Rolle hatten in diesem Rahmen auch Großunternehmen wie etwa die Ostindischen Kompanien. Multinationale Unternehmen im heutigen Sinn entstanden – begünstigt auch vom technischen Fortschritt (Eisenbahn, Telefon) – allerdings erst gegen Ende des 19. Jh. Bis dahin wurde der internationale Handel doch meist von eigenständigen Kaufleuten betrieben. Im Zuge der Industrialisierung waren zunächst Rohstoffe (Öl, Bergbau) wichtig, durch die Möglichkeit zur Massenproduktion wurden zunehmend auch neue Absatzmärkte erschlossen. Damit einher ging die internationale Verflechtung der Kapitalmärkte, weil Anleger stets auf der Suche nach Anteilen an den aufstrebenden Unternehmen – unabhängig von ihrem Standort – waren.

Warum sich auch Verbrechersyndikate über die Globalisierung freuen

Durch die zahlreichen Deregulierungs- und Liberalisierungsbestrebungen im Zuge der Globalisierung bieten sich auch für illegale Geschäftsaktivitäten neue und aufregende Chancen. Die Beseitigung von Handelshemmnissen und die Förderung des grenzüberschreitenden Warenverkehrs ermöglicht es beispielsweise, daß gestohlene Waren an ganz anderen Orten wieder auftauchen und dort zum Verkauf angeboten werden. Genauso ebnet frei bewegliches Kapital auch illegalen Finanzströmen und Geldwäsche den Weg.

Darüber hinaus geht es darum, „illegale Einwanderer aus Bangladesch nach England zu bringen oder junge ukrainische Frauen der Prostitution in den Niederlanden zuzuführen“.[1] Parallel zur Internationalisierung von Unternehmensaktivitäten haben die organisierten Verbrechersyndikate ihre weltweiten Netze ausgebaut: „Die chinesischen Triaden haben ihre Finger in der Gastronomie in London. Die sizilianische Mafia verkauft Heroin in New York. Und das japanische Yakuza-Kartell finanziert die Pornographie in den Niederlanden.“[2]

Aufgrund vielfacher Probleme in den Schwellenländern entsteht eine breite Unterschicht, die anfällig dafür ist, von den global agierenden Verbrechersyndikaten angeworben und in der Folge ausgebeutet zu werden. So sind etwa die Arbeitslosen in den südafrikanischen Townships leichte Beute krimineller Banden, die dazu beigetragen haben, daß Südafrika zu einem der wichtigsten Umschlagplätze im weltweiten Drogenhandel geworden ist.

---

[1] Deutsche Gesellschaft für die Vereinten Nationen e.V.: UNDP-Bericht zur menschlichen Entwicklung 1999, Bonn 1999, 51

[2] ebd.

Auch die fortschreitende technologische Entwicklung birgt vielfältige Gefahren. Vor Jahren wäre es beispielsweise noch nicht möglich gewesen, daß Hacker in die Zentralcomputer von Unternehmen oder Banken eindringen, Einsicht in sensible Daten haben und diese zum Schaden der Unternehmen manipulieren. Das Internet bietet hierfür einen geeigneten Nährboden. Obwohl der Bekämpfung des organisierten Verbrechens sowohl auf internationaler als auch auf nationaler Ebene eine sehr hohe Priorität eingeräumt wird, sind die Ergebnisse bescheiden. In Analogie zu einer alten Weisheit: auch hier ist das Verbrechen den ermittelnden Behörden stets um (mehr als) eine Nasenlänge voraus.

Neoliberalismus

Der in jüngster Zeit weltweit wieder häufig praktizierte Neoliberalismus kann als eine – dogmenhistorisch betrachtet – nicht neue Wirtschaftstheorie und -praxis, die das Leistungsprinzip und den unbeschränkten Wettbewerb als oberste Maxime in Wirtschaft und Gesellschaft anerkennt, betrachtet werden. Der Staat soll sich – im Gegensatz zum Sozialstaat – möglichst weitgehend aus dem Wirtschaftsgeschehen zurückziehen und die Kräfte von Konkurrenz und Wettbewerb idealerweise voll zur Entfaltung bringen.

Insbesondere eine entsprechende Geldpolitik, steuerliche Erleichterungen für Unternehmen, Sozialabbau und die Schaffung einer leistungsfähigen Infrastruktur stehen in diesem Rahmen im Vordergrund. Bei aller kapitalistischen Euphorie dürfen im Zuge des Verfolgens neoliberaler Politik wesentliche Fragen allerdings nicht vernachlässigt werden.

In Wirklichkeit funktioniert eine Wirtschaft nämlich nur dann reibungslos, wenn Fragen der Gerechtigkeit durch entsprechende Rahmenbedingungen nicht gänzlich vernachlässigt werden und auch die sozial Schwachen letztlich abgesichert sind, wobei dies stets offene Diskussionsfragen bleiben. Zahlreiche Beispiele von Streiks, Unruhen und Bürgerkriegen zeigen, daß dies gerade in marktwirtschaftlichen

Ordnungen besonders sensible und oft nicht einmal annähernd berücksichtigte Grundtatbestände menschlichen Zusammenlebens sind.[3]

Ein feines „Vehikel"

Der Firmenname gibt mehr preis als die gerichtlichen Untersuchungen. Übersetzt steht Elf für „Französische Treibstoffe und Schmiermittel". Der Name als Programm, jedenfalls der „hidden agenda"? Elf Aquitaine wurden Mitte der 1960er Jahre von Präsident De Gaulle zur Wahrung der französischen Erdölinteressen gegründet. Was sich entwickelte, ist Legende: vom Staat für den Staat geschaffen, stets auch mit heiklen Missionen betraut, verwickelt in afrikanische Staatsstreiche und Bürgerkriege wie auch Tummelplatz der Geheimdienste. Der Chef von Elf war bis zur Privatisierung 1994 wichtiger als mancher Minister und nur dem Staatspräsidenten persönlich rechenschaftspflichtig.

Zum einen sichert der Konzern das französische Öl, das zu zwei Dritteln aus Gabun, Kongo, Angola, Nigeria und Kamerun kommt. Dafür braucht man freilich verläßliche Partner. So wurde Elf nicht zuletzt zu einem wichtigen Brückenkopf der französischen Afrikapolitik. Die Zentrale in Paris fungierte in dieser Eigenschaft stets auch als Geldtopf und Drehscheibe für Manipulationen aller Art. Vor allem die Korruption wurde zur Methode, Bestechung zum Teil der Unternehmenskultur. Andere Firmen verweisen stolz auf ihren prozentualen Anteil vom Umsatz etwa für Forschung. Im Falle Elfs weiß man indes, daß jährlich bis zu fünf Prozent des Umsatzes für Schmiergelder ausgegeben wurden.

„Kick-Backs" sorgten dafür, daß die Verantwortlichen nicht zu kurz kamen. An die zuletzt flüchtige „graue Eminenz" des Konzerns, Alfred Sirven, sollen im Laufe der Jahre gar 500 Millionen Franc – oder noch mehr – „zurückgeflossen" sein. Generaldirektor Le Floch wurde 1996 glatt verhaftet. Eine für diese Kreise gewiß unübliche Maßnahme, die unter dem Vorwurf des Mißbrauchs öffentlicher Gelder ihren Aufhänger fand und den größten Wirtschaftsskandal Frankreichs zur

[3] Strunz, H./Dorsch, M.: Internationale Märkte, München/Wien 2001, 18

Grundlage hatte. Die „Elf-Affäre“ steht als Synonym für Korruption, Machenschaften und Parteienfinanzierung. Man stieß auf einen undurchdringlichen Filz aus Politik, Industrie und Finanzwelt. Die Protagonisten kommen aus höchsten Staatskreisen genauso wie aus der Halbwelt. Dann tauchten Zahlen und Details auf. Der Ölkonzern zahlte ganz offiziell Kommissionen und Provisionen an Mittelsmänner, Sonderbeauftragte und Politiker; 800 Mio. Francs pro Jahr. Zudem flossen verdeckte Gelder, eine Milliarde Francs jährlich. Mätressen wurden reich und dafür Minister ausgehorcht und beeinflusst.[4] Nicht umsonst sagte Sirven, bevor er untertauchte: „Wenn ich anfange zu erzählen, wird die Republik beben“.[5]

Profit, Made in Sierra Leone

In Sierra Leone tobt seit zehn Jahren ein schrecklicher Bürgerkrieg. Die (Kinder-)Soldaten sind Marionetten der Geschäftsinteressen. „The Kalashnikov lifestyle is our business advantage“[6], konnte man von ihnen hören. In diesem Wirtschaftskrieg geht es um die Kontrolle über Diamanten, Gold, Bauxit und Rutil. Alles big business, keine Kleinigkeiten. Die Diamanten sind die reinsten Schmuckdiamanten der Welt, jährlicher Wert eine Milliarde Dollar. Bauxit, als wichtiger Rohstoff für die Aluminiumerzeugung, kommt im kleinen Land so häufig vor, daß sich damit der Weltmarktpreis beeinflussen läßt. Die großen Rutilreserven (Titandioxid) dienen als Grundstoff für die Lack- und Farbenerzeugung.

Wirtschaftssanktionen – etwa der UNO – würden kaum greifen, weil der Schmuggel blüht. Die mittlerweile geächteten „Blutdiamanten“ kommen als liberianische Diamanten auf den Weltmarkt, obwohl es im ebenso vom Bürgerkrieg geschüttelten Nachbarstaat gar keine Diamantenvorkommen gibt. Die einschlägigen Konzerne, wie etwa der Weltmarktführer De Beers spielen (noch) mit und kommen so bil-

---

[4] vgl. Leick, R.: „Konzern für heikle Missionen“, Der Spiegel, 6/2000, 154ff.; Vallée, O.: „Elf – Erdölriese in staatlicher Mission“, Le Monde Diplomatique, April 2000, 11; Meurice, J.-M./Calvi, F./Dequay, L.: „Elf – Afrika unter Einfluß“, Dokumentation, Arte 12.4.2000

[5] Leick, R.: „Konzern für heikle Missionen“, Der Spiegel, 6/2000, 160

[6] Perez, A.: „Rutil, Bauxit und Diamanten“, Le Monde Diplomatique, Juni 2000, 7

lig zu den wertvollen Rohdiamanten. Auf diese Weise blüht die Kriegsökonomie.

Bei den Kriegsparteien lassen sich „Gut“ und „Böse“, ebenso wie anderswo in Afrika (Angola, Kongo) kaum unterscheiden. Die Regierung hat aber den Vorteil, als die „legitime“ Macht offiziell mit Konzessionen für internationale Minengesellschaften zu handeln. So ist auch schon fast jeder Quadratmeter ihres Territoriums regelrecht verhökert. Auf dem Gebiet der Rebellen liegen hingegen die meisten Diamantenfelder. Der Krieg dient der Absteckung der Claims, der Eroberung und Verteidigung von Gebietsansprüchen. Wer die Gebiete hat, hat auch die Profite.

Die vielen Unternehmen, die in Sierra Leone Interessen verfolgen, stört das Risiko in ihrem Goldrausch kaum. In welcher Hälfte des Landes man tätig ist, spielt fast keine Rolle und richtet sich eher nach der Branche. Vier Unternehmen haben sich den Löwenanteil angeeignet: Global Exploration Corp., Rex Mining Corp., Diamond Works sowie Sierra Rutile-Nord Resources. Und wie in einem solchen Land kaum anders zu erwarten, haben auch die internationalen Söldnerfirmen wie Executive Outcomes and Sandline ihre Hände massiv im Spiel.[7]

Glück in der Fremde

Meist gehören sie in ihrer Heimat zur Mittelklasse in den Städten. Mit einer Ausbildung und von der Familie aufgebrachten „Startkapital“ versuchen sie ihr Glück. Die Verheißungen des Westens, wie Freiheit und Konsum, locken. Präferierte Ziele sind England und Deutschland, nach Frankreich will kaum jemand, die USA sind praktisch dicht.

Nun erstickten 58 illegale Einwanderer aus China auf dem Weg nach England in einem Truck. Für vermutlich 20.000 Dollar pro Kopf wurden sie von professionellen Fluchthelfern auf ihren langen Weg geschickt; allem Anschein nach über die Nordroute der Menschenhänd-

---

[7] vgl. ebd.; Reno, W.: Corruption and State Politics in Sierra Leone, Cambridge 1995; Reno, W.: Warlord Politics and African States, London 1998

ler, eine Art moderne Seidenstraße über Moskau, Tschechien, Deutschland und Rotterdam an die Kanalküste zur Fähre Richtung Dover. Als man sie entdeckte, waren bis auf zwei alle tot.

Neben 700.000 offiziellen Asylbewerbern kommen nach Schätzungen pro Jahr 500.000 Menschen illegal in die EU. Für die organisierte Kriminalität ein riesiges und lukratives Geschäft. Je geringer die Chance auf Asyl wird, desto größer werden die Margen der Schlepper und Menschenschmuggler. Die Preise variieren: am teuersten ist es für Chinesen, Kurden zahlen 3.000 Dollar, Afghanen 10.000 Dollar, Nordafrikaner für die bloße Überfahrt durch die Straße von Gibraltar 2.000 Dollar; Schwarzafrikaner müssen für dieselbe Fahrt im überfüllten Fischerboot die doppelte Summe aufbringen. Wie viele „durchkommen", ist wohl nur den Schleusern bekannt. An deutschen Grenzen werden pro Jahr etwa 40.000 „unerlaubte Einreisen" registriert und zudem rund 3.000 Schlepper festgenommen. Doch das Fluchtrisiko kann auch weitaus größer sein: an der Küste Marokkos wurden zuletzt binnen einem halben Jahr 1.300 Leichen von gekenterten Migranten angeschwemmt.

Ein „Fullservice" der Menschenschmuggler umfaßt in der Tat Erstaunliches: Dokumentendiebe beschaffen Blankopässe und Visaaufkleber, Hehler leiten die Papiere weiter, Fälscher bearbeiten sie, „Keiler" akquirieren Fluchtkandidaten und ortskundige Führer bringen sie über die Grenzen. Inbegriffen sind oft weitere Anläufe im Fall gescheiterter Grenzübertritte, Kleidung, eine erste Bleibe und ein Job etwa in der Gastronomie. Manche Migranten werden schon, ohne ihr Wissen, in der Heimat für bestimmte Jobs ausgesucht, meist um später als Prostituierte zu arbeiten. Im gelobten Land heil angekommen, ist es nicht leicht. So sind Chinesen selbst in Chinatown von London nicht gerne gesehen. Dennoch versuchen viele Familien, den hohen Preis aufzubringen, um einen Sohn in den reichen Westen zu schicken. Selbst bei geringem Lohn etwa in einem Londoner Restaurant können sich die Angehörigen in China bald ein Haus bauen.

Doch ist die Moral der tragischen Thematik nicht anderswo zu suchen? Das reichste Fünftel der Menschheit verfügt über 85 Prozent des Welteinkommens, das ärmste über ein einziges Prozent. Aber ausgerechnet die reichen Industriestaaten, die vehement die Einhaltung der Menschenrechte reklamieren, den freien Fluß des Kapitals propagieren und den Abbau von Hemmnissen einfordern, machen die Schotten dicht für die Opfer der Globalisierung und politischer Krisen, die jenseits ihrer Heimat menschenwürdige Existenzbedingungen suchen. Kein Wunder, daß die Geschäfte der Schlepper boomen und geschätzte drei Milliarden Dollar jährlich einbringen.[8]

Im Sudan

So heißt der achtzehnte Band von Karl May, der Bericht einer Reise, die er – wie alle anderen – nie tat. Um Menschenraub geht es in seinem Buch, geschrieben vor 100 Jahren.[9] Daß sich daran bis heute nichts geändert hat, mag man kaum glauben. Sogar die Gegend des Verbrechens ist die gleiche wie im Roman. Der Gazellenfluß an der Grenze zwischen dem arabischen Norden und dem schwarzafrikanischen Süden des Sudan. Auch Täter und Opfer sind die gleichen geblieben. Die Rahmenbedingungen jedoch haben sich gewandelt.

Seit nunmehr 17 Jahren tobt im Land ein unerbittlicher Bürgerkrieg zwischen Nord und Süd. Dabei geht es – zumindest vordergründig – um die Unabhängigkeit des christlichen Südens vom dominierenden islamischen Norden. Tatsächlich stehen aber massive wirtschaftliche Interessen dahinter. Im Süden des Sudan lagern gewaltige Ölreserven. Die Regierung im Norden legt fest die Hand darauf. Seit nicht allzu langer Zeit fördern Ölmultis aus aller Welt, ungeachtet der Kriegshandlungen. 1.600 Kilometer lang ist die Pipeline, die direkt nach Norden geht und den reichen Devisenbringer nach Port Sudan am Roten Meer bringt. Das ewig unruhige Umfeld und die Wirren in einem vom Krieg geschüttelten Land fördern natürlich Erscheinungen, denen nichts (Un-)Menschliches fremd ist.

---

[8] Falksohn, R./Malzahn, C.-C./Schreiber, S./Sontheimer, M./Thielke, T.: „Seidenstraße des Todes“, Der Spiegel, 26/2000, 146ff.; Gebauer, M./Mestmacher, C./Stoldt, H.-U.: „Wer zahlt, kommt rein“, Der Spiegel, 18/2001, 22ff.

[9] vgl. May, K.: Im Sudan, Bamberg 1952

So auch den professionellen Sklavenhandel. Die Szenerie ist so gespenstisch wie eben bei weiland Karl May. Etwa alle zwei Monate das gleiche Bild: vermummte (arabische) Reiter führen eine schier endlose Kolonne von (schwarzen) Sklaven an. Man trifft sich mit Weißen, die einen nach dem anderen – sie werden namentlich aufgerufen – um 50 Dollar pro Kopf freikaufen. Nachdem dicke Geldbündel die Besitzer gewechselt haben, löst sich das gespenstische Treiben allmählich auf. Die „Weißen" sind von der NGO „Christian Solidarity International". Sie sammeln Geld in aller Welt und haben schon mehr als 33.000 Menschen aus der Sklaverei gerettet.

Das noble Vorhaben kommt allerdings zunehmend in die Kritik. Diese ist – möglicherweise nicht unrichtig – eher ökonomisch motiviert als humanitär: die Befreiung der Sklaven schaffe erst recht den Markt, den sie eigentlich unterbinden will! Gerade der Menschenhandel hat im Sudan eine jahrhundertelange Tradition. Der Südsudan war seit jeher das klassische Jagdrevier arabischer Sklavenhändler. Solange das Geschäft Profit verspricht, wird man dem archaischen Gewerbe kaum Einhalt gebieten können. Traurig, aber vermutlich wahr.[10]

Nigerianische Verhältnisse

Nigeria ist wegen krummer Finanzdelikte in Europa berühmt und berüchtigt. Besonders die dubiosen Briefe mit windigen Gewinnversprechen sind sattsam bekannt. Doch da gibt es noch ganz andere Dimensionen. Deswegen wird jetzt in der Schweiz und in Deutschland gegen Banken ermittelt. Auch Luxemburg und London sind involviert. In der Schweiz stehen insgesamt 19 Banken in der Schußlinie der Ermittler. Allen voran die Credit Suisse und das ebenso renommierte Bankhaus Warburg sowie manche seiner Töchter im Ausland. So auch seine Niederlassung in Hamburg. In England sind Barclays und die Citibank involviert.

Doch worum geht es? Um den Fall Abacha; am Ende seiner Schrekkensherrschaft 1998 war das rohstoffreiche Nigeria praktisch ruiniert.

---

[10] vgl. Hielscher, H./Holle, G.: „Sklavenhandel am Gazellenfluß?", Der Spiegel, 30/2000, 126ff.; Thielke, T.: „Trübes Blutmeer", Der Spiegel, 29/2002, 114f.

Der Ex-Diktator und sein Clan hatten 4,3 Mrd. Dollar beiseite geschafft. Dabei handelt es sich um einen der international größten Finanz- und Korruptionsskandale. Partner des Raubzuges waren europäische Banken. Beim Wegschaffen des Geldes war man nicht gerade zimperlich. So wurde Abachas Frau bei ihrer Flucht mit 38 Koffern, voll mit harter Währung erwischt. Ein Sohn flog mit 100 Mio. Dollar in bar auf. Ein großer Teil der Beute wurde bei Warburg versteckt. Verschiedene „Waschgänge" für das geraubte Geld wurden organisiert.

Den Banken wird jetzt vorgeworfen, Kunden kraß falsch eingeschätzt und Anhaltspunkte für eine dubiose Herkunft von Geldern ignoriert zu haben. Dabei sollen gerade Abachas Söhne Mohammed und Ibrahim „ausgenommen charmant, höflich und vor allem verläßlich" gewesen sein. Ganz im Gegensatz zu anderen nigerianischen Geschäftspartnern. So verlautet es jedenfalls in Bankenkreisen. Dem „charmanten" Mohammed wird in Nigeria derzeit der Prozeß wegen Mordes gemacht.[11]

Shrimps on the rocks

„Meeresfrüchte" erfreuen sich – nicht zuletzt wegen rasant gesunkener Preise – nahezu unstillbarer Beliebtheit. Früher waren sie den Reichen und Schönen vorbehalten. Statt exklusiv in den Gourmettempeln sind sie heute in jedem Supermarkt beinahe schon Massenware. Für die Natur hat das katastrophale Folgen. Zehn Prozent Wachstumsrate waren in den letzten zehn Jahren zu verzeichnen – jährlich. Die Weltproduktion der Krustentiere – Shrimps, Hummer, Krabben und Krebse – beträgt drei Milliarden Kilogramm im Jahr. Der Hunger nach Shrimpscocktails, Sushi und gegrillten Scampi ist kaum zu stillen.

700 Millionen Kilogramm davon werden in Küstenfarmen – vielfach in Ostasien – gezüchtet. Den Preis dafür zahlen nicht die Konsumenten, sondern das Ökosystem. Die Farmen – wahrlich in großem Stil aufgezogen – zerstören die Küstenregionen. So fielen dafür schon fast die Hälfte der für die Natur wichtigen und deshalb wertvollen Man-

[11] Herbermann, J. D.: „Charmanter Mohammed", Der Spiegel, 37/2000, 95

grovenwälder zum Opfer. Für Fauna und Flora sind diese in den besagten Gebieten lebenswichtig. Schon sind namhafte Erosionen der Küstenregionen die Folge. Eine gewaltige Belastung für Meer und Küsten stellen – man glaubt es kaum – die ungeheuren Mengen an Exkrementen und Fäkalien der gezüchteten Tiere dar. Diese wollen schließlich auch gefüttert werden. Dafür sind wiederum enorme Mengen Fischmehl notwendig. Eigene Fangflotten sind unterwegs, um die Nahrung herbeizuschaffen. Klarerweise kommt es wie bei jeder Art der Massentierhaltung zu Erkrankungen sonder Zahl und zum massiven Einsatz von Chemikalien. Schon nach wenigen Jahren sind die Areale so vergiftet, daß sich die Zucht nicht mehr lohnt. Dann ziehen die Farmer weiter. Von Nachhaltigkeit kann dabei keine Rede sein.

Neben der Zucht gibt es das Meer. Was nicht gezüchtet wird, fischen die Treibnetze. Für eine Tonne Shrimps gibt es dabei bis zu 15 Tonnen „Beifang", der in den riesigen Netzen praktisch hängen bleibt. Für die Industrie beinahe ohne Wert, wäre das „nutzlose" Meeresgetier für das Funktionieren des maritimen Ökosystems äußerst wichtig. Die Meere werden so regelrecht leergefischt. Wie man es auch drehen und wenden mag. Zucht in Küstenfarmen, ursprünglich als verträgliche Alternative zur Fischerei angesehen, oder Treibnetzjagd – die gravierenden Nachteile liegen gleichermaßen auf der Hand. Schon werden Gütesiegel gefordert. Doch kann das die Lösung des Problems sein? Der Räuber Mensch in seiner Gestalt als Gourmet ist vielmehr gefordert, sich nicht kalt wie ein Fisch zu verhalten.[12]

In der Stadt und auf dem Lande

Der „Drachenkopf" hat 14 Millionen Einwohner, in 15 Jahren könnten es fast doppelt so viele sein. Gebaut wird auf „Teufel komm raus", Abertausende von Würfeln, Quadern, Türmen, ein Sammelsurium von Bauklötzen. Wo sonst gibt es Planungsbüros mit 1000 Architekten und zwei bis drei Millionen Wanderarbeiter, von denen ein guter Teil am Bau werkt? Natürlich ist die Rede von Shanghai.

[12] vgl. Dee, A.: „Katastrophaler Raubbau für Sushi", Der Standard, 21./22.10.2000, A9

An die 21.000 Baustellen sollen es sein, mit Pudong im Osten wurde eine Art Manhattan aus dem Boden gestampft. Dafür mußte jeder zweite Bewohner seine Wohnung verlassen. Aber ganz geht die Rechnung (noch) nicht auf. Zehn Millionen Quadratmeter standen 1999 leer, eine Fläche so groß wie das Stadtgebiet von Hong Kong. Shanghai ist vorerst auch keinerlei Dreh- und Angelpunkt der Weltwirtschaft. Präferiert werden in Fernost nach wie vor Hong Kong und Singapur. Hat man sich zuviel auf die Hardware fixiert und die nötige Software unterschätzt? Auch viele Türme machen eben noch kein Babel.[13]

Auf dem Lande gehen die Uhren derweil anders. Im Dorf Nanjie in der Provinz Henan ganz anders. Jegliche Modernisierung scheint an den 4.000 Einwohnern vorüber gegangen zu sein. Wie in Maos Zeiten regiert das Kollektiv über das Individuum. Der alte Traum einer egalitären, kommunistischen Gesellschaft wird hier noch bis ins kleinste Detail gelebt. Mit den Reformen Mitte der 1980er Jahre kam man schlecht klar. Seitdem wacht die Partei radikal und streng darüber, daß alles beim Alten bleibt.

Alle Genossen bekommen den gleichen Lohn, die Lebensnotwendigkeiten werden von der Partei kostenlos verteilt. Das Dorfreglement ist streng, die Partei vergibt für das Verhalten im Alltag denn auch Zensuren. Auf einer Skala von Null bis zehn wird schon mal ein Punkt abgezogen, weil jemand die Wohnung oder den Balkon nicht aufgeräumt hat. Dafür ist das Mehl dann eben nicht mehr völlig gratis. Die schlimmste Strafe ist aber der Ausschluß aus der Dorfgemeinschaft. Die würde sofort verhängt, wenn jemand einen Zweitjob annimmt. Die Logik scheint klar: Gleichheitsprinzip nicht verstanden![14]

---

[13] vgl. Smoltczyk, A.: „Leben im Drachenkopf", Der Spiegel, 47/2000, 170

[14] vgl. Lorenz, A.: „Der Sozialismus ist gut", Der Spiegel, 16/2000, 202ff.; Lew, R.: „Der lange Marsch der Bauern in die Stadt", Le Monde Diplomatique, Dezember 2000, 6f.

2001

Blutbäder

Der Legende zufolge brachte die Königstochter Sita in ihre Ehe mit dem hinduistischen Gott Rama eine hohe Mitgift ein: eine Milliarde Goldmünzen, 100.000 Perlen, 10.000 Kutschen, eine Million Pferde, 60.000 Elefanten, 20 Millionen Kühe und 100.000 Sklaven.

So etwas läuft heute freilich nicht mehr. Doch am Prinzip der einträglichen Mitgift hat sich in Indien nichts geändert. Jeder möchte reich werden, am besten auf Kosten anderer. Für die Ehe möglichst viel Mitgift zu fordern, ist deshalb ein beliebtes Mittel. Heute geht es immer noch um Gold und Schmuck, natürlich auch um Bargeld, aber auch um elektronische Geräte und Autos. Motorroller stehen ebenfalls hoch im Kurs. Dabei ist so etwas gesetzlich verboten.

Deshalb bezieht man sich lieber auf die Veden, die als Wurzel des Mitgift-Brauches gelten. Furchtbar ist es, wenn Eltern einer Tochter die auszuhandelnde Mitgift nicht aufbringen können. Die Tochter bleibt ohne Mann, der Familie droht die gesellschaftliche Ächtung. Doch auch Nachforderungen sind an der Tagesordnung. Dann wird es für die Frauen erst richtig kritisch: Tausende junge Ehefrauen werden von ihren Männern und Schwiegereltern gepeinigt und nicht selten umgebracht.

Standard ist die als „Küchenunfall" getarnte Verbrennung oder einfach eine mißlungene Operation, die im korrupten System relativ einfach herbeizuführen ist. Jährlich kommen geschätzte 25.000 Frauen zu Tode, besonders viele im Norden und in der Hauptstadt Neu Delhi. In den Gegenden mit niedriger Bildung und Einkommen, wo auch besonders patriarchalische Strukturen herrschen, ist die einschlägige

Kriminalität besonders hoch. Namhaft verurteilt wurde dafür noch niemand.[15]

Gladiatorenkampf

Der Rennzirkus Formel 1 ist nach Olympia und der Fußball-Weltmeisterschaft das größte Sportereignis schlechthin. Der große Unterschied: nicht nur alle vier Jahre, sondern von März bis Oktober brüllen die Boliden alle zwei Wochen, weltweit. Die Grand-Prix sehen dann je 300 Millionen Menschen via TV und 100.000 an der Rennstrecke. Simple Fans zahlen dafür bis 560 Mark. Der Kampf der modernen Gladiatoren kann regelrecht süchtig machen. Dann ist kein Lärm zuviel, kein Hektoliter Alkoholisches. Verlassene Landstriche sind es meist, die der Zirkus für nur vier Tage heimsucht; quasi wie eine Besetzungsmacht, die noch so ferne Flecken der Erde kurzfristig erobert und kolonialisiert.

Politiker aller Klassen erheischen dann gnädigst eine kurze Audienz beim eigentlichen Monarchen: Hoheit Bernie Ecclestone, ehemaliger Gebrauchtwagenhändler, ist er wahre Impresario des Circus Maximus. Wie kommt einer zu soviel Macht, daß er Präsidenten und Kanzlern Audienzen gibt, wenn auch nur für ein paar Minuten. Die Sache ist relativ einfach: Bernie ist mit nunmehr 70 der Älteste, am längsten dabei und – das Wichtigste – immer schon der schlaueste Fuchs von allen gewesen. Rechtzeitig hat er sich nicht nur um röhrende Motoren und Primadonnen gekümmert, sondern die kaufmännischen Agenden, die auch eine Formel 1 wohl oder übel hat, in seine Hände gespielt. All die Freaks hat so etwas ohnehin nie interessiert. So kam es, und so ist es geworden.

Heute hat er den Zirkus längst zu einem Multi gemacht. Er organisiert mit Akribie und entscheidet fast alles. Aber vor allem vermarktet er das Treiben, dem die Fans echt verfallen sind, genial. Alle Marketingregister zieht er dabei locker, das wirkliche Geld kommt jedoch von wo anders: den medialen Verwertungsrechten. 58 Mrd. Fernsehkon-

[15] Rao, P.: „Blutbad um Mitgift", Der Spiegel, 3/2001, 138f.

takte soll die Welt im Jahr mit der Roadshow haben. Vielleicht ist es nur eine kühne Behauptung. Trotzdem sind sich die Sponsoren einig, daß niemand für eine Marke global mehr tun kann. Freilich lohnt sich ein Werbe-Engagement erst ab 30 Mio. Mark. Für Firmen wie Compaq, Yahoo oder SAP ist das kein Problem. Immerhin muß die Gage eines Michael Schumacher, der 80 Mio. Mark pro Jahr verdient, finanziert werden. Auch Bernie möchte schließlich – an allem – verdienen. Geschätzte 300 Mio. Mark waren es zuletzt jährlich.

Zurück zu den Medien: der eigentliche Deal von Ecclestone war es, die Medienrechte an den Mann zu bringen. Seine Firma Slec mit Sitz auf der steuerparadiesischen Kanalinsel Jersey vermarktet sie. Mit der Zeit wird das teuer. Deshalb haben kürzlich die Medienkonzerne EM.TV und Kirch glatt 2,7 Mrd. Mark hingeblättert, um von Kaiser Bernie 75 Prozent seiner Firma zu bekommen. Für ihn, bereits längst im Rentenalter, ist das o.k. Um legitime Nachfolger zu haben, hat er ohnehin schon den Börsengang anvisiert.

Für die neuen Haupteigentümer von Slec hat das Ganze allerdings einen nicht nur kleinen Schönheitsfehler. Längst überlegen nämlich die in der Formel 1 mit enormen Kosten engagierten Autowerke Ferrari, Mercedes, Renault, Toyota, BMW & Co. eine eigene Rennserie, sprich „Liga". Toyota etwa kostet das Abenteuer momentan ungeahnte 460 Mio. Euro im Jahr. Letztlich möchte man bei derartigen Kosten etwas mehr mitzureden haben, als nur die Budgets diktiert zu bekommen. In Sachen Medienrechten würde sich in diesem Fall allerdings einiges ändern. Konkurrenz tut eben nicht immer gut.[16]

Heikle Fälle

Nestlé ist mit Abstand der größte Nahrungsmittelanbieter der Welt. Mit etwa 20.000 Produkten und fast 100 Mrd. Mark Umsatz sind Konkurrenten wie Kraft Foods oder Unilever klar auf die Plätze verwiesen. Doch Gegner, wie etwa Umwelt- oder Dritte-Welt-NGO ver-

---

[16] vgl. Dahlkamp, J.: „Bayreuth und Woodstock", Der Spiegel, 30/2000, 68ff.; Hawranek, D./Jakobs, H.-J./Weinzierl, A.: „Weltmeister im Kassieren", Der Spiegel, 15/2001, 126ff.; Wagner, W./Weinzierl, A: „Kampf der Konzerne", Der Spiegel, 9/2002, 218ff.

beißen sich immer wieder in den Konzern. Warum? Milchpulver statt Muttermilch, aufbereitet oft mit verschmutztem Wasser, ist einer der Dauerbrenner. Nestlé beteuert, daß der WHO-Code in Sachen Säuglingsnahrung strikt eingehalten wird. Gentechnologien, die in Produkten steckt, ist der andere ewige Zankapfel.

Der Konzern ist der Ansicht, daß die Dinge von den Kritikern verkannt werden. Um nicht zu sagen, das gefürchtete „Gen“ ist – wenngleich unterschiedlich – längst irgendwie überall enthalten. Manche Regierungen nehmen den Umstand bloß mehr für bare Münze, andere sträuben sich noch (ein wenig). Wie geht der Konzern aber global mit dem „Einheitsbrei“ um? Freilich paßt man – in Nuancen – alles den Geschmäckern der jeweiligen Märkte an. So ist die berühmte Maggie-Erbsensuppe überall ein wenig anders. Selbstverständlich gilt dies auch für das Standardprodukt Nescafé.

Demographie ist in der Strategie von Nestlé der wichtigste Faktor. In den Entwicklungsländern explodiert die Bevölkerung. Doch wie sollen sich die Menschen die teuren Markenartikel leisten? Schwierig ist die Frage, trotzdem greift – etwa in den gigantischen Metropolen der Dritten Welt – „Natur pur“ nicht mehr. Irgendwie finden die Produkte offenbar doch ihren Absatz. 1,3 Milliarden neue Konsumenten in den letzten Jahren beweisen das eindrucksvoll.

In den reichen Länden gibt es indes eine neue Zielgruppe von gewaltigem Potential. Die Leute werden immer älter, mindestens bereits 80 Jahre. Spezielle Nahrung ist gefragt. Wird Nestlé jetzt zum Pharmaunternehmen? Das Lebensmittel als Quasi-Medikament? Könnte sein. Vielleicht wird künftig gelten: vor dem Verzehr den Arzt oder Apotheker fragen ...[17]

Ein Kind dritter Wahl

„Dinks“ – double income, no kids; Mitte 30, saturiert. Solchen Paaren fehlt nur eines, „das Kind“. Hat es bisher nicht geklappt, oder war das

[17] vgl. o. V.: „„Essen Sie mal rohe Kartoffel“", Interview mit Nestlé-Chef Peter Brabeck, Der Spiegel, 19/2001, 108ff.; Herles, W.: Machtspiele – Wie Helmut Maucher die Nestlé AG führt, Film-Dokumentation im Auftrag des ZDF, 1997

Raffen von Gütern wichtiger? Faktum ist, daß solche Paare die Zielgruppe für Adoptionen sind. Die strikten Vorschriften in der Heimat machen solche Wünsche meist zunichte; zu alt ist die übliche Diagnose. So wendet man sich am besten an das Internet. Dort werden allabendlich die heißesten Tips zur Kinderbeschaffung gehandelt. Balkan, Rußland, Indien, Kenia oder die USA, fast egal.

Doch was will man, außer ein Kind? Irgendwie sollte es nach Maß sein, ein Wunschkind eben. Die Not in irgendeinem Entwicklungsland ist da nicht vorrangig. Weit verbreitet ist die Einstellung, das Kind ziehe mit seiner Adoption im reichen Westen sowieso das große Los. „Terre des Hommes" kritisiert das als „kolonialistischen Hochmut" und läßt das Argument „was hätte unser Kind bloß für ein Schicksal gehabt" nicht gelten. Gerade Kinder aus der Dritten Welt mögen allemal ein „Kind dritter Wahl" sein: kein eigenes, keines aus der Heimat.

Dennoch ist der Leidensdruck der adoptionswilligen Eltern groß. Das Verfahren – auch wenn „alles stimmt" – ist lang, die bürokratischen Hürden sind hoch, Kinder gibt es weitaus zu wenige. Auf jedes zur Adoption freigegebene Geschöpf kommen sechs Bewerber. Viele Paare sind außerdem zu alt. Ihre einzige Chance ist es, ein Kind, das den gängigen Kriterien entspricht, über obskure Agenturen oder schlicht das Internet teuer zu kaufen. Die Kriterien sind meist: gesund, hellhäutig (!) und bloß wenige Tage oder Wochen alt.

Dabei setzt man sich mitunter auch diversesten Praktiken aus, um zum Ziel zu kommen. So könnte etwa der Vater einen Fehltritt im Urlaub unter Palmen gemacht haben, und so der leibliche sein. Reist eine Mutter samt Kind per Touristenvisum ein, ist die Sache de facto ebenfalls so gut wie gelaufen. Agenturen bieten Schwangeren an, im Ausland zu gebären. Hübsche Ungarinnen sind hier besonders in Mode und werden bis Kalifornien gebracht. Auch Katalogware wird angepriesen. US-Agenturen sind hier wahre Global Players. Quasi als Schnäppchen werden die Kinder für 15.000 Dollar, im Ausverkauf gar für 7.500, von der Agentur nach Hause geliefert.

Mit Kinderhandel hat das – zumindest aus US-Sicht – nichts zu tun. Auch wenn es mit 35.000 Dollar teurer wird, alles sind bloß Gebühren für Anwälte, Heime und Vermittler – plus Profit versteht sich. Für die

Mütter bleibt auf jeden Fall am wenigsten. Manchmal wird aber auch nur eine beklagenswerte Frau – etwa aus Montenegro – nach Deutschland gebracht, um dort heimlich zu gebären; vielleicht sogar im Wohnzimmer der künftigen Eltern, abgebunden von jenem der beiden, der sich das eher zutraut. Hinterher bekommt sie ein wenig Geld für die Mühen und die Heimreise und, wenn sie Glück hat, noch einen Videorekorder dazu.[18]

Blut, Schweiß und Tränen

Schlicht „Maquilas" – Mühlen – werden die gewaltigen Fabriken in den zahlreichen Sonderwirtschaftszonen Mittelamerikas genannt. Diese „Zonas Francas" kommen den Regierungen der Länder gerade recht, denn die Arbeitslosigkeit ist hoch. Sie stellen die Infrastruktur, schaffen extraterritoriale Zonen und gewähren jegliche Steuer- und Abgabenfreiheit. Für die Investoren gibt das schier paradiesische Bedingungen. Der Standortwettbewerb ist groß, weltweit gibt es schon 2.000 solcher Sonderwirtschaftzonen.

Aus Asien kommen die Fabriksherren häufig. Sie importieren die Rohstoffe und exportieren die Fertigprodukte. Meist werden Textilprodukte hergestellt. Die Jeans oder T-Shirts gehen dann in die USA, an die Handelsriesen wie Wal-Mart, JC Penney oder Sears Roebuck. Im Land selbst bleiben bloß die Hungerlöhne. Die Einheimischen, größtenteils Arbeiterinnen, sind sozusagen der menschliche Rohstoff.

80 von ihnen schuften an einer 100 Meter langen Fertigungsstraße. In 37 Arbeitsschritten entsteht eine Hose. 500 Hosen täglich müssen sie nähen. Diese Vorgabe ist in der normalen Arbeitszeit nicht zu bewältigen. So muß einfach bis spät abends nachgearbeitet werden. Arbeitszeiten von bis zu 14 Stunden täglich sind deshalb keine Seltenheit. Gelingt es ihnen, ihr Pensum öfter eher zu schaffen, wird die Norm erhöht. Die Fabriken sehen aus wie Gefängnisse, mit hohen Mauern, Stacheldraht und Sicherheitskräften. Das Arbeitsrecht ist kein Thema, die Menschenrechte vielfach auch nicht. Sogar zur Toilette zu gehen,

---

[18] vgl. Meyer, C.: „Ware Kind", Der Spiegel, 21/2001, 60ff.

kommt schon fast einem Sakrileg gleich. Einmal täglich ist es erlaubt, kurz, versteht sich. Deshalb trinken die Arbeiterinnen kaum, trotz Anstrengung und tropischer Hitze. Nierenleiden haben deswegen viele von ihnen.

Über die sozialen Errungenschaften der modernen Arbeitswelt nachzudenken, erübrigt sich. Die Aufseher, vielfach Asiaten, sind streng und in Mittelamerika als „Chinitos" – Chinesen, ungeachtet ihrer tatsächlichen Herkunft, gefürchtet und verrufen. Gewerkschaften sind nicht zugelassen und werden, falls irgendwie aktiv, brutal unterdrückt. „Gewerkschafter enden früher oder später tot in einem Graben", sagt man denn auch.[19]

20 Cent verdienen die Arbeiter an einer Hose, die im US-Laden 20 Dollar kostet. Wer fleißig ist, kann es im Monat auf 250 Mark bringen, der Grundlohn beträgt davon nur ein Drittel. Wer wenig produziert, verdient nichts. Die Firmen halten sich dennoch für großzügig. Gerne verweisen sie darauf, daß ein Lehrer nur 75 Mark, ein Arzt bloß 190 Mark monatlich erhält. Doch für die häufig alleinerziehenden Mütter mehrerer Kinder reicht auch der „gute Lohn" aus der Fabrik hinten und vorne nicht. Alleine die langen Busfahrten, um vom Dorf überhaupt in die Fabrik zu kommen, verschlingen oft schon einen guten Teil des Lohns. An irgendeine Art von Lebensqualität ist bei der ganzen Sklavenfron sowieso nicht im Entferntesten zu denken.

Fast 30 Mio. Menschen arbeiten in solchen freien Produktionszonen. Ihre Art und Weise ist ein jäher Rückfall in den krudesten Manchester-Kapitalismus des 19. Jahrhunderts. Die Politiker machen alles mit. Sie sind froh, daß überhaupt Investoren kommen. Das nationale Kapital nämlich spekuliert oft lieber, oder legt sein Geld im Ausland an. Die arbeitenden Menschen haben keine Wahl. Sie sind auf das Geld angewiesen. Schon ein unbezahlter „Ruhetag", etwa im Fall schwächerer Auslastung, kommt für sie einer Katastrophe gleich. Die Herren der „Sweatshops" können sowieso zufrieden sein, besonders mit der Ressource Mensch: wenn es jemandem nicht paßt, kann er ja

---

[19] Lemoine, M.: „Die Arbeiter Zentralamerikas als Geiseln der ‚maquilas'", Le Monde Diplomatique, März 1998, 15

gehen. Draußen warten ohnehin schon zehn andere auf den Arbeitsplatz.[20]

Anderes ist anderswo

„Der Tourist ist eine seltsame Erscheinung. Er gehört, wie früher das ziehende Kriegsvolk, die Kaufleute oder Künstler, zu den Reisenden. Andererseits ist er auf Urlaub, frei von allen Verpflichtungen des Berufs und des Alltags. Er fährt in fremde Länder, angelockt von Exotik und Abenteuer, möchte aber Unwägbarkeiten vermeiden. Er will wissen, was ihn erwartet, und seine Freude besteht darin, vorzufinden, was er weiß. Indem er eine Reise tut, so könnte man meinen, begibt er sich der Fremde."[21]

Ist der Tourismus ein Schandfleck? Die tollen Prospekte sind das eine, doch wie sieht die andere Seite der Medaille aus? Besichtigt wird das Anderswo, weil das Hier nicht mehr erträglich scheint. Vor Ort werden die Informationen aus Prospekt und Reiseführer penibel überprüft und fotographische Beweise angefertigt. Der Tourist konsumiert nonstop. Unterkunft und Essen sollen so sein wie zu Hause. Die Akklimatisierung erledigen Klimaanlagen. Ein Moment ohne Air-Condition mag schon fast ein kühnes Wagnis sein. Die Begegnung, das Abenteuer sind des Touristen Sache nicht so sehr. Da geht es schon mehr um die beanspruchte Leistung und das garantierte Erlebnis. Fünf Sekunden vor der Mona Lisa und danach eine Stunde am Postkartenstand.

Dafür ordnet sich vieles der Marktlogik des Massentourismus unter. Sogar die ehrenwerte UNESCO spielt mit ihrer Liste der Weltkulturerbe mit. Nachhaltige Tourismusansätze haben praktisch kein Gewicht. Das GATS beschleunigt die Liberalisierung des Tourismus noch. Über Pflichten von Touristen und die Rechte der „Besuchten" schweigt das Abkommen. Der Konsument kann alledem letztlich nur

[20] vgl. Emcke, C.: „„Wir sind bloß Sklaven'", Der Spiegel, 16/2001, 144ff.

[21] Paquot, T.: „Der sanfte Terror des Tourismus", Le Monde Diplomatique, Juli 2001, 18; vgl. o. V.: „Entgrenztes Feriengeschäft", Blätter des iz3w, Juli/August 2001, 10ff.; Suchanek, N.: Ausgebucht – Zivilisationsfluch Tourismus, Stuttgart 2000

mit Verweigerung begegnen. Anderes greift zu kurz. Vom Touristikkrieg ist nichts zu erwarten. Von der Branche wird weiter bedient werden, was erwartet und teuer bezahlt wird.

Eiserner Vorhang

In Europa war der Eiserne Vorhang sattsam bekannt; aber im Fernen Osten? Nur wenige Kilometer von der japanische Nordspitze entfernt beginnt die Inselgruppe der Kurilen. Rund 30 Inseln erstrecken sich über 700 Kilometer und bilden eine brüchige Linie zwischen Japan und dem russischen Festland. Seit 1945 sind sie ein wahrer Zankapfel zwischen den beiden Nachbarn. Früher aufgeteilt, hat Stalin das „Nebelarchipel“, wie die Inseln ihrer Unwirtlichkeit wegen genannt werden, völlig okkupiert. Die Japaner wollen den südlichen Teil seither zurück. Die Angelegenheit ist hoch angehängt, hat nationale Priorität. Moskau hingegen macht keine Anstalten. Früher galten die Kurilen als strategisches Bollwerk, um das sibirische Festland zu schützen. Heute fühlen sich die 17.000 einstigen Pioniere von Mütterchen Rußland im Stich gelassen.

Mehr und mehr blicken sie nach Japan, wo nicht zuletzt der Wohlstand lockt. Ein lokal organisiertes Referendum war eindeutig: 70 Prozent der kurilischen Bevölkerung wären künftig gerne Untertanen des Tenno gewesen. Im Streit geht es aber um weit mehr: die Kurilen gehören zu den reichsten Fischgründen der Erde. Das einzig wirkliche Problem ist ihre Aufteilung. Nach dem Krieg haben die japanischen Fischer ihre besten Fangzonen verloren. Wurden sie beim „Wildern“ erwischt, drohten ihnen langjährige Haftstrafen in Sibirien. Heute sind es „bloß“ drakonische Geldbußen. Die russischen Fischer hingegen haben plötzlich die Gelegenheit, ihren Fang an den Meistbietenden zu verkaufen. Heute sind ihre Kutter in den japanischen Nordhäfen gerne gesehen. Die Russen wiederum bringen aus Hokkaido bescheidenen Wohlstand nach Hause: Elektronik, runderneuerte Reifen und manchmal einen Gebrauchtwagen.

Die kleinen japanischen Fischer ihrerseits sind froh, daß die Gewässer noch „unter Schutz“ stehen. Ansonsten hätten die industriellen Fangflotten Japans längst auch hier alles leergefischt. Ohnehin versucht

Rußland schon, Investoren auf die Inseln zu locken. Wie lange werden die Japaner diesem Angebot widerstehen. Politik hin oder her, die Fischgründe warten![22]

Reisegewerbe

Der Staat Niger, gelegen zwischen Sahara und Sahelzone, ist eines der ärmsten Länder der Welt. Gewisse Gegenden aber erleben in letzter Zeit direkt einen wirtschaftlichen Aufschwung. So etwa die Stadt Agadez, am Rande der Téneré-Wüste. Agadez lag immer schon an bekannten Handelsrouten. Heute aber geht es um Flüchtlinge. Vor allem Migranten aus Schwarzafrika sind es, die von der Stadt aus ihre gefährliche Durchquerung der unwirtlichsten Gegend der Erde in Richtung Norden antreten. Meist haben sie noch keine Vorstellung von der Wüste und ihren Gefahren.

Ziel sind zunächst die Maghrebländer, dann, wenn alles gut geht, Europa. Das ist jedoch nicht immer der Fall. Kürzlich etwa wurden in der Téneré-Wüste 140 Afrikaner tot aufgefunden. Sie waren verdurstet, als ihr überfüllter Lastwagen eine Panne hatte. Fast zeitgleich wurden in nur einer Woche 800 illegale Immigranten an der spanischen Küste aufgegriffen. Die Hunderten Toten, die an die Gestade rund um die Meerenge von Gibraltar angeschwemmt werden, sind mehr als Legende. Ihre Boote kentern nicht selten, weil randvoll.

In Agadez hat sich indes ein brummendes Reisegewerbe entwickelt. Im Transitland Niger ist das Geschäft mit den Flüchtlingen legal, „Migranten“ gibt es offiziell nicht. Für das Land ist es inzwischen ein lebenswichtiger Wirtschaftszweig geworden. Reiseagenturen und Transportunternehmen machen beachtliche Gewinne. Aber auch andere Dienstleistungen boomen: Proviant- und Reiseutensilienhändler verkaufen etwa Wasserkanister, Taschenlampen und Decken in großer Zahl; Eßlokale, Schlafsäle und selbst die zahlreichen Bordelle sind bestens frequentiert. Nicht wenige Frauen versuchen übrigens so, ihre Reisekasse aufzubringen.

---

[22] vgl. Chomette, G.-P.: „Reiche Fischgründe im Nebelarchipel“, Le Monde Diplomatique, September 2001, 16f

Diese ist auch notwendig, und nicht zu knapp. Die Fahrt auf einem der wegen ihrer abenteuerlichen Beladung sogenannten „Kathedralen-Lkw" ist kostspielig, besonders aber später jene über das Meer. Und alle wollen verdienen. Auch die Ordnungskräfte; sie haben entlang der Route zahlreiche Kontrollstellen eingerichtet. Das „Lösegeld" schwankt für Ausländer jedes Mal zwischen 15 und 30 Euro.

Viele bleiben in Libyen hängen. Gaddafi verfolgt eine Politik der tolerierten Illegalität. Man braucht die Schwarzafrikaner, allerdings regelrecht als Sklaven. Rassismus ist an der Tagesordnung, jegliche Maßnahme behält man sich vor. Die erste Amtshandlung nach der Einreise ist die Ausstellung eines „Gesundheitsausweises". Das Wichtigste: sofort wird Bakschisch notwendig, Behörden und Vermittler verdienen daran. Libyen möchte die Immigranten möglichst im Süden halten, hier werden sie benötigt, um die Wüste urbar zu machen. Die Bedingungen, speziell in den Internierungslagern, sind hart. Selbst vor regelrechten Pogromen schreckt man nicht zurück.

Derartige Intoleranz kennt man im Niger nicht. Dank der Migranten konnte Agadez an seine Vergangenheit als Umschlagplatz im Transsaharahandel anknüpfen. Wenig Wunder, daß man den einträglichen Fremden mit großer Sympathie begegnet. Nicht umsonst wird der Niger zunehmend auch zur bevorzugten Migrationsroute für Flüchtlinge aus Asien.[23]

Porno Queen

Wer kennt das San Fernando Valley? Hier werden, nur zehn Kilometer von Hollywood entfernt, auch Filme gedreht. Nur sind es Pornos, die – zumindest was ihre Quantität anbelangt – in großem Stil entstehen. Welten sind es jedoch, die die beiden Orte trennen. 500 Kinofilme laufen, über die Jahre konstant, in den USA an. Die Zahl der neuen Pornos hat sich im Laufe der 1990er Jahre hingegen auf 11.000 verzehnfacht. Das „Silicone Valley" ist so trostlos wie seine Produkte. Ein Zementwerk, Lagerhallen – und eben die Studios. Geschuftet wird

---

[23] vgl. Bensaad, A.: „Durch die Wüste – Reise ans Ende der Angst", Le Monde Diplomatique, September 2001, 18f

dort allemal. 50 Produktionsfirmen, 1.600 Darsteller, Filme sonder Zahl; vier Milliarden Dollar Jahresumsatz bringt das „Adult Movie Business“ ein, 20.000 Menschen verdienen damit ihr Brot. Eine der Firmen kann schon mal für 70 Mio. Dollar an „Playboy Enterprises“ verkauft werden.

Abgedreht werden die dann doch primitiven Streifen in selten mehr als drei Tagen. Manchmal sind es auch zwei Wochen. Mit Produktionskosten ab 40.000 Dollar ist zu kalkulieren. Für 600 Dollar Tagesgage stellen Männer ihre Härte unter Beweis. 3.000 Dollar – das obere Ende der Honorarskala – gibt es für einen Gang-Bang. Für die Darstellerin ist das eine elende Schinderei. Sie muß mitunter alleine mit fast schon einer Kompanie von Akteuren fertig werden. Nach mehreren Stunden Aktivität ist sie dann schon mal „unten wund, schweißüberströmt und erschöpft wie ein Langstreckenläufer“[24].

Gewerkschaften schützen die Akteure freilich nicht, höchstens Kondome. Nach wenigen Jahren ist Schluß, „frische Ware“ will der einsame Konsument. So manche hoffnungsvolle „Schauspielerin“, die einst wegen einer Traumkarriere in Hollywood in Richtung Westen gezogen ist, strandete recht bald im „Silicone Valley“.

Prassen auf Teufel komm raus

So viel Glück muß der Mensch einmal haben. Schier unerschöpfliche Ölfelder vor der Küste eines Zwergstaates von der Größe Luxemburgs mit nur 335.000 Einwohnern. Und Shell, höchstaktiv, legt das Geld quasi nur auf den Tisch. Ein Palast mit fast 1.800 Zimmern kommt da, leicht verständlich, ohne goldene Wasserhähne nicht aus. Die Rede ist vom islamischen Sultanat Brunei.

Dessen Reichtümer sind gewaltig, die Schätze der Märchen aus 1001 Nacht dagegen nicht mehr als Kleingeld. Der Sultan war der reichste Mann der Welt. Die Betonung liegt – zum Leidwesen der Herrscherfamilie Bolkiah – auf „war“. Früher konnte man die begabtesten Jungen zum kostenlosen Studium nach Oxford und Harvard schicken. Die

[24] Sorge, H.: „„Linkes Bein hoch“‘, Der Spiegel, 33/2001, 99

Gesundheitsversorgung war kostenlos. Expertise kaufte man im Ausland teuer ein. Doch der einst blühende Reichtum scheint vorbei. Die bestens ausgestatteten Kliniken sind heute leer. Die ausländischen Ärzte haben das Land genauso verlassen wie die argentinischen Trainer der 800 Polopferde des Sultans. Dafür sitzen plötzlich 7.000 Jugendliche arbeitslos auf der Straße. Das Vermögen des Sultans ist von 40 Mrd. Dollar auf die Hälfte geschwunden.

Doch was ist passiert? Zweifellos hat die Asienkrise das Land schwer getroffen. Doch auch krasse Mißwirtschaft der Superreichen hat Brunei übel mitgespielt. Vor allem die Prunksucht war es. Hier richten sich die Augen nun – von Kritik kann im autokratischen Sultanat nicht die Rede sein – vor allem auf Prinz Jefri, den Bruder des Sultans und ehemaligen Finanzminister. Auf dem Höhepunkt der Asienkrise setzte er sich kurzerhand nach London ab. In seiner Heimat fehlten danach geschätzte 30 Mrd. Dollar. Diagnose: Größenwahn!

Kein Luxus war ihm gut und teuer genug. Alleine die Türblenden der 500 Zimmer und Suiten des Hotels Empire in der Hauptstadt Bandar Seri Begawan sind aus purem Gold. Weniger schön sind die zahlreichen Investruinen, die der Prinz ebenfalls hinterließ. Im Staat der muslimischen Sittenwächter, in dem selbst Produkte, die Weinessig enthalten, verbannt und Discos in der Zwischenzeit sowieso verboten sind, wurde jüngst ein pikantes Detail der Prunksucht des Prinzen bekannt: eine Uhr, auf der zur vollen Stunde ein kopulierendes Paar erscheint, war ihm dic Klcinigkcit cincr halben Million Dollar wert.

Brunei hat keine nennenswerte industrielle Produktion. Die Wirtschaft gehört angekurbelt. Hier sollten erhebliche Investitionen fließen. Die Jugend zieht es derweil über die Grenze nach Malaysia. Die dortigen Dschungelnester haben sich in Lasterhöhlen für Sex, Drugs & Rock'n Roll verwandelt. Prinz Jefri führt in London ein verhältnismäßig verarmtes Dasein: verschwiegen läßt ihm sein Bruder eine Apanage von gerade einmal 300.000 Dollar monatlich zukommen.[25]

[25] vgl. Kremb, J.: „Armes Märchenland", Der Spiegel, 34/2001, 128f

Elfter September

Der Terroranschlag auf das World Trade Center in New York ist der größte Versicherungsfall der Geschichte. Freilich sind die Versicherer Kummer gewohnt. Alleine für Stürme und Beben aller Art mußten sie in den letzten 15 Jahren insgesamt rund 80 Mrd. Dollar berappen. Am schlimmsten wütete 1992 Hurrikan „Andrew" in den USA. Er verursachte alleine einen Schaden von 19 Mrd. Dollar. Aber was jetzt passierte, ist noch nie dagewesen. Flugzeuge „landeten" zwar schon in Gebäuden, aber nicht so. Den Versicherungen schwant Böses.

Zwar ist das Desaster offensichtlich, der genaue Schaden ist jedoch nicht annähernd zu beziffern. Von bis zu 40 Milliarden Dollar wird gemunkelt. Das wäre, wenn es dabei überhaupt bleibt, einsamer Rekord. In einem solchen Moment hat auch die Stunde der großen Rückversicherer geschlagen. Unter ihnen sind die Münchener Rück und Swiss Re erste Adresse. Bei ihnen sind schließlich die Versicherungen versichert. Ungewißheit bereitet der Branche die Vielschichtigkeit der auf sie zukommenden Forderungen. Da sind einmal die beiden Hochhäuser, die mit gut vier Milliarden Dollar versichert sind. Die Schäden an den umliegenden Gebäuden belaufen sich auf weitere drei Milliarden Dollar. Die Zahl der Opfer beläuft sich auf 6.300 Menschen; Renten und Lebensversicherungen für hochqualifiziertes Personal sind hier die Themen. In der Tat läßt sich der Schaden nur schwer beziffern.

An drei Strohhalme können sich die Versicherungen klammern. Vielleicht können sie den Airlines und Flughäfen Schlamperei bei den Sicherheitskontrollen nachweisen. Prämienerhöhungen dürften jedenfalls ins Auge gefaßt werden. Und möglicherweise steigt in Zeiten der Angst ja auch die Nachfrage.[26]

Verkaufen und Verwerten

Aus praktisch allen Staaten Osteuropas werden Mädchen für die Prostitution überall in Westeuropa „zwangsrekrutiert". Not und Elend

---

[26] vgl. Herbermann, J.-D./Martens, H./Pauly, C.: „Rechnung mit Unbekannten", Der Spiegel, 39/2001, 122f

sind die Saat, aus der sich bald reiche Früchte ernten lassen. Anwerber sind überall unterwegs und versprechen lukrative Jobs im Westen, etwa als Serviererin. Die Ringe der Menschenhändler sind exzellent organisiert. Sie nützen Gesetzeslücken und Grauzonen perfekt aus und kooperieren meistens auch mit korrupten Behörden. Wichtige Drehscheiben sind Moskau, Warschau und der Balkan, speziell Albanien.

So bringen an die 330 russische „Unternehmen" jährlich 50.000 Frauen außer Landes.[27] Auf dem Balkan, etwa in Brcko/Bosnien oder Novi Sad/Serbien gibt es regelrechte Sklavenmärkte. Nackt zur Schau gestellt, werden die Neuankömmlinge an den meistbietenden Zuhälterring verkauft. Der in Aussicht gestellte Job erweist sich spätestens dann als leeres Versprechen. Dann beginnt die Pein: nachdem der Preis, ab 1.000 Mark, entrichtet ist, werden die Opfer „abgerichtet", sprich vergewaltigt, schwer mißhandelt und so gefügig gemacht. Jetzt geht es ans Verwerten. Die Rendite muß stimmen. Da kann eine Frau, nun endgültig Prostituierte, auch schon mal 18fach den Besitzer wechseln. Dabei wird sie immer teurer. Ihren Preis abarbeiten kann sie so niemals, sie ist quasi zur Leibeigenen geworden. 20 bis 30 Freier pro Tag sind dann die Vorgabe. Gelingt ihr das nicht, gibt es Schläge und Drohungen.

Der Balkan, wo es besonders gnadenlos zugeht, ist das „Übungsfeld". Das Geschäft boomt. Zehntausende ausländische Soldaten und UN-Truppen tragen in Bosnien, Mazedonien und im Kosovo dazu bei. Hier gibt es Dörfer, die fast ausschließlich vom Sex-Business mit Freiern in Uniform leben. Aber auch anderswo sind die Puffs ein Wirtschaftsfaktor erster Ordnung. Hure zu sein, ist auf dem Balkan ein besonders harter Job: „Was in Albanien, im Kosovo und in Mazedonien Männer mit Frauen machen, ist eine Sünde vor Gott".[28] 20 Prozent der Mädchen sind nicht volljährig. Die Kalkulation der Zuhälter ist einfach: zehn Prozent Spesen, 20 Prozent Schmiergeld, der Kaufpreis – zumal ein günstiger – amortisiert sich in vier bis sechs Wochen. Für die Frauen ist bestenfalls ein Taschengeld drin. Aus der Traum, der hier schon längst zu Ende ist.

[27] vgl. Loncle, F.: „Prostitution ohne Grenzen", Le Monde Diplomatique, November 2001, 18f

[28] Wiedemann, E.: „Wirtschaftsfaktor erster Ordnung", Der Spiegel, 2/2001, 118

Die Albaner haben direkt ein Prostitutionskartell für die planmäßige Ausbeutung aufgebaut und sollen sogar richtige Abrichtungslager unterhalten. Damit spielen sie im Multi-Milliarden-Geschäft eine Art Schlüsselrolle. Später geht es für die Frauen meist weiter nach Westeuropa. An den Bedingungen ändert sich nicht viel, auch hier werden sie gehalten wie Sklaven. Vielleicht werden sie ja eines Tages im Zuge einer Razzia befreit. Möglicherweise erhalten sie sogar eine Aufenthaltsgenehmigung, wenn sie gegen Täter aussagen. Aus Angst tun dies aber die wenigsten. Auch Hilfsorganisationen kümmern sich um das Problem des Menschenhandels dieser Art. Die EU hat einschlägige Programme laufen. Ein international verbindlicher rechtlicher Rahmen existiert nicht. So kann das Verbrechen leicht stets einen Schritt voraus sein.[29]

Rambo

Weltweit sind 300.000 Kindersoldaten im Einsatz, in vielen Ländern, 120.000 alleine in Afrika. Sie kämpfen auf der Seite von Rebellen oder auch bei regulären Truppen. Unterschied macht das ohnehin keinen. Nicht selten ist ein Siebenjähriger kleiner als sein Gewehr. Entweder sie gehen freiwillig mit oder werden entführt. Wer ein grausames Initiationsritual besteht, bekommt eine Waffe. Eine beliebte Mutprobe ist es, einen Verwandten zu töten. Dann gibt es kein Zurück mehr. Mit der Waffe kommt die Macht und damit auch der Zugang zu Nahrung, Kriegsbeute und Frauen.

Der Kriegsalltag ist erschütternd und vor allem grausam. Dreikäsehochs morden, foltern und plündern. Herz und Leber von Opfern werden gegessen, ihr Blut getrunken. Hände abhacken, Ohren abschneiden, Haut abziehen und ähnliche unbeschreibliche Grausamkeiten gehören zum alltäglichen Handwerk. Je mehr einer tötet, umso angesehener ist er. Viele vorpubertäre Massenmörder sehen darin das Abenteuer. Als marodierende Banden machen sie, oft vollgepumpt mit Alkohol und Drogen, die Dörfer unsicher und terrorisieren die geschundene Bevölkerung.

---

[29] vgl. Mappes-Niedieck, N.: Balkan-Mafia, Berlin 2003

Im übrigen sind Kindersoldaten der Traum von Kriegsherren jeglicher Provenienz. Vor allem sind sie willig und billig. Sie sind leicht einzuschüchtern und zu manipulieren. Sie essen weniger als Erwachsene und verlangen meist keinen Sold. Bekannt sind sie als loyale, effiziente und skrupellose Soldaten. Nicht wenige sind mit 14 schon Veteranen. Ins Leben zurückfinden werden sie kaum. Trotzdem bemühen sich zahlreiche humanitäre Programme darum, die enormen psychischen Folgen zu lindern. Müssen sie töten, um selbst zu überleben? Jedenfalls werden sie für die Macht- und Geschäftsinteressen ihrer Warlords übel mißbraucht. Die Kinderrechtskonvention der UNO hilft da wenig.[30]

---

[30] vgl. Johnson, D.: „Vom Krieg der Kinder", Die Tageszeitung, 4.8.2000, 4; Mamou, J.: „Entwaffnet die Kinder", Le Monde Diplomatique, September 2001, 2; Schwarz, B.: „Ein Knirps als Scharfrichter", Der Spiegel, 13/2000, 224ff.; Zumach, A.: „Mißbrauch mit dem Gewehr", Die Tageszeitung, 13.2.2002, 11; Schmid, M./Schmid, A.: I killed people, Göttingen 2001

2002

Der €-Day

15 Milliarden Scheine, ihre Kette reicht fünfmal von der Erde zum Mond; 52 Milliarden Münzen, schwer wie 10.000 Eisenbahnwaggons – der Euro, die „Esperanto-Währung", wie böse Zungen meinen, wird am 1. Januar 2002 in 16 Ländern als gesetzliches Zahlungsmittel ausgeliefert. Fast schon ist es eine logistische Meisterleistung. Die Vorteile der einzig großen, starken Währung neben dem US-„Greenback" werden von den politischen Werbetrommeln gepriesen. Über die zahlreichen Risiken schweigt man sich aus.

Beim kleinen Mann geht die Angst vor dem Neuen um. Vor allem Preisschübe befürchtet man. Die werden wohl nicht ausbleiben. Im Kleinen ist man an manchem Automaten schon kalt erwischt worden. Wird der Euro zum „Teuro"? Als Buchgeld gibt es ihn ja schon länger, als bare Münze ist er gewiß gewöhnungsbedürftig. Vielleicht wird man bald merken, daß sich ohnehin nicht viel ändert. Hart wie die Mark, stark wie der Dollar, das ist der Traum der Euronomen.

Tatsächlich wird das neue Geld auch in vielen anderen Ländern bald eine Art Zweitwährung sein. Direkt gemeinschaftsbildend ist der Euro nicht. Wohl wäre das politisch gewollt gewesen; quasi als Schlußstein eines der kühnsten Projekte aller Zeiten, der Europäischen Einheit. Doch die beliebig-belanglosen Brücken und Tore auf den Scheinen mögen Symbol sein. Sie führen zwar in eine Währungseinheit, in eine wirtschaftliche oder gar politische Union aber noch lange nicht.[31]

---

[31] vgl. Théret, B.: „Mein Name sei Euro", Le Monde Diplomatique, Dezember 2001, 1 und 4f.; Didzoleit, W./Fleischhauer, J./Martens, H./Schäfer, U./Schreiber, S.: „Aufbruch ins Ungewisse", Der Spiegel, 1/2002, 24ff.

Online

Ein blinder Fleck ist Afrika bisher auf der Weltkarte der Datenflüsse. Nicht mehr Festnetz-Telefonleitungen als Manhattan oder Tokio besitzt der ganze Kontinent. In Mali, einem großen wie armen Land, kommen auf 1.000 Einwohner bloß 2,5 Leitungen. Internet-Anschlüsse gibt es in Afrika so viele wie in Litauen; einen privaten zumal, kann sich mit Kosten zwischen sieben und 15 Jahresgehältern praktisch niemand leisten.

Doch die sozialen Strukturen sind komplex, der Austausch vielfältig und intensiv. Globalisiert sind die Kommunikationsbedürfnisse, viele Afrikaner sind ausgewandert. Mit den lokalen Traditionen daheim möchte man trotzdem in dauerndem Kontakt stehen. So kommt jeder Telefonkunde in Afrika denn auch auf beträchtliche 200 Minuten Auslandsgespräche jährlich. Doch die Leitungen sind brüchig, die Funknetze lassen zu wünschen übrig.

Nicht zuletzt deshalb unterliegt die Telkommunikation seit Mitte der 1990er Jahre einem starken Wandel. Die E-Mail wurde als exzellentes Instrument erkannt. Das hat zu einem Boom der Internet-Cafés geführt. Genutzt wird das Medium von Privaten, Geschäftsleuten und dem großen informellen Sektor der Wirtschaft gleichermaßen stark. Zudem wurden in den letzten Jahren Konzessionen für 10.000 Telezentren entlang der wichtigen Verkehrswege vergeben. Für die Länder und Konzerne sind die so geführten Ferngespräche eine gute Einnahmequelle. Verstärkt versucht man nun, die Mobilfunknetze aufzubauen. Entlegene Gegenden gibt es viele, die Wege sind schlecht. Also warum nicht mit dem Handy telefonieren, wenn es sein muß, über ein öffentliches. Schon jetzt hat seine rasche Ausbreitung die kühnsten Hoffnungen der Anbieter weit übertroffen.[32]

Im Herzen der Finsternis

Die Gründung des Kongo war das persönliche Abenteuer eines Mannes. König Leopold II von Belgien hielt sich das riesige Gebiet als

[32] vgl. Chéneau-Loquay, A.: „Afrika am Netz“, Le Monde Diplomatique, Januar 2002, 11

Privatbesitz, der erst 1908 dem belgischen Staat zufiel. Seine „Investitionen" sollten sich rechnen, unsagbare Gewinne brachten sie dem König ein. Vor Ort war Leopold nie. Nicht ansehen wollte er sich die Grausamkeiten, die seine Schergen im Namen der wirtschaftlichen Ausbeutung ausrichteten. Ein Menschenleben zählte absolut Null, insgesamt zehn Millionen Tote hatte die einheimische Bevölkerung zu beklagen.

Vor allem ging es um die überaus reichen Kautschukvorkommen. Gummi war nämlich gerade ein weltweit äußerst gefragter und profitabler industrieller Rohstoff geworden. Der Kongo-Fluß diente als leistungsfähige logistische Lebensader zur Erschließung der unermeßlichen Quellen. Das Resultat war ein beispielloser Völkermord. Um die sinnvolle Verwendung der Patronen zu beweisen, legte man lange einfach die abgehackten Hände derer vor, die nicht mehr konnten oder sich – was selten vorkam – den Herren der Ausbeutung widersetzten.[33]

Der Schriftsteller Joseph Conrad war beim Lokalaugenschein und erzählt die unbeschreiblichen Zustände eindrucksvoll. Sein berühmtes Buch trägt nicht umsonst den Titel „Herz der Finsternis"[34]! Aber auch später, bis zum Ende des 2. Weltkrieges, war der Kongo für Belgien eine riesige Schatztruhe. Kupfer und Uran waren während des Krieges begehrt. Bis zur Unabhängigkeit 1960 unternahm die Kolonialmacht diverse Anstrengungen zu Gunsten des Kongos. Heute endlich ist man geneigt, sich allmählich seiner mehr als unrühmlichen Kolonialvergangenheit zu stellen.[35]

Nuklearer Schweinkram

Freilich: 90 Prozent der atomaren Abfälle erzeugen die USA. Die großen Nukleargefahren scheinen jedoch in Rußland zu liegen. Die Atomindustrie war der Stolz der Sowjetunion. Ihr Erbe ist der Gau von heute. Die Bilanz ist erheblich: Jahrzehntelange Atomwaffenproduktion in Sibirien, viele Atomwaffentests in der Arktis, nicht wenige Un-

[33] vgl. Hochschild, A.: Schatten über dem Kongo, Stuttgart 2000
[34] vgl. Conrad, J.: Herz der Finsternis, Frankfurt/M. 2001
[35] vgl. Braeckmann, C.: „Verbrechen am Kongo", Le Monde Diplomatique, Januar 2002, 23

fälle in Kraftwerken und die nunmehr verrottende riesige Nordmeer-Flotte der Atom-U-Boote. In manchen Gegenden Rußlands übersteigt die Strahlenbelastung den zulässigen Wert um das Tausendfache, mehr als in Tschernobyl. Atomare Angelegenheiten sind nicht umsonst streng geheim. Das wirkliche Ausmaß der Gefahren ist deshalb schwer zu schätzen.

In der Hafenstadt Murmansk, dem tristen Zentrum der Nordmeer-Flotte, vergammeln gewaltige Mengen Nuklearmüll, teilweise unter freiem Himmel. Rund 100 U-Boote warten auf ihr Ende, schwimmende Tschernobyls sozusagen. Die Admiralität kann nicht einmal mehr ihre Stromrechnung zahlen. Doch Not macht erfinderisch. Kürzlich hat eines der U-Boote eine Ladung Kartoffeln, gelagert im Raketenschacht, nach Sibirien „verschifft“.

Kola und Nowaja Semlja sind einzige nukleare Deponien. Besonders beliebt waren – zumindest früher – die „Verklappungsfahrten“. So sollen alleine zwischen 1959 und 1971 mindestens 17.000 Container mit Atommüll in der Barentssee versenkt worden sein. Nicht nur der Ruf der norwegischen Fischerei hängt von ihrem Zustand ab. So möchte man auch zu Sanierungsprogrammen beitragen. Das frühere Motto jedenfalls war fatal: die Strömung treibt den Dreck ohnehin nach Norden. Dort schadet er niemanden, außer vielleicht ein paar Eisbären!

Präsident Putin trank neulich, ohne eine Miene zu verziehen, vor laufenden Fernsehkameras ein Glas Salzwasser aus der Barentssee und sagte nur: „На здоровье“![36] Vielleicht dieserart gestärkt unterschrieb er auch neue Gesetze zur Einfuhr atomarer Abfälle. Rußland als Mülleimer für strahlende Abfälle aus aller Welt? Die Bevölkerung jedenfalls ist aufgebracht. Sie verspricht sich auch nichts vom Geldsegen, den man erwartet. Dabei ist die Kalkulation einfach: „Wir nehmen zwanzigtausend Tonnen ausländische Nuklearabfälle und bekommen zwanzig Milliarden Dollar“. So sagte es zumindest der Atomenergieminister Jewgeni Adamow, mittlerweile entlassen.[37]

[36] vgl. Wiedemann, E.: „Hundert schwimmende Tschernobyls“, Der Spiegel, 18/2000, 104

[37] vgl. Melis, N.: „Radioaktive Dollars für den wilden Osten“, Le Monde Diplomatique, Februar 2002, 22

Wahre Visionäre

Dubai ist ein Hort der Rekorde. Dies gilt bei weitem nicht nur für das Duty-Free-Einkaufsparadies. In Sachen Gold ist man längst weltweit führend. Aber nicht nur das: vor allem durch die tollsten Bauprojekte glänzt man. Das Burj Al Arab, gebaut im Stil einer Dhau, ist mit Nächtigungsraten bis zu 10.000 Euro das mit Abstand luxuriöseste Hotel der Welt. Für neugierige Touristen ist ein Blick in die Lobby aber schon für 30 Euro zu haben, Prospekt inklusive. Rechnen mag sich das Projekt nie, aber eigentlich ist es auch mehr als Wahrzeichen gedacht. Oder „Palm Island", die künstliche Luxusinsel für Superreiche, angelegt in Palmenform vor der Küste der Stadt. Vom Mond aus ist dieses schier pharaonische Projekt sogar zu sehen.

Dabei war Dubai – wie die anderen Orte der sieben Emirate auch – vor mehr als 30 Jahren noch ein Fischerdorf. Dann wurde das Öl entdeckt, fast zehn Prozent des Weltvorkommens. Welch ein Flash für die abgelegene Gegend am Golf. Doch die Wüstenfüchse hatten echte Visionen und machten sie wahr. Koste es, was es wolle. Vermarktung tut das Übrige. Eine Art „Über-Morgenland" entstand, mit Freihandel, High-Tech, Tourismus und Finanzdrehscheibe.

Fast alles ist möglich, nur eines nicht: Kritik an den Herrscherfamilien. So modern alles scheint, islamische Tradition ist ein Thema, politisch gibt man sich finster autokratisch. Die Arbeit wird weitgehend von Gastarbeitern getan. Pakistanis, Iraner, Inder und Philipinas erledigen bienenfleißig den Alltagskram. Nur knapp 20 Prozent sind Einheimische. Mit den Aufenthaltsmodalitäten hält man sich völlig flexibel. Vielleicht sind ja morgen schon ganz andere Kräfte gefragt.

Golf, Pferderennen, Wüstenrallyes, eine Skihalle gar und Protz ohne Ende. Die Emirate sind ein Magnet. Das haben auch die Russen erkannt. Die Neureichen verpulvern vor Ort Millionen. Freilich sind alle Gäste willkommen. Nur allein reisende Russinnen unter 30 Jahren brauchen neuerdings ein Visum. Warum wohl?[38] Ob das alles auf die Dauer gut gehen mag?[39]

---

[38] vgl. Follath, E.: „Das Gold der neuen Pharaonen", Der Spiegel, 21/2002, 148ff.

[39] vgl. Warde, I.: „Das beste Daubai der Welt, Le Monde Diplomatique, März 2010, 4

Schmuggelgewinne

Was haben ein kolumbianischer und ein afghanischer Bauer gemeinsam? Sie bauen Rauschgift an, sonst hätten sie praktisch keine Überlebenschancen. Was für den einen die Kokapflanze, ist für den anderen der Mohn. Gerade bei Mohn klafft die Schere weit auf: auf den kargen Böden wächst nicht viel. Mohn schon, anspruchslos, pflegeleicht und üppig wie im Garten Eden. Der Ertrag ist überwältigend, 15 mal soviel wie beim heiklen Getreide. Wer kann den Bauern gerade in einem Land wie Afghanistan verdenken, daß sie sich so ihren Lebensunterhalt verdienen?

Dazu kommt: wo keine Nachfrage, da kein Angebot. Und die Nachfrage ist gewaltig. Aus Mohn wird Opium und daraus Heroin. Mit etwa 5.000 Tonnen Opium jährlich ist Afghanistan das einschlägige Zentrum und absolute Weltspitze. Halbherzige Ankündigungen der nunmehrigen Regierung, die Felder abzubrennen und alternative Agrarprogramme zu fördern, sind genauso wenig ernstzunehmen, wie die Giftsprühaktionen in Kolumbien. Kein Zweifel, die Länder leben von der Drogenproduktion, und alle verdienen daran. Afghanistan wird gar schon „Nothingstan“ genannt, außer Opium gibt es dort nichts. Pro Kilo Rohopium bekommt der Bauer aus dem Süden oder Osten des Landes, den großen Anbaugebieten von Mohn, 30 Dollar in Lebensmitteln. Dann tritt das Rauschgift seinen langen Weg nach Westen an. Ein Teil davon wird davor in rudimentären Labors noch zu Heroin.

Drogenhandel ist lukrativ: 500 Milliarden Dollar setzt die Branche jährlich um und ist damit die weltweit größte. Preise und Gewinnspanne der wertvollen Ware nehmen entlang der Heroinrouten exponentiell zu. Als Transitland spielt der Iran eine wichtige Rolle. Seine Grenze zu Afghanistan ist fast 2.000 km lang und trotz großer Bemühungen und hohem Aufwand kaum wirkungsvoll zu überwachen. Bis auf die Zähne bewaffnete Konvois, zahllose kleine Schmuggler oder sogar führerlose, dressierte Kamele transportieren die Drogen über die Grenze. Ein einziges Dromedar kann bis zu sieben Tonnen Opium tragen.

Tausende Schmuggler werden Jahr für Jahr gefaßt. 900 wurden 2000 im Iran hingerichtet. In den Gefängnissen sitzen 80.000 von 170.000 Häftlingen wegen Drogendelikten. Doch für die Kuriere sind 15-30

Dollar Tageslohn für ihr Risiko reizvoll. Jenseits der iranischen Grenze kostet ein Kilo Opium dann auch schon 100 Dollar, in Teheran 600 und in der Türkei 2.400 Dollar. Die Nordroute führt über Tadschikistan und Kirgisien nach Moskau. Die Preisentwicklung ist mit 600, 1.000 und 3.000 Dollar ähnlich. Verarbeitet zu Heroin, erhöht sich der Preis um eine Vielfaches. Im europäischen Straßenverkauf bringt ein Gramm gestrecktes Heroin schließlich 30 bis 40 Euro. Die Folgen des Konsums sind bekanntermaßen fatal.[40]

Hawala-Banking

Will man Geld transferieren, wendet man sich für gewöhnlich an eine Bank. Es gibt aber auch noch andere Möglichkeiten. Man geht in den Bazar einer orientalischen Stadt. Im Hinterstübchen eines Gemüsehändlers zahlt man einen Geldbetrag ein. Der Händler ruft einen Schuster in New York an und nennt Betrag sowie eine Referenznummer. Der Einzahler geht zum nächsten Telefon, ruft seinen Verwandten in den USA an und sagt ihm nicht nur schöne Grüße, sondern auch die Nummer. Dieser geht danach sofort zum Schuster und holt sich das Geld ab. Schnell, unbürokratisch und mangels Aufzeichnungen völlig ohne Spuren und nicht nachvollziehbar.

Das Ganze nennt sich „Hawala", in Indien und Pakistan „Hundi" und in China „Huikuan" oder auch „Fei-Chien". Das System ist alt und leistet etwa in Ländern, die kein reguläres oder funktionierendes Banksystem haben, wertvolle Dienste. In Somalia zum Beispiel ist es die einzige Möglichkeit, Geld zu bewegen. Vor allem auch hängt die Bevölkerung am Tropf der vielen Auslands-Somalis, die Geld in die Heimat schicken. Soweit, so praktisch.

---

[40] vgl. Gouverneur, C.: „Die Spur der Drogen ", Le Monde Diplomatique, März 2003, 4f.; Bensmann, M.: „Opiumschmuggel in Zentralasien", Inamo, 30, Sommer 2002, 29f.; Haag, S.: „Haschnost und Herostroika", Hanf, 2/2001, 16ff.; Vesely, M.: „Heroin Trade on the increase", The Middle East, November 2002, 40ff.; Lemoine, M.: „Krieg den Hütten, Friede dem Kartell", Le Monde Diplomatique, Januar 2001, 18f.; Azzellini, D.: „Blinder Fleck im Pulverkrieg", Blätter des iz3w, Juli/August 2001, 12ff.; Prantner, C.: „Alles über das Drogenproblem in der Welt", Der Standard, 20.7.2000, 7

Die Mitglieder des Hawala-Systems, meist Geschäftsleute, sind über die Welt verstreut und eng vernetzt. Regelmäßig saldieren sie Ein- und Auszahlungen und geben bzw. bekommen von Kurieren Geld oder Gold, das ein wichtiger Faktor im System ist. Leicht lassen sich auch Geschäfte mit mehreren Beteiligten abwickeln. Forderungen und Schulden lassen sich so ebenfalls ausgleichen. Das Prinzip ist immer das gleiche: außer ein paar gekritzelten Notizen gibt es keinerlei Dokumentation, weder beim Händler noch beim Schuster. Namen scheinen sowieso nicht auf.

So läßt sich neben sauer Erspartem natürlich auch jegliches schmutzige Geld, ohne viel physische Bewegung, um den Erdball verschieben und waschen. Für Drogengelder ist das System beliebt. Die Al-Qaida soll so ihre Finanzen managen.[41] Big money läuft natürlich nicht über den Schuster, da sind die größeren Fische dran. Aber alleine Migranten sollen via Hawala 66 Mrd. Dollar an ihre Angehörigen daheim überweisen.[42] Viele Gastarbeiter in Deutschland wählen ebenso diesen Weg. Die organisierte Kriminalität tut dies sowieso.

Hawala und die anderen – gleich funktionierenden – Systeme sind praktisch überall verboten. Aber was soll's, vor allem, wer soll so etwas kontrollieren? Die Vorteile sind es vor allem, die das Schattenbanking so beliebt machen: absolut schnell, billig, anonyn, verläßlich; und „schummeln“ kann man, wenn man das will, auch in großem Stil.

Horrende Kosten für NYC

Der 11. September 2001 hat für New York über das menschliche Leid hinaus erwartungsgemäß auch enorme ökonomische Verluste gebracht. Konkrete Zahlen wurden nun von der Federal Reserve Bank of New York bekannt gegeben: 33-36 Milliarden Dollar Schaden durch Zerstörung, Aufräumungsarbeiten sowie verlorene Einnahmen und Geschäfte. „The Attack“ hat das produktive Potential der New Yorker

---

[41] vgl. Cooley, J. K.: „Hawala und Tansanit – Die flüchtigen Spuren der Al-Qaida-Gelder“, Le Monde Diplomatique, November 2002, 16f.

[42] vgl. Altvater, E.: „Geld stinkt doch! Oder: wie schmutziges Geld durch Geldwäsche auf saubere Konten gelangt“, Prokla, 3/2001, 345

Wirtschaft signifikant und nachhaltig vermindert. Am stärksten getroffen wurden Airlines, Hotels, Restaurants und Anbieter von Finanzdienstleistungen. Allein im Oktober 2001 gingen diesen Branchen rund 50.000 Jobs verloren, später noch mehr.[43]

Indessen plant man, bis zu 15 Milliarden Dollar in eine Neubebauung von „Ground Zero" zu investieren. Über die ersten Vorschläge waren die New Yorker jedenfalls entsetzt. Ein Leitartikel der New York Times titelte: „The Downtown We Don't Want": die Pläne seien langweilig, zu viele Büros und Kommerz, alles zu dicht und nicht ambitioniert genug. Die Eigentümer des WTC hoffen einstweilen auf etwa sieben Milliarden Dollar Entschädigung von den Versicherungen. Dieser Betrag könnte sich allerdings halbieren, wenn die Gerichte endgültig zum Schluß gelangen, daß es sich beim Einsturz der beiden Türme um lediglich „ein" Ereignis handelt ...[44]

Privatsierung im großen Stil

Die Politik scheint allmählich vor den globalen Herausforderungen zu kapitulieren und überläßt zunehmend Privaten das Feld. Umfassende Kommerzialisierung ist scheinbar nicht aufzuhalten, Transparenz, Rechenschaftspflicht und Effektivität sowie Standards etwa für Menschenrechte und Umweltschutz laufen Gefahr, unter die Räder zu kommen. Selbst im Bereich originärer hoheitlicher Aufgaben sind regelrecht Weltmärkte im entstehen. Sicher bieten derartige Tendenzen auch Chancen; Staaten, supranationale Organisationen und NGOs müssen allerdings aufpassen, noch ausreichend Gehör zu finden.[45]

Das (neo-)liberale Projekt ist dank Kapitalkraft und unerbittlicher, starker Lobbys in den letzten Jahrzehnten sehr „erfolgreich" fortgeschritten. Unentwegt wird die Effizienz der Märkte gepredigt, die mit „Modernität" assoziiert werden, der öffentliche Sektor hingegen stets

---

[43] vgl. o. V.: „Cost of New York attacks tallied", Herald Tribune, 14.11.2002, 16

[44] vgl. Cullen, M. S.: „Pietät und Geschäftsinteresse", Die Zeit, 2.10.2002, 44; http://www.renew-nyc.org, 10.10.2002

[45] vgl. dazu Brühl, T./Debiel, T./Hamm, B./Hummel, H./Martens, S. (Hrsg.): „Die Privatisierung der Weltpolitik – Entstaatlichung und Kommerzialisierung im Globalisierungsprozess", Bonn 2001

mit „Reformbedarf". So einfach liegen die Dinge nicht. Besonders deutlich ist dies am Beispiel von Privatisierungen zu sehen. Gemeinhin ist darunter der „Ausverkauf von Familiensilber" zu verstehen. Dieser hat in jüngerer Zeit in derart großem Stil Platz gegriffen, daß kaum noch attraktive Beutestücke zu haben sind.

In den meisten Ländern hat sich der Verkauf öffentlichen Eigentums – im Nachhinein betrachtet – als sehr kostspielig erwiesen. Dies gilt nicht nur für die Käufer von Aktien, etwa im Bereich Telekom und Post, sondern vor allem auch für Bezieher von Dienstleistungen. Das Prinzip ist einfach: sie zahlen mehr und bekommen weniger dafür – sehr zum Nachteil der Verbraucher allerorts. Nicht selten sind die Folgen der bedingungslosen und uneingeschränkten Herrschaft von Markt und Profit auch Chaos und Mißmanagement. So sind der Zusammenbruch der Stromversorgung in Kalifornien und das Desaster bei British Rail Legende.[46]

Gegenbewegungen existieren nur vereinzelt und kämpfen nicht selten allein auf weiter Flur. So macht derzeit ATTAC mobil gegen das WTO-Dienstleistungsabkommen GATS, daß als erstes internationales Abkommen eine weltweite Liberalisierung der Märkte für alle wesentlichen Dienstleistungen vorsieht. Darunter fallen vitale Bereiche der Daseinsvorsorge wie Energie- und Wasserversorgung, medizinische und soziale Dienste, Post/Telekom, öffentlicher Verkehr und kommunale Dienstleistungen, Bildung, Kultur etc. Diese sollen künftig den WTO-Prinzipien unterworfen sein, wie etwa freier Marktzugang und Gleichbehandlung in- und ausländischer Anbieter.

(Teil-)Privatisieren[47], verkaufen, verleasen, globalisieren stehen im Vordergrund. Die Konsequenzen sind von ungeheurer Tragweite: ungleich schlechteres Preis-/Leistungsverhältnis, Verschärfung sozialer Ungerechtigkeit, Entdemokratisierung und Erosion der Arbeitsbedingungen. Gelinde gesagt wundert es, daß stur und fast um jeden Preis zu privatisieren nach wie vor en vogue und quasi das Gebot der Stunde ist.

---

[46] vgl. Cassen, B.: „Meistbietend abzugeben", Le Monde Diplomatique, November 2002, 3

[47] siehe z.B. aktuelle Großprojekte im internationalen Kontext: Ford, N.: „Water – Private solutions to public problems", The Middle East, 10/2002, 46ff.; Ford, N.: „Gulf water – a multi billion dollar business", The Middle East, 11/2002, 46ff.

Öl und Krieg

Menschliches Leid ohne Ende; Prognosen über Kriegstote, die von 400.000 bis zu vier Millionen im Falle eines Atomwaffeneinsatzes reichen; enorme Folgeschäden; Kriegskosten bis zu 200 Mrd. Dollar und 20 Mrd. Dollar für jedes Besatzungsjahr.[48] Kann es je ein Ziel geben, daß derartiges rechtfertigt?

Doch! „It's all about oil – George Bush can talk all he wants about the threat of Iraqi weapons of mass destruction. Ask any Texas oil executive and he will tell you it's Iraq's oil the President is after."[49] Freilich wird Bush diesen Umstand niemals auch mit nur einem Wort erwähnen. „Doppelzüngigkeit und Lügen sind typisch für alle Erklärungen des Weißen Hauses und werden von den Medien kritiklos weiterverarbeitet ... Gleichzeitig versichern Experten, die der Bush-Regierung nahestehen, ... daß die Eroberung und Rekolonialisierung des Irak eine schnelle Lösung für die immer schärfere Krise des amerikanischen Kapitalismus verspreche."[50]

Zu den Fakten: eine handfeste Wirtschaftskrise in den USA[51], vor allem auch Besorgnis um das Öl, tatsächlich nicht unberechtigt, sind handlungsleitend. Das US-Öl soll noch elf Jahre vorhalten. Die jetzt schon große Importabhängigkeit wird sich deshalb und wegen des enormen Energieverbrauchs in Kürze drastisch verstärken. 2020 werden zwei Drittel des Bedarfs zu importieren sein. Das Öl aus der Nordsee hat eine noch kürzere Reichweite als das amerikanische. Die einst umjubelten Vorräte am Kaspischen Meer sind wahrscheinlich kaum ergiebiger. Die OPEC ist den USA ein Dorn im Auge. Saudi-Arabien als ihre dominierende Kraft ist zwar (noch) ein Verbündeter der USA, aber für diese zunehmend unzuverlässig und außerdem politisch nicht annähernd so stabil wie früher.

---

[48] vgl. International Physicians for the Prevention of Nuclear War: Collateral damage – The health and environmental costs of war on Iraq, http://www.ippnw.de, 23.11.2002

[49] Vesely, M.: „It's all about Oil", The Middle East ,11/2002, 18

[50] Vann, B.: „Ein Insider plaudert das schmutzige Geheimnis des Irakkriegs aus", http://www.wsws.org (World Socialist Web Site), 22.11.2002

[51] vgl. Stiglitz, J. E.: „Wie Phönix aus der Asche", Handelsblatt, 15./16.11.2002, 12

Hier bleiben nicht allzu viele Alternativen. Eine äußerst ergiebige ist jedoch das irakische Öl. Zum Szenario: der Irak verfügt über 112 Milliarden Barrel Ölreserven, vielleicht über noch mehr. Das sind 15 Prozent der Weltreserven und doppelt soviel wie jene Rußlands und zehnmal so viel wie jene der kaspischen Region. Die Kontrolle über den Irak würde einen ungebremsten Bedarf von 15 bis 20 Jahre stillen. Saudi-Arabien würde geschwächt, die OPEC ebenso. Wahrlich eine „Bonanza".

Die Produktionsbedingungen im Irak gelten mit Kosten von einem Dollar pro Barrel gegenüber nicht selten 14-18 Dollar als ideal. Mit einer modernisierten Öl-Infrastruktur könnte der Irak innerhalb relativ kurzer Zeit als Öllieferant sehr schlagkräftig werden. Es ist davon auszugehen, daß man aus dem OPEC-Kartell ausscheren und zudem den Ölhahn kräftig aufdrehen würde. Zudem würde von den Irakern verlangt werden, für die Zeit nach den Sanktionen schon geschlossene Verträge zugunsten von US-Firmen zu kündigen. Hier müßten sich die USA dann nur noch mit Rußland, Frankreich und vielleicht China entsprechend einigen.

Zweifellos würden die Ölpreise angesichts des Szenarions bald fallen, die Weltwirtschaft wäre dadurch stimuliert. Nicht nur die Öl-, sondern auch die US-Rüstungsindustrie mischt im gegebenen Fall natürlich ganz vorne – und entsprechend konjunkturbelebend, versteht sich – mit. Bush und seine Freunde werden vom Aufschwung beider Branchen auch unmittelbar profitieren. Nicht unbedingt zynische Zungen meinen deshalb völlig zurecht: „Oiling the wheels of war".[52]

Biopiraterie

Ein äußerst lukratives, relativ neues Geschäftsfeld beginnt sich endgültig Bahn zu brechen. Die Materie der Gen-Patente, mit deren Hilfe vornehmlich Entwicklungsländer vielfach betrogen werden und multinationale Konzerne gewaltige Gewinne zu erzielen beabsichtigen. Die

[52] vgl. Böhnel, M.: „Der Krieg und seine Interessenten", Volksstimme 7.11.2002, 7; Krönig, J., Vorholz, F.: „Der Traum vom Öldorado", Die Zeit, 19.9.2002, 21; Seifert, T./Werner, K.: Schwarzbuch Öl, Wien 2005, Saro-Wiwa,K.: Flammen der Hölle, Reinbek 1997

Absichten klingen abenteuerlich: etwa Pflanzen durch Genmanipulation steril zu machen, damit Jahr für Jahr neues Saatgut gekauft werden muß; oder die Patentierung von Jahrtausende alten Anbaumethoden, für die dann immer wieder Lizenzgebühren zu zahlen sind. Im Grundsatz geht es darum, sich Dinge, die schöpfungsbedingt für alle da sind, anzueignen, um daraus Profite zu schlagen.

Patente sind ohne Zweifel wichtig, um dem „Erfinder" die Verwertung seiner Leistungen besser möglich zu machen. Patente im beschriebenen Zusammenhang gehen an der ursprünglichen Grundidee allerdings weit vorbei. Es kann nicht sein, daß Zulieferer die Bauern und Agrarmärkte der Welt und damit schließlich auch die Ernährungssituation der Menschheit gänzlich in ihre Gewalt bringen, um unter dem Deckmantel der Liberalisierung unbedingte Abhängigkeiten zu schaffen und aus diesen ihre Profite zu generieren.[53] Nur eine Handvoll Konzerne (z. B. Genset, Dow, Ribozyme, DuPont) besitzt heute einen Großteil der weltweiten Patente.[54]

Verbunden ist derartiges häufig mit Genmanipulation etwa gegen Schädlinge, oder um verbesserte Produkteigenschaften und mehr Ernteertrag zu erzielen. Nach anfänglich großer Skepsis entschließen sich die Regulierungsbehörden, wie etwa die EU, mehr und mehr dazu, der Gentechnologie aufgeschlossen gegenüber zu stehen. So diskutiert man, das einschlägige, 1999 in Kraft gesetzte Moratorium im Bälde zu beenden. Die Konzerne warten schon darauf und beginnen längst, die – immer noch mißtrauischen Konsumenten – marketingtechnisch zu bearbeiten.[55]

Menschenhandel und Sklaverei

Gewalt, mangelnde Durchsetzung der Menschenrechte, Armut, Diskriminierung, fehlende Gesetze, Korruption, Arbeitslosigkeit und

[53] vgl. Brot für die Welt: Von Gen-Piraten und Patenten, Frankfurt/M. 2000; Shiva, V.: Biopiraterie, Münster 2002; Shiva, V.: Geraubte Ernte, Zürich 2004

[54] vgl. Burrows, B.: „Eroberung durch Patente", Südwind-Magazin, 12/2002, 32ff.; Robin, M.-M.: Mit Gift und Genen – Wie der Biotech-Konzern Monsanto unsere Welt verändert, München 2010

[55] vgl. Lorelle, V.: „Is Europe growing to love GM food?", The Guardian Weekly, 28.11.-4.12.2002, 29

fehlende Ausbildung sind nur die wichtigsten Gründe für eine der gräßlichsten Erscheinungen der heutigen Zeit. Wie in grauesten Vorzeiten werden Menschen gehandelt und versklavt. Schätzungsweise 27 Millionen Menschen leben in Sklaverei, rund 1,1 Millionen Menschen werden jährlich Opfer des Menschenhandels. Das Schicksal der zuvor oft Hoffnungsvollen bzw. Ahnungslosen ist immer dasselbe: entwürdigende und elend bezahlte Tätigkeit, Schuldknechtschaft, Zwang, Gewalt und Schinderei. Diese Art von Geschäft gilt als drittprofitabelste Branche der organisierten Kriminalität. Nur mit Waffen und Drogen läßt sich noch mehr Geld machen.

170 Jahre nach der allgemeinen Ächtung der Sklaverei gilt diese in vielen Ländern als nach wie vor ganz normal: so ist es in Mauretanien üblich, Haus- und Arbeitssklaven zu halten; Brasilien ist neben allgemein verbreiteter Sklaverei der weltweit größte „Lieferant" von Frauen für die Bordelle der Welt. So sollen in der EU 75.000 junge Brasilianerinnen einschlägig arbeiten.[56] Auch der Balkan ist ein Zentrum für Betroffene des Frauenhandels. Bis zu 120.000 Frauen und Mädchen werden jährlich nach Westeuropa gehandelt. Sweatshops, Heimarbeit, Prostitution und der kommerzielle Heiratsmarkt bilden hier die Nachfrage.[57]

Für das organisierte Verbrechen – hat es den Markt einmal in der Hand – ist es nicht schwer: die Opfer werden zuerst mit Versprechungen gelockt, dann werden ihnen (überhöhte) Kosten für Reise etc. aufgebürdet und die Dokumente abgenommen, bei Widerstand droht – auch in der Folge – Gewalt; im Fall der Schuldknechtschaft müssen die entstandenen Schulden in Form von für den Start meist gewährten Kredite samt horrenden Zinsen „abgearbeitet" werden. Dabei ist das Verhältnis zwischen Lohn und Schulden bzw. Zinsen so gestaltet, daß für die Betroffenen ein Teufelskreis entsteht, aus dem sie nicht mehr

---

[56] vgl. Kunath, W.: „Auch im 21. Jahrhundert machen Menschen sich Menschen zum Eigentum", Frankfurter Rundschau, 30.11.2002, 1

[57] vgl. Gashi, E.: „Lukratives Geschäft", Frauensolidarität, 4/2002, 24f.; Mappes-Niedieck, N.: „Der Geschmack von Freiheit und Anarchie", Die Zeit, 7.11.2002, 13f. ; Kellermann, K.: Dietl, C./Neumayer, H.: „Frauenhandel und Sexarbeit", Volksstimme, Juli/August 2004, 13ff.; Varga, A./Zirm, J.: „Dreckiges Geschäft für saubere Häuser", Die Presse, 17.12.2004; Ulfkotte, U.: Grenzenlos kriminell, München 2005

entrinnen können. Am schlimmsten ist es, wenn Kinder die Opfer sind. Ihre Zahl geht jedenfalls in die Millionen.[58]

Fehlende bzw. ungeeignete Gesetze und machtlose Behörden können den Bedauernswerten meist nicht helfen. Nicht selten sind sie mit von der Partie ...[59]

Was kostet eine Niere?

Für rund 3.500 Dollar lassen sich meist junge Männer oft ganzer Dörfer aus Osteuropa, vorzugsweise Moldawien und Rumänien, eine ihrer Nieren entfernen, um der dort herrschenden bitteren Armut zu entgehen. Sie kaufen sich im Idealfall ein Haus, versorgen ihre Familie oder begleichen alte Schulden. Manchmal bleibt gar nichts, die Gesundheit kostet es jedenfalls. Natürlich kann man auch mit nur einer Niere leben. Nachbehandlungen und regelmäßige Checks wären allerdings unbedingt notwendig, finden aber kaum statt.

Die Niere wird dann beispielsweise in Istanbul entfernt, und sogleich einem wohlhabenden Europäer, Israeli, Araber oder Nordamerikaner für 100.000 Dollar oder mehr eingepflanzt. Organbroker, Ärzte und diverse Helfer sind die Nutznießer der gewaltigen Profite aus dem illegalen Geschäft jenseits jeglicher Ethik.

Während nur freiwillige Spenden legal sind, blüht der Handel mit Nieren aus Elendsregionen der ganzen Welt. Die Türkei ist dabei derzeit der „Diskonter", möglich wäre eine derartige Transaktion etwa auch in Südafrika, Indien, Peru, Brasilien, Deutschland oder in den USA, wo der Patient für die lebensrettende Niere allerdings um die 250.000 Dollar zahlt.[60]

---

58 Krichmayer, M.: „Eine Zukunft ohne Kinderarbeit", Entwicklung & Politik, 3/2002, 4ff.

59 vgl. dazu auch Bales, K.: „Die neue Sklaverei", München 2001 bzw. http://www.antislavery.org, 26.11.2002

60 Keller, M.: „Operation Niere", Die Zeit, 5.12.2002, 15ff.; Erling, J.: „China handelt mit Organen Hingerichteter", Berliner Morgenpost, 29.9.2006; Zöch, I./Stöger, K./Knaul, S.: „Eine illegale Herzensangelegenheit", Die Presse, 19.12.2010, 4f.

2003

T'ga za jug

Ungehemmt und weitgehend unbehindert breiten sich Mafiabanden, die ihren Ursprung in nahezu allen Ländern des Balkans haben, die nach wie vor an den Folgen der Kriege und ethnischen Konflikte des vergangenen Jahrzehnts laborieren, in Europa aus. Zigaretten-, Drogen- und Waffenschmuggel, Menschenhandel und Geldwäsche sind ihre Geschäftszweige, mit denen sie jährlich viele Milliarden Euro umsetzen. Die staatlichen Strukturen sind in den betreffenden Ländern schwach, ihre Rechtsstaatlichkeit ist unterentwickelt und ausgehöhlt gleichermaßen. Die Menschen auf dem Balkan machen mit den Mafiaclans ausschließlich als Opfer Bekanntschaft. Wollen Politiker einen Riegel vorschieben, begeben sie sich in äußerste Gefahr, wie der jüngst von einschlägigen Kreisen verübte Mord am serbischen Premierminister Zoran Djindjic zeigt. Die Machenschaften der skrupellosen Verbrecherorganisationen und ihre Umtriebe führen vor allem auch die Machtlosigkeit aller Betroffenen vor Augen.[61]

Out of Africa

Das Erz Coltan enthält das wertvolle und seltene Metall Tantal, das als strategischer Rohstoff für die High-Tech-Industrie von großer Bedeutung ist. Es ist etwa unverzichtbarer Bestandteil von Handys oder Spielkonsolen. Für die Kriegsparteien in der DR Kongo ist Coltan als heiß umkämpfter Rohstoff ein lukratives Geschäft und nicht zuletzt ein wichtiger Grund für die Austragung des Krieges. Abgebaut wird das Erz unter primitivsten und gefährlichen Umständen um geringsten

---

[61] vgl. Mappes-Niedieck, N.: Balkan-Mafia, Berlin 2003

Lohn. Wie in Kolonialzeiten profitieren nur wenige vom Reichtum des Landes. Die Akteure, also Kontrahenten, Zwischenhändler und internationale Konzerne, verdienen am Krieg geschätzte zwölf Milliarden Dollar im Jahr. Die kongolesische Bevölkerung leidet indes unter bitterer Armut, Millionen Toten und chaotischen Verhältnissen. Bemühungen etwa der UNO, die Sanktionen für die beteiligten Konzerne verlangt, oder jene einzelner NGOs, Öffentlichkeit herzustellen und den undurchsichtigen Kreislauf von Gewaltökonomie, Rohstoff- und Waffenhandel transparent zu machen, konnten bisher nur bescheidene Erfolge verzeichnen.[62]

Diamonds are a girl's best friend

Diamanten galten der Menschheit seit jeher als Symbol der Reinheit und der ewigen Liebe. In jüngerer Zeit sind sie aber hauptsächlich mit Blut und Krieg zu assoziieren. Sie sind der Stoff geworden, aus dem die blutigsten Bürgerkriege der Gegenwart sind. In Angola, Liberia, Sierra Leone und im Kongo haben die Konfliktparteien ihre Kriege zu einem guten Teil damit finanzieren können. Jahrelang fanden die Kriegsparteien der verschiedenen Länder problemlos Abnehmer – vor allem den Weltmarktführer De Beers. Auch das Terrornetz der Al-Quaida macht sich den internationalen Diamantenhandel zunutze, um seine Kriegskassen zu füllen. In den letzten Jahren wurden große Anstrengungen unternommen, um den Handel mit solchen „Blutdiamanten“ zu unterbinden und derartigen Kriegen damit in gewisser Weise die Grundlage zu nehmen. Im Rahmen des sogenannten Kimberley-Prozesses haben Vertreter der Diamantenindustrie sowie der Import- und Exportstaaten ein Zertifikationssystem entwickelt, daß es ermöglichen soll, jeden einzelnen Diamanten, der auf dem Weltmarkt angeboten wird, bis zu seinem Ursprung zurückzuverfolgen. Das nunmehrige Kimberley-Abkommen trat am 1.1.2003 in Kraft und sieht vor,

[62] vgl. Medico International: „Was hat mein Handy mit dem Krieg im Kongo zu tun?“, Rundschreiben, 03/2003

daß Länder, die sich nicht beteiligen, vom internationalen Handel mit Rohdiamanten ausgeschlossen werden.[63]

Nicht die Bohne ...

Kakao ist der Motor der Elfenbeinküste. Das Land ist mit 40 Prozent der Welternte der mit Abstand größte Produzent und exportiert im Wert von 840 Millionen Dollar jährlich. 16 Millionen Immigranten kamen deswegen im Laufe der Zeit, mit 30 Prozent an der Gesamtbevölkerung der höchste Ausländeranteil der Welt. Ethnische Konflikte halten sich dennoch in Grenzen. Allerdings wird das fruchtbare Land zunehmend knapp, die Qualität des Kakaos sinkt wegen des Alters der Plantagen und mangelnder Schädlingsbekämpfung. Zudem machen die jüngsten bewaffneten Konflikte den Bauern das Leben schwer. Die – zuletzt schlechte – Kakaoernte kann kaum noch nach Abidjan transportiert werden. 128 Straßensperren auf 250 Kilometern, die Gefahr der Ausplünderung durch die bewaffneten Milizen ist allgegenwärtig. Spekulanten und Konzerne diktieren die Preise auf den Weltmärkten. Schlechte Zeiten für die Bauern![64]

100 Jahre Ford

Henry Ford war der Meister der Standardisierung und als solcher auch der Erfinder der Massenproduktion. Sein berühmtes T-Modell, „Tin Lizzie" genannt, lief 15 Millionen Mal vom Band und wurde der Inbegriff für die Massenproduktion im 20. Jahrhundert, den „Fordis-

[63] vgl. o. V.: „Diamond trade struggles for clarity", International Herald Tribune, 14.11.2002, 7; Campbell, C.: Tödliche Steine – Der globale Diamantenhandel und seine Folgen, Stuttgart/München 2003; http://www.fataltransactions.de, 2.12.2002; Pater, S.: Blutige Diamanten, Göttingen 2001; Jung, A.: „Das Geheimnis einer faszinierenden Leidenschaft – Kriegsdiamanten. Die internationale Kampagne *Fatal Transactions*", Prokla, 3/2001, 443; Custers, P.: „‚Disparater Tausch' – Diamanten, Öl und Bürgerkrieg in Afrika", Prokla, 3/2001, 429; Schaaf, S./Aders, T.: „Die blutige Spur der Diamanten – Kriege, Terror, Edelsteine", Film-Dokumentation im Auftrag des SWR, 2002; Misser, F.: „Die Spur der Edelsteine", Die Tageszeitung, 19.3.2002; 4; Brot für die Welt (Hrsg.): Saubere Diamanten?, Frankfurt/M. 2003; o. V.: „The cartel isn't forever", The Economist, 17.7.2004, 60ff.; Drechsler, W.: „De Beers beugt sich dem internationalen Druck", Handelsblatt, 14.10.1999, 30

[64] vgl. Scheen, T.: „Schlechte Ernte in Daloa", Frankfurter Allgemeine Zeitung, 13.11.2002, 3

mus". Auch in sozialer Hinsicht revolutionär, führte Henry Ford etwa 1914 den „5 $ a day"-Lohn ein, seinerzeit beträchtliches Geld. Die gigantischen Stückzahlen, die in Dearborn vom Band liefen, veränderten Amerika. Neue Industrien entstanden: Zulieferer, Straßenbau, Tankstellen, Motels und viele andere. Ford, die „Kapitalisten-Legende" wurde Milliardär, genauso wie seine Pionier-Kollegen Rokkefeller, Vanderbilt und Edison. Sie gaben das klassische Bild vom Unternehmer ab: „risk taker", immer auf der Suche nach Neuem, den „big boost" stets initiierend. Die „Motocity" Detroit wurde mit Ford, General Motors und Chrysler zum führenden industriellen Zentrum. Die „großen Drei" bedienten den Bedarf der USA und später auch der Welt. Tolle Modelle faszinierten lange Zeit und halfen mit, das furiose Image der USA zu begründen.[65] Heute sieht alles anders aus. Das Eldorado hat definitiv bessere Zeiten erlebt. Unternehmerische Probleme, gesättigte Märkte, mittelmäßige Modelle und gelegentlich sogar Kurzarbeit prägen das gegenwärtige Bild. Das färbt auch auf die Region um die frühere „Boomtown" ab: vieles ist heruntergekommen, soziale Probleme, Armut; besonders stark betroffen ist die schwarze Bevölkerung. Den Slogan „Geht es GM gut, geht es Amerika gut" mag man im Moment eher mit einem müden Lächeln quittieren.[66]

Große Geburtstage – neben Ford ist auch Harley-Davidson heuer Hundert[67] – feiert man zwar, dennoch ist die Stimmung traurig. Etwa so wie auch jene am 31. Juli, als der letzte von 21 Millionen VW-Käfern nach 69 Jahren in Mexiko vom Band rollte.[68] Fast hat man den Eindruck, die heutige Industrie glänzt hauptsächlich durch ihre Geschichte.

Corporate Greed

Schon längst war es eine höchst sonderbare Erscheinung. Der CEO eines US-Konzerns verdient vielleicht das 500fache eines einfachen Mitarbeiters seiner Firma. Durch das Realisieren von Optionen auf

[65] vgl. Brinkley, D.: Wheels for the World, New York 2003
[66] vgl. o. V.: „Extinction of the car giants", The Economist, 14.6.2003, 1, 7; o. V.: „One hell of a birthday, Bill", The Economist, 14.6.2003, 65ff.
[67] vgl. Mergelkuhl, P.: „Old Economy", Oldtimer-Markt, 9/2003, 20ff.
[68] vgl. Brüggemann, M.: „Volks-Begehren", Oldtimer-Markt, 9/2003, 10ff.

Aktien vielleicht noch mehr. Allmählich schien diese Praxis auch auf Europa überzugreifen, wenngleich das US-Niveau von den europäischen „fat-cats“ niemals erreicht wurde. Derartiges simpel durch Leistung oder die hohe Verantwortung zu rechtfertigen, ist ein äußerst vages, mehr noch ein fragwürdiges Konzept. Gerade die viel besagte Verantwortung der Chefs manifestiert sich in der Bereitschaft zum jederzeitigen kompromißlosen Downsizing. Damit werden oft Tausende Mitarbeiter kurzerhand auf die Straße gesetzt. Auch durch den Absturz der Börsen und den Umstand, daß die Shareholder nur selten viel „Shareholder-Value“ bekamen, änderte sich nichts.

Nun regt sich – man möchte es gar nicht glauben – erstmals Widerstand gegen die exzessiven Gehälter der „Management-Superstars“. In einem Fall ist der Krug tatsächlich zerbrochen: die Hauptversammlung von GlaxoSmithKline lehnte am 20.5.2003 eine Abfertigung von 31 Millionen Euro für den nur zwei Jahre währenden Vertrag ihres Chefs J. P. Garnier ab.[69] Dies mag ein Zeichen sein; vielleicht aber nur eine Ausnahme, wenn man betrachtet, wie derartiges zustande kommt. In USA nennt man das Geflecht der Manager, die wechselseitig in den Entscheidungsgremien ihrer Unternehmen sitzen und sich auf diese Weise ihre Entschädigungen und Spielräume quasi gegenseitig genehmigen „Crony capitalism“. Hierzulande ist so etwas schlicht als „Freunderlwirtschaft“ bekannt. Aber immerhin: ein Signal gesetzt zu haben, hat sicher nicht geschadet und gezeigt, daß ein allzu überspannter Bogen durchaus auch einmal brechen kann.

Potter-Industries Unlimited

Das Fieber stieg proportional zur Wartezeit. Höchste Geheimstufe im Vorfeld, eine Startauflage von mehr als zehn Millionen Stück, das gab es bei einem Buch noch nie. Zur Geisterstunde, in der Nacht vom 20. auf den 21. Juni erschien zwei Jahre nach Teil 4 mit längeren Geburtswehen Band 5 von Harry Potters Abenteuern mit dem Titel „Harry and the Order of the Phoenix“. Mit 766 Seiten gewaltig dick und

[69] vgl. o. V.: „Have fat cats had their day?“, The Economist, 24.5.2003, 61f.; Rauscher, H.: „31 Millionen Abfertigung“, Format, 22/2003, 39

für die Jugend eventuell irritierenden Umfangs. Allein am Samstagvormittag wurde jedenfalls eine halbe Million Bände abgesetzt, die „Potterianer" weltweit waren zufrieden. Die Autorin J. K. Rowling kann es auch sein: vor kurzem noch arm und fast gescheitert ist sie mit einem auf 400 Millionen Euro geschätzen Vermögen heute reicher als die Queen. Allein in den ersten Stunden nach besagter Mitternacht dürften 40 Millionen dazugekommen sein. Hysterie und Marketing haben freilich etwas Abstoßendes.

Der Jahresumsatz der Potter-Industrie – Bücher, Filme, Merchandising – soll sich auf vier Milliarden Euro belaufen. Die bisherigen vier Bücher wurden mehr als 200 Millionen Mal verkauft. Die Verlage Bloomsbury und Scholastic (Time-Warner) sowie im deutschsprachigen Raum Carlsen erleben wahre Sternstunden, auf jeden Fall aber die beste Zeit ihrer Verlagsgeschichte. Die Methoden sind entsprechend rauh: Geheimhaltung bei Strafe, Restriktionen für den Buchhandel, Klagen bis zu 100 Mio. Dollar. Insider stellen fest, daß es einen vernünftigen Umgang in der Sache Harry Potter nicht gibt. Verfahren wird offenbar wie bei den Muggels, die in den Romanen für Engstirnigkeit, Gier und Spießigkeit stehen und damit die deprimierende Gegenwelt zu den Zauberkünstlern von Hogwarts symbolisieren. Bleibt die Frage, welche Sehnsüchte die Autorin bei ihren Lesern bedient. Schwer zu sagen allemal; geliefert wird ein literarisches Antidepressivum für Jugendliche in einer tristen Welt, meinen manche.[70]

Krieg gegen Menschen – Krieg gegen die Umwelt

Zur Eroberung von Tschetschenien vernichteten die russischen Truppen zu Beginn des 19. Jahrhundert die undurchdringlichen und deshalb gefürchteten Wälder des bergigen Landes. Vor über hundert Jahren wurde dann Erdöl entdeckt, ein Wirtschaftsboom folgte. Das Öl von Grosny deckte vor dem 2. Weltkrieg 40 Prozent des sowjetischen Bedarfs und trug dann auch zum Sieg gegen Hitler bei. Für die kommunistischen Herrscher war Ökologie ein Tabuthema, geachtet wurde diesbezüglich auf gar nichts. Ständig unerträglicher Geruch, Rohrbrüche an

[70] vgl. Hager, A./Horowitz, N.: „Harry, hol' schon mal die Kohle", Profil, 26/2003, 130ff.

der Tagesordnung und zunehmende schwere Erkrankungen waren die Folge. Die Böden in der Region Grosny sind seit langem völlig mit Erdöl durchsetzt, nicht selten schneite es schwarzen Schnee.[71]

Seit Jahren ist Tschetschenien nunmehr von einem mit äußerster Grausamkeit geführten Bürgerkrieg geschüttelt. Mittlerweile ist alles zerstört, die Not der Menschen unbeschreiblich.[72] Nun machen die Menschen seit längerem aus der Not eine Tugend. Illegale Ölgewinnung und Raffinierung sind heute eine der gewinnbringendsten Tätigkeiten geworden. „Mini-Fabriken", die an Schnapsbrennereien erinnern, stehen auf vielen Hinterhöfen. Gestohlenes oder aus dem Boden gefiltertes Öl wird hier „gekocht" und Benzin mit 50 Oktan daraus gewonnen. Verkauft wird an Ort und Stelle um 20 Cent pro Liter. Illegal ist das alles, aber wen kümmert es, wenn trotz vielfach angekündigter scharfer Maßnahmen zu Eindämmung der einschlägigen Aktivitäten Polizei und Miliz 50 Prozent der Einnahmen kassieren. Das ist allerdings unbedingte Voraussetzung, um eine „Mini-Fabrik", mit deren Erträgen sich der Besitzer in nur einem Monat eine westliches Auto kaufen kann, in „Ruhe" betreiben zu können. Jedenfalls wurden auf diese Weise jüngst 500.000 t Rohöl jährlich verarbeitet, einst lag die staatliche Erdölförderung bei 700.000 t.[73]

Gewalt als Produkt

Dic Zeiten, in denen Kriege zwischen Staaten von Soldaten auf Schlachtfeldern ausgetragen wurden, scheinen endgültig vorbei zu sein. Konflikte sind heute vielfach „privatisiert" und werden nicht selten von spezialisierten Subunternehmen ausgetragen. Vorwiegend in Gestalt privater Sicherheitsunternehmen, die eine durchaus breite Produktpalette haben: Beratung von Regierungen in militärischen Fragen, Ausbildung von nationalen Armeen, Bewachung von Ölförderanlagen, Risikoanalysen für potentielle Firmenstandorte, Ver-

[71] vgl. Taramow, M.: Tschetschenien – Atemberaubende Kriegsfolgen, Ökozid Journal, 2/2002, 34f.; v. Gumppenberg, M.-C./Steinbach, U. (Hrsg.): Der Kaukasus, München 2010

[72] vgl. Nivat, A.: Mitten durch den Krieg, Zürich 2001; Politkovskaja, A.: Tschetschenien – Die Wahrheit über den Krieg, Köln 2003.

[73] vgl. Dudajew, U.: „Militärs und Polizei im Ölgeschäft", Ökozid Journal, 2/2002, 36f.

handlungen mit Geiselnehmern, Ausbildung von NGO-Mitarbeitern, z. B. für die Minensuche und selbstverständlich auch Kampfeinsätze aller Art. Vieles davon ist in einer rechtlichen und moralischen Grauzone angesiedelt. Dennoch denkt selbst die UNO darüber nach, mit ihren Einsätzen und Missionen künftig private Söldnerarmeen zu beauftragen. Der Jahresumsatz dieser „Sicherheitsindustrie" wird auf 50 Mrd. Dollar jährlich geschätzt, zwei Millionen Menschen sollen in ihren Diensten stehen.

Die Branche boomt: unzählige Krisenherde mit Low-Intensity-Conflicts und weltweit mehr als 400 nichtstaatlichen bewaffneten Gruppen, Bedarfe im Zusammenhang mit dem „Kampf gegen den Terrorismus" und rigorose Sparmaßnahmen der Staaten, die der Kosten-Nutzen-Rechnung folgen und zu teilweise erstaunlichen Privatisierungsmaßnahmen – auch von an sich hoheitlichen Aufgaben – führen. Freilich sind mit all diesen Aufgaben nicht nur „Söldner" aus aller Herren Länder, befaßt. Das „Arbeitskräftereservoir" ist jedenfalls ebenso beträchtlich wie die Größe des Marktes. Mit dem Ende des Kalten Krieges wurden alleine fünf Millionen Soldaten demobilisiert.[74]

Zu tun gibt es ohne Zweifel genug, nicht nur für die genannten, meist bekannten Sicherheitsfirmen. So etwa konkret auch im Dunstkreis von Warlords, Terroristen, Rebellen oder der organisierten Kriminalität. Im Umkreis von bewaffneten Konflikten gibt es – soviel ist sicher – stets eine rege ökonomische Zirkulation, die den Ursprung beträchtlicher Geschäftsmöglichkeiten für die Proponenten der Konflikte bildet. Deshalb versuchen sie meist auch, die Konflikte längstmöglich zu schüren bzw. aufrecht zu halten. Auf diese Art entstehen regelrechte „Gewaltunternehmen", funktionierend nach den üblichen klaren ökonomischen Gesichtspunkten: Beschaffen, „Produzieren", Verwerten,

---

[74] vgl. Conesa, P.: „Dienstleistung Krieg", Le Monde Diplomatique, April 2003, 1, 4f.; Weingarter, G.: „Krieg als Geschäftszweig", Östgerreichische Militärische Zeitschrift, 2/2004, 149ff.; Meinhart, E./Staudinger, M./Treichler, R.: „Traumjob Krieg", Profil, 48/2006, 106ff.; Scahill, J.: Blackwater, München 2007; Jäger, T./Kümmel, G. (Hrsg.): Private Military and Security Companies, Wiesbaden 2007: Feichtinger, W./Braumandl, W./Kautny, N.-E. (Hrsg.): Private Sicherheits- und Militärfirmen, Wien/Köln/Weimar 2008; Nassauer, O.: „Eine Firma für die Drecksarbeit", Der Tagesspiegel, 24.8.2009, 5

Finanzieren; was, wie und mit wem auch immer. Notwendig sind dafür nicht nur Ressourcen wie natürliche Rohstoffe, über die es zu verfügen gilt, sondern auch ein Zugang zur Infrastruktur der Weltwirtschaft. Handel, Transportmöglichkeiten und Finanzsektor sind für „Kriegs- und Konfliktökonomien" sehr wichtig, wobei zwangsläufig hauptsächlich deren illegale Dimension bemüht wird. Von einem „Bruttokriminalprodukt" kann ohne weiteres gesprochen werden. Alleine das ökonomische Kalkül zählt.[75]

Ein besonders krasses Beispiel dafür ist der Einsatz von Kindersoldaten. Diese sind als Investition äußerst „günstig": ein Gewehr, wenig Verpflegungsbedarf, auch die als „fringe benefit" mitgegebenen Drogen sind billig. Wie günstig, belegen die Zahlen: rund 300.000 Kindersoldaten sollen weltweit im Einsatz sein. Ihre Motivation nährt sich aus der Sehnsucht, Not und Perspektivlosigkeit eines Tages hinter sich lassen zu können und einen Zipfel Wohlstand abzukriegen. Dieserart verdingen sie sich als Gewaltunternehmer. Wenn sie nicht mehr gebraucht werden, „entsorgt" man sie. Gehalten wie Sklaven, manipuliert und entwicklungsbedingt mit erst geringer eigener Urteilsfähigkeit sind sie – zumal in Drogenrausch – zu allem bereit. In der Tat: jüngst spannten einige von ihnen menschliche Gedärme als Absperrung über eine Straße von Monrovia.[76]

Blaues Gold

Wasser ist seit Menschengedenken ein typisches Allgemeingut. Wenn es nach den Vorstellungen der einschlägig tätigen Konzerne und mancher Regierung geht, nicht mehr lange. Das GATS-Abkommen im Rahmen der WTO, das auf die Liberalisierung von Dienstleistungen abzielt, spielt dabei eine besondere Rolle. Vorgeschoben werden bessere Möglichkeiten zur Lösung der global bestehenden Wasserkrise. Die Frage der Wasserversorgung ist in den letzten Jahren nämlich zu

---

[75] vgl. Mair, S.: „The New World of Privatized Violence", Internationale Politik und Gesellschaft, 2/2003, 11ff.; Lock, P.: „Die Gewaltunternehmer", Blätter des iz3w, Juli/August 2003, 270ff.; Jean, F./Rufin, J.-C. (Hrsg.): Ökonomie der Bürgerkriege, Hamburg 1999

[76] vgl. Rühle, A.: „Die Armee der Wegwerfmenschen", Süddeutsche Zeitung, 20.6.2003, 13; Schmid, M. R./Schmid, A.: I killed people, Göttingen 2001

einem der meist diskutierten globalen Themen geworden. Die Konzerne sehen hier einen der letzten großen und profitablen Märkte. Die bisherigen Erfahrungen zeigen allerdings, daß Privatisierung kein Ausweg ist. Eher im Gegenteil: nach der Privatisierung haben beispielsweise die britischen Wasserversorger ihre Tarife um 50 Prozent erhöht und 20.000 Haushalten vorübergehend den Hahn abgedreht, weil sie die Rechnungen nicht mehr bezahlen konnten. Die Hepatitis-A-Fälle verdoppelten sich binnen weniger Jahre. In Südafrika brach nach der Privatisierung des Wassers eine Choleraepidemie aus, in Bolivien ein Volksaufstand. Auch in Atlanta, Grenoble und Postdam wurde das Experiment schnell wieder abgebrochen.[77] Ein kürzlich publizierter umfangreicher Ländervergleich beweist, daß die privaten Anbieter keineswegs billiger sind und die Qualität vor allem im Bereich der aufwendigen wie unrentablen Wasserentsorgung äußerst mangelhaft ist.[78]

Ein Jahrzehnt nach dem Beginn des Monopoly auf dem Weltmarkt für Wasser kontrollieren die globalen Wasser-Players mittlerweile in duzenden Millionenstädten weltweit die Versorgung. Besonders zukunftsträchtige Märkte sind Osteuropa und China. Anstatt Privatisierung zu fordern und zu fördern, sollte man sich – gerade in den Ländern der Dritten Welt – vielmehr darauf konzentrieren, Alternativen zu unterstützen, um die Wasserversorgung der Armen und die allgegenwärtige Problematik der sanitären Einrichtungen zu verbessern. Gerade bei Verzicht auf „high-tech, high-cost projects" würde es nur zehn Milliarden Dollar im Jahr kosten, Wasser und sanitäre Einrichtungen für alle bereitzustellen. Dies entspricht einem Zehntel der Summe, die allein in Europa für Alkohol ausgegeben wird und der Hälfte der jährlichen Ausgaben für Tierfutter in den USA.[79] Man sollte sich eines Tages jedenfalls nicht sagen müssen: Wenn wir kein Wasser mehr haben, dann trinken wir eben Kaffee![80]

---

77 vgl. Reimon, M./Felber, C.: Schwarzbuch Privatisierung, Wien 2003, 74ff.
78 vgl. Arbeiterkammer Österreich, http://www.akeu.at, 20.11.2003
79 vgl. Hoering, U.: „Wasser für alle", Südwind-Magazin, 6a/2003 (Themenheft Wasser), 4ff.
80 vgl. allgemein Sager, W.: Wasser, Hamburg 20010; Shiva, V.: Der Kampf um das blaue Gold, Zürich 2003; Stadler, L./Hoering, U.: Das Wasser-Monopoly, Zürich 2003; http://www.un.org/events/water, 25.11.2003

Putin versus Demokratie

Den einen gilt Rußland nach wie vor als zweite Supermacht, den anderen nur mehr als Krisen- und Entwicklungsland. Diese (wohl beiderseits verzerrte) Wahrnehmung hat seinen Grund: die Transformation seit dem Zusammenbruch der Sowjetunion hat genauso zu Wachstum und Entwicklung geführt, wie zu ökonomischen Zusammenbrüchen. Damit wurde wenigen enormer Reichtum und vielen bittere Armut beschert. Gefordert wird gerade in diesem Zusammenhang längst, daß der Staat die Casino-Kapitalisten und Kriminellen zur Räson bringen soll.[81]

In diesem Sinn ist wohl auch die „Aktion“ von Putin gegen einen weiteren Oligarchen, Michail Chodorkowski (40), zu verstehen. Dieser Mann ist Chef des Ölgiganten Yukos/Sibneft, dem weltweit viertgrößten privaten Ölkonzern, Multimilliardär und der reichste Mann Rußlands. Nebenbei auch größter Steuerzahler des Landes und, was – für Putin – wirklich schwer wiegt, (zumindest mutmaßlich) potentieller Gegenspieler des Präsidenten im Kreml. Kurzum: Putin ließ Chodorkowski in einer Art Handstreich verhaften und 44 Prozent der Aktien von Yukos beschlagnahmen. Der Vorwurf lautet auf Betrug, Unterschlagung und Steuerhinterziehung mit einem angeblichen Schaden von einer Milliarde Dollar. Die Höchststrafe für derartige Vergehen ist zehn Jahre Haft.

Das rigorose Vorgehen des momentan im Westen allseits umworbenen Putin löste ein Erdbeben aus: „Staatsstreich“, „Kapitalismus mit stalinistischem Gesicht“, „erster politischer Häftling im neuen Rußland“, „Tod der neuen Ordnung“, „In Rußland starb das zweite Mal der Kapitalismus“ waren die Reaktionen. Die Moskauer Börse erlebte mit dramatischen Kursstürzen einen „Schwarzen Montag“, das internationale Vertrauen in den Standort Rußland wurde schwer erschüttert. Die Wahrheit dürfte anders liegen; entbrannt ist vielmehr ein Machtkampf zwischen zwei Lagern: die einen wollen „eine Marktwirtschaft ohne Zivilgesellschaft aufbauen“, die anderen „einen freien Markt ohne wirtschaftliche Transparenz, politischen Pluralismus und

---

[81] vgl. Neunhöffer, G.: „Wem der Rubel rollt“, Blätter des iz3w, Oktober 2003, 272ff.

unabhängige Medien". Putin und seine KGB-Kamarilla arbeiten offenbar emsig und mit Nachdruck an der zweiten, sicher auch um nichts besseren Variante.[82] Einmal mehr gilt also: armes, reiches Rußland.[83]

Kapitalismus – süß-sauer

China ist *das* Land der Superlative. Seit Deng Xiaoping das größte Volk der Erde vor einem Vierteljahrhundert auf den langen Marsch in den Kapitalismus führte, hat sich Gigantisches bewegt. Nach dem Motto „25 Jahre Boom und kein Ende" holt das Reich der Mitte im Zeitraffer die Entwicklung zur Industrienation nach. Allein zwischen 1990 und 2003 hat sich das BIP vervierfacht, die Exporte verachtfacht. Auf dem Weg vom low-quality- zum high-technology-Produzenten trägt China mit 16 Prozent zum weltweiten Wirtschaftswachstum bei. Während die Industriestaaten stagnieren, ist acht Prozent jährliches Wachstum in China normal. Wenn eine Wirtschaft stetig um so viel wächst, verdoppelt sich ihre Leistung alle neun Jahre. Genauso wie das Volkseinkommen und der Konsum. Das alles sind gute Gründe für Optimismus. Die immer noch allmächtige Kommunistische Partei hat sich dem kapitalistischen Wachstum mit Haut und Haar verschrieben. China strebt danach zu werden, wie Shanghai, die Boomtown, schon heute ist. Mit 2.340 Dollar ist hier das Jahreseinkommen mehr als doppelt so hoch wie die 1.000 Dollar im Rest des Landes. Hochhäuser schießen allerorts wie Pilze aus dem Boden, schon 30.000 ausländische Firmen haben sich bisher angesiedelt. Shanghai absorbiert alleine rund 20 Prozent der ausländischen Investitionen, die sich derzeit insgesamt schon auf 60 Mrd. Dollar (USA 44 Mrd.) belaufen.

Doch auch die Probleme des Landes der großen Zahlen entbehren nicht superlativen Charakters. Mit 700 Mio. Menschen sind über die Hälfte der Werktätigen in der Landwirtschaft beschäftigt und verdienen nur rund ein Drittel des durchschnittlichen Jahreseinkommens,

---

[82] vgl. Follath, E./Klussmann, U./Mayr, W./Neef, C.: „Duell um den Kreml", Der Spiegel, 45/2003, 130ff.; o. V.: „Vlad the impaler", The Economist, 1.11.2003, 13f.; o. V.: Putin's way, The Economist, 13.12.2003, 22ff.
[83] vgl. Roth, T.: Russisches Tagebuch, Berlin 2003.

Tendenz sinkend. Über 100 Mio. Wanderarbeiter versuchen sich mit kläglichen Löhnen in den Städten zu verdingen. 250 Mio. Menschen suchen einen Job. 14 Mio. Arbeitnehmer wurden aus den Staatsbetrieben entlassen. Zehn Millionen junge Arbeitskräfte, davon zwei Millionen Hochschulabsolventen, drängen jedes Jahr zusätzlich auf den Arbeitsmarkt. Von den noch 175.000 bestehenden öffentlichen Unternehmen ist nur die Hälfte profitabel. Die Banken verwalten 240-400 Mrd. Dollar faule Kredite. Jenseits des blühenden Küstenstranges, der sich von Peking über Shanghai bis nach Hongkong erstreckt, leiden – besonders in der Mandschurei – dutzende Millionenstädte unter einer Arbeitslosenrate von 50 Prozent. Die Industrien sind meist hoffnungslos veraltet, Korruption allgegenwärtig. Parteikader, die (geschmuggelte) Luxuslimousinen fahren, sind keine Seltenheit. Das europäische Rentenproblem mutet geradezu lächerlich an, wenn man die diesbezüglichen Folgen der chinesischen Ein-Kind-Politik bedenkt, die ab etwa 2020 schlagend werden. Umweltschutz ist kein Thema; die Erdölimporte betragen derzeit rund 25 Prozent der Gesamtimporte, mit einer Verdoppelung bis 2010 wird gerechnet. Nur ein Prozent der Häuser sind energieeffizient. Autos verpesten die Luft, über den Städten hängen Smogglocken. China ist schon heute der zweitgrößte CO_2-Emittent der Erde. All das scheint den genannten Optimismus nicht zu trüben: man gedenkt, in 100 Jahren auf die heutige Zeit als die eigentlich revolutionäre Periode Chinas zurückzublicken.[84]

[84] vgl. Blume, G./Heuser, U. J.: „China hebt ab", Die Zeit, 22.12.2003, 19f.; Hale, D./Hale, L. H.: „China Takes Off", Foreign Affairs, November/December 2003, 36ff.; Nussbaumer, N./Plavec, F.: „Im Reich des Wachstums", Kurier, 27.1.2006, 22f.

2004

Spotlight Liberia

1847 war Liberia die erste Republik Afrikas, errichtet von Afro-AmerikanerInnen und abhängig von den USA. Eine Schuldenkrise war die Folge, der Staat wurde schließlich vom US-Konzern Firestone „ausgelöst". Dabei sicherte sich Firestone allerdings praktisch die Rechte auf alles, was Liberia wirtschaftlich interessant machte, etwa Boden, Kautschuk, Gold und Diamanten. Besonders der Kautschuk wurde bald mit 88 Prozent das wichtigste Exportprodukt des Landes. Nach dem 2. Weltkrieg begann sich Liberia – mit einigem Erfolg –, mit Finanz- und Handelsplatzgeschäften zu finanzieren. Die Billigflaggen in der Schifffahrt sind inzwischen Legion. Lange Zeit galt das Land als Symbol für Stabilität und wirtschaftlichen Fortschritt in Westafrika. Allerdings hatten Renten für Konzessionen, Steuerhinterziehung, Schmuggel und Waffengeschäfte immer Konjunktur.

Profitiert haben davon stets die Eliten, das Volk darbte nicht weiter verwunderlich und blieb bitterarm. Solche Umstände bereiten Rebellionen den Boden. Die neuen Führer Doe und Taylor erwiesen für das Land jedoch nicht als Glücksfügung. Sie regierten mit Gewalt, schafften für sich Milliarden ins Ausland und insbesondere Taylor betätigte sich darüber hinaus als machtbewußter und umtriebiger „Kriegsunternehmer". Er kontrollierte schlicht die Wirtschaft für persönliche Zwekke, zur „Geschäftserschließung" schürte er Konflikte, nicht zuletzt mit bzw. in den Nachbarländern. Fazit für den Moment ist, daß im Land alles zerstört ist; mühsame Versuche der internationalen Gemeinschaft bringen das Land gerade ein paar kleine Schritte voran.[85]

---

[85] vgl. Madörin, M.: „Liberia-Schweiz: Von Drehscheibe zu Drehscheibe", http://www.medico.de, 20.2.2004

Barbie leidet

Nicht genug kann auf sogenannte günstig in den Industrieländern erhältliche Produkte hingewiesen werden, die unter überwiegend fürchterlichen Arbeitsbedingungen in der Dritten Welt entstehen. So sind etwa die abendländischen Feste Nikolaus und Weihnachten für Arbeiterinnen vor allem in Asien die Hölle. In diesen Zeiten florieren gleichzeitig die Aktien von Konzernen wie Mattel, Hasbro, McDonald's, Disney, Tomy, Bandai und Chicco. In den Werkstätten der mit der Spielzeugproduktion beauftragten Firmen regieren gleichzeitig Preis-, Qualitäts- und Termindruck. Ihre Produkte sollen nicht nur Freude bereiten, sondern auch Fähigkeiten wie Intelligenz und Kreativität der beschenkten Kleinen in Europa, den USA und Japan fördern. Nach dem Motto „du freust dich und ich muß schuften" werden die (meist) Mädchen und Frauen, die die besagten Produkte unter menschenunwürdigen Arbeitsbedingungen herstellen, ausgebeutet: überlange Arbeitszeiten, kein freier Tag, keine Pausen, Hungerlöhne und katastrophale Arbeitsbedingungen und keinerlei gewerkschaftliche Möglichkeiten bestimmen das Bild. Die Konzerne wollen davon am besten nichts wissen, schließlich beruhigen Codizes ihr Gewissen. „Fair-spielt" ist und muß vor diesem Hintergrund ein Thema sein und bleiben![86]

Keine Tulpen aus Amsterdam

In Europa, den USA und Japan geben die Menschen jährlich jeweils rund sechs Milliarden Euro für Pflanzen aus, das weltweite Marktvolumen beträgt alleine für Schnittblumen ca. 30 Milliarden Euro. Schlagerklischees besingen „Weiße Rosen aus Athen" genauso wie „Tulpen aus Amsterdam". Heute kommen die Orchideen und Schleierkraut aus Indien, Nelken aus Kenia und Rosen aus Kolumbien. Weltweiter Handel und moderne Logistik machen es möglich. Ziel ist es, daß je-

[86] vgl. Wingert, P.: Das muß anders werden – Spielzeugproduktion in China (Video), Aachen 2003; Rivoli, P.: Reisebericht eines T-Shirts, Berlin 2006; McDougall, D./Schmitz, S./Fisk, A.: „Kinderarbeit für den Heine-Versand", Stern, 6/2007, 29ff.; Seifert, T.: „Das Christkind ist Chinesin", Die Presse, 19.12.2010, 38f.

derzeit überall alles erhältlich ist. Ganzjähriges Verlangen wird auf der nördlichen Halbkugel zum ökologischen Problem. Zunächst stehen diesbezüglich untragbare Energiekosten für zu beheizende Glashäuser im Wege. In Asien, Lateinamerika und Afrika ist dieses Problem nicht existent. Dieser Umstand ist somit Teil des Problems wie der Lösung gleichermaßen. Kühlcontainer tun ihr übriges. Auf der anderen Seite sind vor allem Pestizidvergiftungen und ihre bösen Folgen, Kinderarbeit sowie – nicht verwunderlich – Hungerlöhne von 1,5 Euro pro Tag die Regel. Derzeit bemüht sich gerade das „Flower Label Program" (FLP) um Aufklärung und Besserung. Vor allem mit Hilfe von Blumenkampagnen und eines Gütesiegels sollen die Konsumenten hierzulande zunächst sensibilisiert werden.[87]

„Futuro"-Preise

Wie können Produkte, die aus Ländern außerhalb Europas kommen, von den Konsumenten bewertet werden? Prekäre Arbeitsbedingungen, Raubbau an der Umwelt und manche andere, oft mehr als zweifelhafte Umstände im Zuge ihrer Herstellung kennzeichnen viele Waren: jene, die derartiges beim Einkauf berücksichtigen möchten, haben es schwer. Mangelnde Transparenz und vor allem kaum vorhandene Hintergrundinformationen führen selbst bei Bewußten zu mancher Fehlentscheidung beim Kauf. Seit einiger Zeit bemüht sich das österreichische Projekt „Futuro" darum, der Frage nachzugehen: „Auf Kosten anderer leben – wie hoch sind diese Kosten eigentlich?"

Vor allem geht es darum, Waren mit ihren „wahren" (nachhaltigen) Preisen zu kennzeichnen. Derartige Preise sollen sämtliche Dimensionen der Nachhaltigkeit berücksichtigen. Im Sinne einer Nachhaltigkeits-Einkaufsanalyse soll dem Konsumenten der diesbezügliche Vergleich zwischen verschiedenen Produkten ermöglicht werden. Das Neue an der Idee ist die erstmalige Bewertung von Waren durch einen spezifischen Preis. Bisher waren beim Vergleich von Produkten, die durchaus auch mit Labels, Gütezeichen etc. ausgezeichnet waren, nur

[87] vgl. Korneffel, P.: „Profit ohne Gift", Die Zeit, 12.2.2004, 25ff.; zum FLP siehe http://www.fian.de, 16.12.2004

„Ja/Nein-Entscheidungen“ möglich. Mit Hilfe des Futuro-Preises, der umso höher ist, je weniger nachhaltig ein Produkt hergestellt und gehandelt wird, besteht die Möglichkeit, Waren einer „Besser/Schlechter-Bewertung“ zu unterziehen und Kaufentscheidungen konsequenterweise danach auszurichten.

Wie wird nun ein Futuro-Preis ermittelt? Zehn (gewichtete) Kriterien gehen in die Berechnung ein: Sozialstandards, CO2-Emission, Entlohnung, Schadstoffe/Toxizität, Lebensqualität, Artenvielfalt, Flächenverbrauch, Materialverbrauch, Kernenergie und Gentechnik. Über einen speziell entwickelten Algorithmus fließen die Kriterien in jeweils qualifizierter Form (z. B. Wie viele Stunden Kinderarbeit wurden bei der Herstellung aufgewendet?, Wie viele Tonnen CO2-Emission fallen im Zuge der Produktion an?) in die Berechnung des Nachhaltigkeitspreises ein. Bisher gibt es Futuro-Preise schon für eine Reihe von Gütern. Zuletzt wurden Apfel- und Orangensäfte mit Futuro-Preisen bewertet. Die Idee ist zweifellos hervorragend. Ihre weitere, vor allem öffentlichkeitswirksame Verbreitung steht noch aus. Vielleicht ist man ja – wie bei wirklich innovativen Ideen so oft – seiner Zeit auch (weit) voraus. Den engagierten Mitgliedern des Futuro-Teams sei jedenfalls vor allem das sicherlich notwendige Durchhaltevermögen zur Umsetzung einer großen Idee gewünscht![88]

Hart wie Kruppstahl

China boomt, die derzeitige Entwicklung scheint erst der Anfang zu sein. Besonders stark ist derzeit die chinesische Nachfrage nach Industriemetallen, besonders nach Stahl. Die Staatsbank versucht zwar, mittels gedrosselten Krediten die Konjunktur in geordnete Bahnen zu lenken, alleine das hilft wenig. Chinas Stahlhunger vor allem, angefacht von einem Immobilienboom, vom dynamischsten Automarkt der Welt und von einem gewaltigen Nachholbedarf im Infrastruktur- und Transportsektor, scheint unersättlich. Ein Drittel der globalen Stahl-

[88] vgl. Busswald, P./Jakubowicz, D./Supper, S. (Sol – Menschen für Solidarität, Ökologie, Nachhaltigkeit; Zusammenstellung): „Futuro, der Nachhaltigkeitspreis“, Schwerpunktheft von Sustainable Austria/Nachhaltiges Österreich, Nr. 28, Dezember 2004

produktion verbraucht das Reich der Mitte jetzt schon. Importiert wird im Wert der gesamten deutschen Stahlproduktion (43 Mio. Tonnen). Alleine 144 neue Kraftwerke werden derzeit gebaut, Olympia 2008 wirft bereits ihre Schatten voraus.

Weltweit wird jährlich eine Milliarde Tonnen Stahl produziert, China verbraucht davon ein Fünftel, Tendenz stark steigend. Ausländische Hersteller werden ins Land geholt, die heimische Branche konsolidiert. Profitieren werden davon die großen Vier – Baosteel, Angang, Wugang und Shougang. Auch der indische Markt birgt ähnlich viel Potential in sich. War die Stahlbranche als klassische „old economy" lange Zeit und noch bis vor kurzem von sehr düsteren Zukunftsperspektiven umgeben, expandieren die „Stahlkocher" derzeit überall gewaltig und verdienen so gut wie schon 30 Jahre nicht mehr. Groß ist die Gefahr, daß man in absehbarer Zeit enorme Überkapazitäten abbauen wird müssen. Die Stahlpreise sind konjunkturbedingt momentan so hoch, daß viele Unternehmen der metallverarbeitenden Industrie bereits in ernsthafte Schwierigkeiten geraten sind. Der Stahlboom schlägt auch auf die Preise der für die Stahlerzeugung notwendigen Rohstoffe Erz, Koks und Schrott durch.[89]

Wer Stahl im Hochofen kocht, braucht vor allem auch Koks, Millionen Tonnen davon. Koks ist gewissermaßen ein „Wachstumshormon" der Industriegesellschaft und hat so wie sein Vorprodukt Kohle und das Endprodukt Stahl hohe strategische Bedeutung innerhalb der industriellen Kern-Produktionskette. Deshalb entstehen in China derzeit auch 60 Kokereien. Engpässe sind vorprogrammiert. So greift man auch zu unkonventionellen Mitteln: ein chinesischer Konzern baut mit 300 Arbeitern seit eineinhalb Jahren die stillgelegte Kokerei Kaiserstuhl in Dortmund ab und verlädt sie in Container, die von Rotterdam und Antwerpen aus Richtung China verschifft werden. Stillgelegt wurde die vor einiger Zeit noch modernste Kokerei der Welt vor vier Jahren, als die deutschen Stahlbosse dazu übergingen, Koks nicht mehr aus der Heimat, sondern billiger im Ausland zu beziehen.

[89] vgl. Gärtner, M./Hennes, M.: „Am Schmelzpunkt", Handelsblatt, 21.10.2004, 2

Derartige, gigantische Industrieumsiedlungen rechnen sich durchaus. Lohnkosten für chinesische Arbeiter, Arbeitsbedingungen, Umweltauflagen und die schnelle Verfügbarkeit der Anlage in China machen solche Projekte attraktiv. Das Beispiel beginnt auch schon Schule zu machen. So zerlegen etwa im Sauerland Chinesen gerade eine Maschinenstraße zur Herstellung von Blattfedern.[90] Dennoch werden die großen chinesischen Standortvorteile von heute, besonders die niedrigen Löhne und schlechten Arbeitsbedingungen, die sensiblen Erfolgsfaktoren von morgen sein. Denn China beginnt hier allmählich, sich zu erheben. So wurde beispielsweise erst kürzlich vom heftigen und länger andauernden Streik von 6.000 Textilarbeitern in Xianyang berichtet, die nach der Privatisierung ihrer Fabrik einfach nur einen fairen Anteil am Erlös forderten. [91]

Arafat als Milliardär

Anläßlich des Todes von Jassir Arafat wurde – wenig pietätvoll – viel über sein angeblich überaus großes Vermögen spekuliert. Dabei kann nur zweierlei als sicher gelten: der Umstand, daß im Umkreis der PLO Milliarden „schlummern“ und jener, daß sich Arafat über Jahrzehnte als geschickter „Geldsammler“, wie auch als Geschäftsmann betätigte und erwiesen hat. Über Summen wird gemutmaßt, Genaues ist nicht bekannt. Vor allem bezüglich seines „Privatvermögens“, daß sich angeblich auf 200 Millionen Dollar belaufen soll und Arafat als den neunt-reichsten Staatsmann ausweist. Sein Finanzberater Mohammed Raschid mag Bescheid wissen, seine Witwe Suha jedenfalls nicht. Sie erhielt über die vier Jahre, die sie getrennt von ihrem Mann in Paris lebte, „bloß“ 100.000 Euro monatlich. Sie soll über insgesamt zwölf Millionen Euro verfügen, was zuletzt heftiges Interesse der französischen Finanzbehörde weckte.

Die „wirklichen“ Gelder sollen aber anderswo liegen, wobei es schwer fällt, zwischen den diversen Kassen zu unterscheiden: Privatvermögen, Geld der PLO, jene der palästinensischen Wirtschaftsdienst-

[90] vgl. Willeke, S.: „Herr Mo holt die Fabrik“, Die Zeit, 23.9.2004, 17ff.
[91] vgl. Blume, G.: „Aufstand der Weber“, Die Zeit, 28.10.2004, 29

Gesellschaft, dem Zement-, Tabak- und Baumonopol, der Autonomie-Kasse und schließlich dem palästinensischen Investitions-Fonds. Die Geldflüsse bleiben im Dunklen. So soll es Konten in Österreich, Luxemburg, der Schweiz und auf den Cayman-Inseln geben, ferner Beteiligungen in Spanien, Frankreich, Italien und Tunesien (Hotels, Coca Cola, Telekom, Fonds). Wer genau welche Vermögenswerte kontrolliert, wird öffentlich nicht bekannt werden. Dieserart blühen die Vermutungen: Arafat habe Staatsgelder in einer Höhe bis zu 750 Mio. Dollar „entführt", „sein" Vermögen betrage bis zu einer Milliarde Dollar etc., wer weiß?

Eines ist gewiß: Arafat unterhielt ein – in der arabischen Welt durchaus übliches – Patronagesystem, stabilisierte damit seine Macht und knüpfte ein weitverzweigtes Netz von Loyalitäten. Er pflegte Schecks zu verteilen und zeichnete (angeblich) jeden persönlich ab: für Reisezuschüsse seiner Minister (Monatsverdienst offiziell 1.500 Dollar), für Benzin, Häuser, Grundstücke, Operationen und vieles andere. Telefonanschlüsse vermittelte er genauso wie Jobs. Freilich bediente er in erster Linie die Eliten, die Mehrheit ging meist leer aus. International gerierte sich Arafat indes gerne als armer Mann eines noch ärmeren Staates. Genau das aufgebaute, dichte Netzwerk könnte sich künftig als Faktor der Destabilität erweisen. Es könnte sein, daß Ansprüche und Erwartungen von der neuen Führung nicht mehr wie gewohnt erfüllt werden. Zerfall könnte eine mögliche Folge sein.[92] Eines scheint jedenfalls sicher zu sein: Arafats Nachfolger Mahmud Abbas wird es nicht leicht haben.[93]

Plünderer-Eldorado

Der irakischen Polizei gelang jüngst ein großer Fang: 3.000 Pakete mit geplünderten Kunstschätzen sollten, sorgfältig in Kisten verpackt, per Schiff das Land verlassen. Die (Nach-)Kriegswirren machen den Irak, Wiege der Menschheit und Stätte einer wahren Hochkultur, zum

[92] vgl. Bremer, J.: „Die Millionen von Vater Arafat", Frankfurter Allgemeine Zeitung, 10.11.2004, 15; vgl. dazu auch Napoleoni, L.: Die Ökonomie des Terrors, München 2004, 76ff.
[93] vgl. Abu Nimah, H.: „Warum sie Mahmud Abbas lieben", Inamo, 40, Winter 2004, 36

Eldorado für absolut skrupel- wie hemmungslose Plünderer. Ihre Beute sind jahrtausendealte Skulpturen, Tontafeln mit Keilschrifttexten, antike Vasen und alles andere, was sich in den hunderten archäologisch wertvollen Orten des Landes finden lässt.

Zu Tausenden rücken sie mit Spitzhacken und Spaten aus und hinterlassen furchtbare Kraterlandschaften. Der internationale Schwarzhandel blüht, ist zur „Lebensader“ geworden. Meist verläßt die Beute unbemerkt das Land. Der Erlös wird sogleich in Bewaffnung umgesetzt.

Die Horden wüten jedenfalls, die Behörden trauen sich oft bloß, ihr Treiben aus der Luft zu beobachten. Alleine aus dem Nationalmuseum in Bagdad, heute bereits Sicherheitszone, sind 15.000 der halben Million Objekte verschwunden. Besonders schade: der wissenschaftliche Verlust, denn nur im Kontext mit ihrer Fundstätte und archäologischen Nachbarschaft erzählt ein Objekt seine Geschichte. Aus dem Zusammenhang gerissene Beutestücke sind so für die Wissenschaft für immer verloren. Weitgehend steht man dem gierigen Wüten machtlos gegenüber. Verantwortung tragen aber auch die Käufer in aller Welt. Denn, wo keine Nachfrage, ist auch das attraktivste Angebot nutzlos.[94]

Wert der Marken

Bekanntheitsgrad, Image und Potential sind die wahren ökonomischen Kriterien. „Marke“ lautet das Zauberwort. Milliarden werden investiert, damit „Nike“, „Coke“[95], „Wrigley‘s“[96], aber auch „Red Bull“ (Markenwert 6,5 Milliarden Euro)[97] quasi jedes Kind kennt. Definitive Konsumrevolutionen gingen von den bekannten Marken aus. Wenig verwunderlich, daß man in jüngerer Zeit systematisch den Wert von Marken erhebt und – barometergleich – ihre Auf- und Abwärtsbewegungen registriert. Dabei sind die Börsenkurse das eine, der Markenwert das wichtige andere.[98] Zuletzt sind die Marken allerdings unter

---

[94] vgl. Willmann, U.: „Plünderer im Zweistromland“, Die Zeit, 15.7.2004, 25

[95] vgl. Morris, B.: „Coke – The Real Story“, Fortune, 31.5.2004, 34ff.

[96] vgl. Gatti, T.: „Reach for your gum“, The Times, 10.7.2004, 7

[97] vgl. Rauter, N.: „Wert der Marke 'Red Bull' hebt ab“, Kurier, 9.7.2004, 17

[98] vgl. Cohn, L./Bremner, B./Ihlwan, M./Capell, K./Balfour, F./Wu, C./ Fairlamb, D.: „The Global 1000“, Business Week, 26.7.2004, 62ff.

Druck gekommen. Die Löhne sinken, Waren werden billiger, hochpreisige Artikel sind zunehmend weniger gefragt. Die Konsumenten greifen bewußt auf Eigen- und Billigprodukte. Da werden längerfristig neue Strategien gefragt sein.[99] Marken und die Werbung für sie tragen auch wesentlich dazu bei, daß man sich einem Verdacht nur schwer entziehen kann: „Nicht fürs Leben, für den Konsum lernen wir!"[100]

Vergiftete Revolution

Die Ukraine ist ein in europäischer Tradition stehendes, reiches, armes Land, das aus den negativen Schlagzeilen kaum herauszukommen scheint. Tschernobyl, Verbrechen, geplünderter Staatsbesitz, tote Journalisten, Wahlbetrug im großen Stil und zuletzt der Giftanschlag auf den nunmehrigen Präsidenten Juschtschenko. Sein dadurch entstelltes Gesicht sei das Gesicht der Ukraine, meinte er zuletzt. Es geht so weit, daß sich sein Vorgänger, der Wahlverlierer Janukowitsch sogar weigerte, nach der Wahl sein Amt für den siegreichen Nachfolger zu räumen. Der wird alle Hände voll zu tun haben. Politisch geht es um Demokratisierung und die Heranführung des Landes an den Westen.[101] Dafür steht das Programm von Juschtschenko auch, ganz im Gegensatz zu jenem seiner prorussischen Vorgänger.

In wirtschaftlicher Hinsicht gilt es schwere Probleme zu bewältigen, was dem Ökonomen Juschtschenko, der bereits von 1999-2001 Ministerpräsident war, schwer fallen wird. Die politische Loslösung der Ukraine von der UdSSR 1991 war (und ist) in keiner Weise von einer wirtschaftlichen begleitet. Die ökonomische Verflechtung mit bzw. die Abhängigkeit vom jetzigen Rußland ist immer noch enorm. Eine überaus dirigistische, an Sowjetzeiten erinnernde Wirtschaftspolitik brachte das Land nicht weiter. Zwischenzeitlich lebt fast jeder zweite Bürger an der Armutsgrenze. Strukturelle Altlasten wiegen schwer: eine unproduktive, nach wie vor am Kolchosensystem orientierte

---

[99] vgl. Seidl, C.: „Alles wird billiger, wird es auch besser?", Der Standard, 31.7./1.8.2004, 2; Bosshart, D.: Billig, Frankfurt/M. 2004; Pfabigan, A.: Nimm 3, zahl 2, Wien 2004

[100] Dufour, D.-R.: „Nicht fürs Leben, für den Konsum lernen wir", Der Standard, 17.11.2001, (Album) 4

[101] vgl. Voswinkel, J.: „Revolutionär wider Willen", Die Zeit, 30. 12. 2004, 2

Landwirtschaft, die – vor allem im westlichen Teil des Landes – aus dem fruchtbaren Land, das wahrlich eine Kornkammer ist, nur einen Bruchteil dessen gewinnt, was möglich wäre. Davon Leben können nur die wenigsten.

Eine gewaltige Schwerindustrie entlang des Don im Osten des Landes, die nach wie vor die Wirtschaft total dominiert, kämpft, wie derartige Industrien weltweit, mit Problemen, obwohl man momentan von der Stahlkonjunktur und dem Export, vor allem nach China, profitiert. Das Vorprodukt der Stahlproduktion, die Kohle, hängt – staatlich hoch subventioniert – unmittelbar daran. Eine „Old Economy" in gewaltiger Größenordnung sowie leere Kassen lassen aber die dringenden Investitionen seit langem praktisch nicht zu. Die Arbeiter und Kumpels in den Millionenstädten wie Charkow, Dnjepropetrowsk und Donezk sind kaum noch ruhig zu halten. Seine Mehrheiten hatte Juschtschenkow im industriellen Herzen des Donbass jedenfalls nicht. Die Bevölkerung ist bitterarm, der Monatsbruttolohn beträgt im Durchschnitt nur 80 Euro. Das größte Land Europas ist nach Moldawien und Albanien das ärmste. Da wundert es auch wenig, wenn man sich eher an alten Zeiten orientiert als an der Zukunft.

Die Ukraine hat aber noch ein weiteres großes Problem: die „Oligarchen", die in ähnlichem Stil, aber naturgemäß kleinerem Umfang wie in Rußland – stark begünstigt von Korruption – mit ihren Clans die Wirtschaft und reichen Rohstoffvorkommen ausplündern. Überaus starke Verflechtungen mit der Politik sind unübersehbar. Reformen sind in vielfacher Hinsicht dringend nötig, nicht jeder würde da wohl gerne in Juschtschenkos Haut stecken. Die Clans sind klar abgesteckt zwischen dem „Kiew-Clan", dem „Dnjepropetrowsk-Clan" und dem „Donezk-Clan", den drei großen und bestimmenden „Kraken".[102] Zweiterer ist vor allem dem früheren Präsidenten Kutschma verbunden und kontrolliert namhaft vor allem auch die Rüstungsindustrie. Der Donezk-Clan wiederum soll den Wahlkampf von Janukowitsch mit bis zu 900 Mio. Dollar mitfinanziert haben. Die Ökonomie der Ukraine kann sicherlich als „Insider-Wirtschaft" gelten und ist ein nur schwer durchschaubares Geflecht aus mächtigen Politikern und Wirtschaftsbossen. Dabei laufen

[102] vgl. o. V.: „Oligarch agonistes", The Economist, 18. 12. 2004, 120

auch die lukrativen Privatisierungen üblicherweise völlig unter der Hand. Transparency International hat jüngst nicht umsonst festgestellt, daß die Ukraine das korrupteste Land Europas sei.[103]

Halbmond über Europa

„Die EU hat beschlossen: Jetzt wird mit der Türkei verhandelt. Das ist gut, aber kein Grund zur Euphorie. Von Menschenrechten bis zur Rolle des Militärs erfüllt die Türkei heute keines der wesentlichen Kriterien für einen Beitritt. Der türkische Staat wird sich grundlegend ändern müssen. Die Verhandlungen sind das beste Instrument, den Außendruck zu erhöhen“. Soweit eine distanziert-kritische Stimme aus der österreichischen Politik.[104] Wohltuend jedenfalls, nach all dem – bis an den Rand der Unerträglichkeit reichenden – Rummel um die Entscheidung der EU, ab 2005 mit der Türkei über deren (freilich langfristigen) Beitritt zu verhandeln. In der Türkei herrschen Jubel und Zuversicht. Premier Erdogan wurde nach seiner Rückkehr aus Brüssel in der Heimat als Held empfangen. Die Medien neigen dazu, die zahlreichen Hürden des Weges der Türkei in die EU zu marginalisieren.[105] Aus der Sicht der Türkei steht nachvollziehbarerweise alles zum Besten, politisch, ökonomisch und überhaupt.[106] Gerade auch der ökonomische Blick zeigt ein eher zwiespältiges Bild. Ein großes Land mit 70 Mio. Konsumenten, ein riesiger Wachstumsmarkt, billige Arbeitskräfte und schwungvoller Handel. So gesehen, für die binnenmarktorientierte EU ein idealer Beitrittskandidat.

Die andere Sicht: die Türkei ist wirtschaftlich bestenfalls ein Schwellenland, erarbeitet pro Kopf bloß ein Drittel des BIP im EU-Durchschnitt; im großen Anatolien liegt dieser Wert nochmals um 70 Prozent tiefer. Wenig Wettbewerbsfähigkeit, mangelnde Eigentumssi-

[103] vgl. Flückiger, P.: „Die Cliquen-Wirtschaft“, Die Zeit, 5.1.2005, 21

[104] vgl. http//:www.peterpilz.at, Webtagebuch, 17.12.2004

[105] vgl. Botzenhart, U.: „Jubel und Zuversicht in der Türkei nach EU-Gipfel“, Kurier, 19.12.2004, 5; o. V.: „Why Europe must say yes to Turkey!, The Economist, 18.9.2004, 13; o. V.: „The impossibility of saying no“, The Economist, 18.9.2004, 32ff.

[106] vgl. Hisarciklioglu, M. R.: „Turkey's Role in the Twenty-First Century, Foreign Affairs, November/December 2004, Sponsored Section

cherheit und Korruption behindern Investitionen aus dem Ausland massiv. Fairerweise gesagt, gilt dies aber auch für die EU-Fixstarter Bulgarien und Rumänien. Eine interessante These drängt sich auf: kann die „Phantasie“ schließlich aber siegen, oder ist es wahrscheinlicher, daß die Türkei für Europa wird, was die ehemalige DDR für Deutschland ist – ein „Fass ohne Boden“, ein „Brocken“, an dem man sich, bei aller wirtschaftlichen Kraft und Stärke, beinahe „verschluckt“.[107] Das wäre ein wenig erfreuliches Szenario, dessen Risiko einzugehen angesichts der schon gegebenen Verflechtung der türkischen Wirtschaft mit jener der EU wenig sinnvoll ist.[108]

Vor diesem Hintergrund überwiegen die Risiken eindeutig die Chancen. Politische Großambitionen hin oder her, wie sollen die geschätzten Kosten der Mitgliedschaft von 20 bis 40 Mrd. Euro aufgebracht werden, außer durch Umleitung bzw. eine andere Verteilung der EU-Finanzressourcen? Von recht kleinen Fortschritten der Türkei kann wohl ausgegangen werden. Experten schätzen die Dauer des Aufholprozesses derzeit auf 50 Jahre und sind dabei nicht einmal pessimistisch. Was aus dem ehrgeizigen Projekt nicht werden sollte, ist ein geldverschlingender Moloch, der die Wirtschaftsdynamik des ganzen – ohnehin mit erheblichen Problemen konfrontierten – Kontinents aufzehrt.[109]

Tristesse im Hinterhof

Moldawien ist ein an sich reiches Land. Vom Klima begünstigt, ist vor allem die Landwirtschaft ein Faktor – Weinbau, Obst und Gemüse bestimmen das Bild. Ebenso kann man auf eine große europäische Tradition in der Musik sowie im Tanz verweisen. Trotzdem ist Moldawien derzeit das ärmste Land Europas, ein „Armenhaus“ im wahr-

[107] vgl. Urschitz, J.: „Die Türkei darf nicht Europas Ostdeutschland werden“, Die Presse, 17.12.2004, 2

[108] Auch für Österreichs Exportwirtschaft ist die Türkei derzeit einer der wichtigsten Wachstumsmärkte. Das Exportvolumen hat sich in de Letzten zehn Jahren gut verdreifacht. Das Konsumgütergeschäft boomt, aber auch im Infrastrukturbereich sind viele österreichische Firmen nahezu flächendeckend vertreten; vgl.: Pölsler, G.: „Start zum Halbmond“, Profil, September 2004, 70ff.

[109] Urschitz, J.: „Die Türkei darf nicht Europas Ostdeutschland werden“, Die Presse, 17.12.2004, 2

sten Sinne des Wortes. Für die Menschen gibt es kaum Überlebensperspektiven. In der Hauptstadt Chisinău versteckt sich die Armut zwar auf den ersten Blick zwischen schönen, aber verfallenen Jugendstilhäusern und glänzenden Glasfassaden monumentaler Regierungsgebäude. Für die meisten Moldawier wird der Alltag aber faktisch zur Hölle. Der nahezu völlige wirtschaftliche Zusammenbruch, Korruption und politische Konflikte sind verantwortlich dafür. In den Dörfern ist die Lage besonders trist. Hier hat sich seit dem 19. Jahrhundert auch wenig verändert: Pferdekarren, unbefestigte Straßen, keine Kanalisation, kaputte Häuser. Bittere Armut herrscht, Arbeit ist kaum vorhanden; wenn überhaupt jemand verdient, ist ein Monatslohn von bloß 30 Euro keine Seltenheit. Das jährliche BIP pro Kopf beträgt gerade 370 Euro (zum Vergleich – Österreich 24.075 Euro). Hoffnung auf Besserung gibt es praktisch nicht.

Das Land ist und bleibt wohl ein vergessener Hinterhof, nicht zuletzt auch wegen der drängenden Probleme seiner großen Nachbarn Rumänien und Ukraine. Eine fatale Konsequenz: seine Heimat verläßt niemand gerne, aber es geht nicht anders. Wer kann, sucht im Ausland Chancen und schickt Geld nach Hause. Ein Viertel der 4,4 Millionen Moldawier hat das Land bereits verlassen, ein kaum zu verkraftender Aderlaß in punkto produktives Humankapital. Das führt auch zum Entstehen eines schrecklichen ökonomischen Indikators: die Überweisungen der moldawischen Gastarbeiter sind bereits höher als das gesamte BIP des Landes. Von denen, die bleiben, flüchten viele in Alkohol und Resignation. Besonders leidtragend sind die Kinder, die nicht selten einfach zurückgelassen werden, ohne daß für irgendeine Unterbringung gesorgt wäre. Verschiedene humanitäre Projekte, vor allem auch seitens der Kirche versuchen, die ärgste Not der Kinder zu lindern.[110]

Wie kann ein Land so in die Zukunft gehen? Die Politik versucht, sich enger an Rußland anzulehnen. Die Kommunisten sind derzeit auch an der Macht. Potente Investoren aus dem Ausland schreckt das naturgemäß ab. Behördenschikanen, Bevorzugung russischer Unternehmen

---

[110] vgl. Markl, D., SJ.: „Arbeiten im Weinberg Moldawiens", Miteinander (Canisiuswerk), November/Dezember 2004, 4f.

und Korruption sind zudem nicht gerade kleine Hürden. Einzig McDonald's hat in der Hauptstadt einen Anker gesetzt, sonst ist bisher praktisch kein westliches Unternehmen in Moldawien vertreten. Es gibt noch ein Problem: der abtrünnige Landesteil Transnistrien östlich des Djnestr, wo das russische Militär nie ganz abgezogen und die Bevölkerung noch ärmer ist. Während dessen bereichert sich die Nomenklatur ungeniert am florierenden Frauen-, Drogen- und Waffenhandel. Auch die Zolleinnahmen des Staates können für Einzelne Reichtum bringen, wenn etwa der Sohn des „Präsidenten" von Transnistrien dessen Zolldirektor ist. Auch wenn man im Land auf die Ausstrahlungswirkung des rumänischen EU-Beitritts hofft, Frieden und Wohlstand werden noch geraume Zeit ein Traum bleiben müssen.[111]

[111] vgl. Steiner-Gashi, I.: „Europäischer Hinterhof", Kurier, 19.12.2004, 4

2005

„Fatale“ Arbeit

Daß die Arbeit aus den klassischen Industriestaaten Europas (z. B. Deutschland) wegzieht, ist nichts Neues. Zielgebiete für die Verlagerung von Produktionsstandorten aus den „alten“ industriellen Zentren sind momentan vor allem die neuen EU-Mitglieder in Mittel- und Osteuropa. Besonders Tschechien, Polen, Ungarn und die Slowakei haben von den Unternehmenszuzügen bisher erheblich profitiert. Die kommenden EU-Beitrittsländer Rumänien und Bulgarien sind derzeit ebenfalls Geheimtips.[112] Doch auch diese Länder sind, was die Arbeitskosten betrifft, nicht mehr der letzte Schrei, oder werden es – zumindest in schon naher Zukunft – nicht mehr sein. Schon schielt man mehr oder weniger insgeheim auf Neues. Polen, Tschechien und Ungarn werden ebenfalls bald höhere Ansprüche stellen, das jedenfalls zeichnet sich schon heute ab; damit wird jede betriebliche Break-Even-Rechnung schnell unattraktiver. Rumänien und Bulgarien werden diesbezüglich länger dienlich sein.

Dabei ist die Standortverlagerung dem Vernehmen nach gar nicht so lukrativ, wie es auf den ersten Blick scheint. Wenngleich ein Arbeiter in den genannten Ländern kaum mehr als 20 Prozent seines deutschen Kollegen verdient, sind die Gesamtkosten einer Produktion in den „neuen“ Ländern nicht zu unterschätzen. Managementaufwände, Logistik, Qualifikation und Produktivität sowie Qualität fordern die Kostenrechnung erheblich. Jüngste Kalkulationen zeigen bereits, daß manche Unternehmen – volle Kostenwahrheit vorausgesetzt – gegenüber dem alten Standort bloß zehn Prozent sparen! Spätestens hier stellt sich die Frage: zahlt sich das alles aus? Wie getrieben stellt man

---

[112] vgl. Wölfl, A.: „Europa blickt nervös über die Karpaten“, Der Standard, 23./24.4.2005, 2

sich aber bereits Neues vor. Schon sind etwa die Ukraine und Weißrußland im Gespräch. Die „Karawane“ faßt tatsächlich ins Auge, allmählich weiterzuziehen. Die wirklich große Herausforderung China lockt sowieso ewig und macht selbst vor dem (kleineren) Mittelstand nicht halt. Den unternehmerischen Ambitionen kann man ruhig Glauben schenken. Salopp gesagt: die machen das wirklich, was ja ökonomisch nicht einmal illegitim ist.

Abgesehen davon, ob man erfolgreich sein wird, die wahren Probleme liegen woanders: wie wird es zu Hause weitergehen? In Deutschland zählt man gut fünf Millionen Arbeitslose, in Österreich gibt es 200.000 Industriearbeitsplätze weniger als vor relativ kurzer Zeit. Ohne den Teufel an die Wand malen zu wollen: in der vielzitierten „schlechten Zeit“, jener der Weltwirtschaftskrise und der großen Depression, war die Arbeitslosigkeit mit der heutigen vergleichbar. Doch die Entwicklung schreitet rapide fort und wird aktuell durch bisher noch nie dagewesene, fragwürdige „innovative“ Gebräuche noch erheblich beschleunigt. Dabei werden die Nachteile der EU-Osterweiterung in fataler Weise offenkundig.

Begonnen hat die Misere vor vier Jahren: da erfand der frühere EU-Binnenmarktkommissar Bolkestein (NL) das sogenannte Herkunftslandprinzip, das darauf abzielt, die bisherigen Hindernisse für das transnationale Angebot von Dienstleistungen aller Art zu beseitigen. Ab 2010 soll dieses zwischenzeitlich in einer heftig diskutierten Richtlinie umgesetzte Prinzip volle Gültigkeit erhalten. Für jeden Anbieter gelten dann die Rechtsvorschriften seines Heimatlandes auf jedem Markt, auf dem er anbietet. Das ist eine Revolution bisheriger Standards. Sämtliche nationalen Sozial- und Arbeitsrechte – allesamt Errungenschaften – könnten damit ausgehebelt werden. De facto würde dies das Lohn- und Sozialniveau in jenen Ländern, die hier ein hohes Niveau halten, erheblich drücken und nicht – wie zunächst angenommen – ein Freibrief für Freiheit und Wettbewerb sein.[113] Gerade in letzter Zeit schlug „das Imperium“ gewaltig zurück: als Angestellte müssen Arbeitskräfte aus dem Osten freilich noch bis 2010 auf einen regulären Job warten. Schwarzarbeit (z. B. auf dem Bau) ist – nicht wenig verwunderlich – in

[113] vgl. Bodden, A.: „Billiglohnland Europa“, Die Linke 21.1.2005, 10

enormem Ausmaß an der Tagesordnung.[114] Die große (Gesetzes-)Lücke bietet sich indes für Subunternehmer. Werden diese engagiert, bringen sie wahre Hundertschaften von Billigarbeitern um Stundenlöhne von 3-5 Euro kurzfristig vor Ort zum Einsatz. So geschieht dies gerade in großem Stil in der norddeutschen Fleischindustrie. 26.000 Arbeitsplätze sind auf diesem Wege innerhalb von nur wenigen Monaten verloren gegangen.[115] Wie soll ein deutscher Arbeiter auch von diesen Niedriglöhnen leben können? In der Gegend von Krakau oder Bratislava mag dies hingegen durchaus möglich sein. Da gibt es vielleicht sogar noch Spielräume (nach unten).

Freilich profitieren die Verbraucher von gesenkten Preisen, die Zahl der Verlierer unter den Arbeitnehmern steigt hingegen ins Unübersehbare. Die Behörden versuchen zu reagieren, bisher vergeblich. Die Auguren haben schon Schreckensbilder von zigmillionen Arbeitslosen vor Augen. Doch zwischenzeitlich gibt es immer wieder neue Auswüchse. So war jüngst der neueste harte Schlag (per FAZ-Inserat) unter dem Titel „Niedriglohn-Gewerbepark bei Chemnitz", zu lesen: „Verlegen Sie Ihre Produktion oder Ihre Logistik zu uns. Textil-Gewerbepark in Westsachsen mit über 20.000 m² Betriebsfläche mit kostengünstiger Miete. Unsere fleißigen Arbeiter/innen arbeiten engagiert für monatlich 800 Euro brutto für die 40-Stunden-Woche. 173 Stunden im Monat, ohne Weihnachts- und Urlaubsgeld. Unsere Mitarbeiter/innen sind genauso fleißig wie in Westdeutschland. Die wollen wirklich. [...] Dann brauchen Sie keine Verlagerung nach Osteuropa."[116]

Eines ist klar: solche Meldungen bewegen jeden Stammtisch, die Panik greift um sich. Dabei stellt sich immer dieselbe Frage, allerorts: Wie soll das alles weitergehen? Klar sollte sein, daß es gilt, die schlimmsten Auswüchse zu verhindern, um künftig zumindest einen wie immer gearteten sinnvollen Wettbewerb zu ermöglichen. Doch wie geht man gegen die Entwicklungen vor? Überlegungen und Konzepte gäbe es schon. Diese in neoliberalen Zeiten zu äußern, gilt als

[114] vgl. Viering, I.: „‚Selbständige Unternehmer' im Container", Süddeutsche Zeitung, 8.4.2005, 8
[115] vgl. Afhüppe, S./Junckers, D./Sanga, M.: „Nivellierung nach unten", Der Spiegel, 8/2005, 82ff.; Deggerichs, M.: „Hier geht die Angst um", Der Spiegel, 8/2005, 85ff.
[116] Fischer, I./Lenoth, K.: „Ost-Arbeiter zum Schnäppchenpreis", Freie Presse, 15.4.2005, 2

unzeitgemäß und ketzerisch. Letztlich geht es, und das ist kaum bestreitbar, um Verteilungsfragen.

Konkret wäre – ohne Anspruch auf Vollständigkeit und Reihenfolge – zu diskutieren: Governance seitens des Staates ist ein Thema; Corporate Social Responsibility sollte nicht länger ein Marketing-Feigenblatt sein[117]; exorbitante Konzerngewinne dürfen nicht länger in Steueroasen abgesaugt und thesauriert werden; die Idee der Tobin-Tax – bloß ein Prozent (!) auf die weltweit fließenden Kapitaltransaktionen – sollte weiter erörtert werden; um exzessives Lohndumping zu unterbinden, ist die aktuelle Diskussion über Mindestlöhne zu forcieren[118]; der gefährliche nationalstaatliche Standortwettbewerb ist zweifellos nur im Schulterschluß der Staaten hintanzuhalten, schließlich sollten offen, ehrlich und konsequent die Möglichkeiten der Einführung eines bedarfsorientierten Grundeinkommens in Erwägung gezogen werden.[119] Das über allem stehende, wahrhaft lohnende Ziel jeglicher Politik ist es, als erste Pflicht Arbeit und Leben in Würde zu ermöglichen.[120]

Kapitalismuskritik

Also sprach der SPD-Vorsitzende Franz Müntefering in einer Debatte über das neue Grundsatzprogramm seiner Partei und kritisierte die Macht des Kapitals: „Manche Finanzinvestoren verschwenden keinen Gedanken an die Menschen, deren Arbeitsplätze sie vernichten. Sie bleiben anonym, haben kein Gesicht, fallen wie Heuschreckenschwärme über Unternehmen her, grasen sie ab und ziehen weiter." Später dann setzte er nach: „Eine bestimmte Schicht von Leuten aus der Wirtschaft führt sich auf, als gäbe es keine Schranken und Regeln mehr. Gegen diese Form des Kapitalismus kämpfen wir."[121] Als Poli-

---

[117] vgl. Heydenreich, C.: „Verantwortung? Übernehmen!", German Watch (Schwerpunkt: Unternehmensverantwortung) 1/2005, 1

[118] vgl. Meyer-Timpe, U./Schmid, K.-P./Kehlecke, I.: „Gleiche Arbeit, gleiches Geld", Die Zeit, 14.4.2005, 26; vgl. auch 27

[119] vgl. Talos, E. (Hrsg.): Bedarfsorientierte Grundsicherung, Wien 2004

[120] vgl. Sievers, M.: „Lohn der Arbeit", Frankfurter Rundschau 14.4.2005, 3; vgl. Negt, O.: Arbeit und menschliche Würde, Göttingen 2001; Felber, C.: Gemeinwohl-Ökonomie, Wien 2010

[121] o. V.: „Müntefering verschärft Kapitalismuskritik", http://www.reuters.de 17.4.2005

tiker hatte er mit dieser Kapitalismuskritik seine Sternstunde. Solche Töne hat man, von Verantwortlichen öffentlich geäußert, seit langem nicht gehört. Dabei gärt es gewaltig, breite Wut über die Entwicklungen ist allerorts deutlich zu spüren. So traf Müntefering dann auch ins Schwarze der kochenden Volksseele. Zwei Drittel der Deutschen stimmen ihm vollinhaltlich zu. Die Kritik löste – wenig verwunderlich – sofort auch eine heftige Diskussion aus. Fast schon beängstigend und doch auch wohltuend, welche Lawine ein einzelner Politiker lostreten kann, wenn er Dinge wirklich beim Namen nennt. Die Wirtschaftslage ist trist. Dabei geht es den Unternehmen (zumal den Konzernen) blendend. Die Profitmaximierung gedeiht exzessiv.

Das Fatale: den Leuten geht es schlecht, die sozialen Gegensätze sind spürbar. Der Staat ist machtlos. Nicht gerade Humus für die Demokratie. Die Ökonomisierung der Gesellschaft hat bedrohliche Ausmaße angenommen. Die Politik selbst hat dazu beigetragen. Seit vielen Jahren kommt man den Unternehmen mehr als entgegen. Sie haben sich natürlich daran gewöhnt und fordern – nicht selten mit den sattsam bekannten Drohungen – immer mehr, mahnen ständig weitere „Reformen" an. Fast schon im vorauseilenden Gehorsam reagieren die Regierungen, welcher Richtung auch immer. Praktisch alle Maßnahmen lasten auf den Schultern der „kleinen Leute". Langsam möchte man aber eingelöst sehen, was gefördert und versprochen wurde. Doch gerade auf diesem Ohr ist das Kapital taub. Fluchtgefahr droht allemal, obwohl die Bringschuld tatsächlich nahe liegt.

Dann noch die leidige Sache mit den Managergehältern. Während die Reallöhne auf etwa dem Stand von vor 15 Jahren stagnieren, haben sich jene der sogenannten Top-Manager in den letzten Jahren verdoppelt (!). Freilich sind die sagenhaften Gagen streng nach Leistung bemessen. Nur zwei Beispiele: Josef Ackermann, Chef der Deutschen Bank verdient im Jahr elf Millionen Euro, das Dreihundertfache seiner Angestellten. Die Ertragslage der Bank ist nicht berauschend, trotz 6000 Entlassungen. Ackermann stand monatelang vor Gericht. Jürgen Schrempp, Vorsitzender vom DaimlerChrysler erhält 5,5 Mio. Euro und damit „nur" das Hundertdreißigfache seiner Arbeiter. Auf eine Milliarde Euro Verlust in den ersten drei Monaten 2005 kann er verweisen. Klar ist: ein Normalsterblicher fliegt bei solchen „Leistungen" direkt raus.

Wenigstens scheint ein unseliger Kelch für längere Zeit vorbeizuziehen; nämlich die oft gehörte Forderung , daß die Politik heute mehr auf die Manager hören und sich den Entscheidungsstrukturen der Wirtschaft annähern sollte.[122] Alles bloß populistische Polemik? Daß der Kapitalismus auch ein häßliches Gesicht haben kann, erkannte auch der EU-Industriekommissar Verheugen: „Auch in einer freien Wirtschaft ist es nicht hinzunehmen, daß persönlicher Profit an die Stelle jedweder sozialen Verantwortung tritt." In diesem Zusammenhang sprach er auch von gesellschaftlicher Ächtung.[123] Die Wirtschaft kann schon, wenn man sie läßt; das heißt aber nicht, daß alles stets rund läuft. Der Staat – gegen den so viel gewettert wird – ist hier nicht aus der Pflicht, ebenso wenig die EU. Freilich sind der Politik in mancher Hinsicht die Hände gebunden: keine Mittel hat man dennoch, um den Neoliberalen wirksam einmal die Leviten zu lesen, Josef Ackermann zur Bescheidenheit zu zwingen oder die Unternehmen am Entlassen zu hindern.[124]

„Marx is in the air" hat man gewitzelt[125], Müntefering als „hoffnungslos anachronistisch" und „ökonomisch lächerlich naiv" bezeichnet[126]. Freilich mag es der Kritik und Diskussion (noch) an Substanz fehlen. Dennoch ist eine Debatte über die Auswüchse der Marktwirtschaft längst überfällig, eine „Diktatur des Kapitals" ist in der Demokratie schließlich ebenso wenig wünschenswert, wie eine „Diktatur des Proletariats" es wäre. Gedankenlose Brutalität hinter wohlklingenden Phrasen von wirtschaftlicher Freiheit und weltweitem Handel kann nicht erwünscht sein.[127] Wenn es jemand maßlos übertreibt, muß der Staat – wenn nötig, mit aller Härte – Grenzen setzen. Direkt suspekt war man noch vor kurzem, wenn man über solche Themen redete. Doch nun scheinen Tabus angetastet, immerhin. Eine wichtige

[122] vgl. Palme, L.: „Im Flugzeug mit Mirko Kovats", Profil, 7.3.2005, 55
[123] vgl. o. V.: „Müntefering wettert weiter gegen Wirtschaft", http://www.handelsblatt.de, 27.4.2005
[124] vgl. Niejahr, E./Ulrich, B.: „Zurück zum Klassenkampf", http://www.zeit.de, 21.4.2005
[125] o. V.: „Kapitalismus in der Kritik", http://www.frankfurter-rundschau.de, 4.5.2005
[126] Semler, C.: „Die langen Wellen der Kapitalismus-Kritik", Die Tageszeitung, 21.4.2005, 11
[127] vgl. Rabl, P.: „Gegen die Diktatur des Kapitals", Kurier, 1.5.2005, 2

Debatte ist eröffnet, vermutlich nicht nur in Deutschland. Möglicherweise könnte sich sogar ein Paradigmenwechsel abzeichnen.

La Paloma Adé

Schiffe sind „totale Institutionen“ (Goffman), Arbeits-, Wohn- und Lebensgemeinschaft jedenfalls, von Seiten der Mannschaften ist nicht selten zu hören – „it's a prison, a real one“. Abgesehen von der Kriegsmarine befährt die Handelsmarine, von einer breiten Öffentlichkeit kaum wahrgenommen, gewissermaßen heimlich, still und leise die Weltmeere. „Das war schon früher so, das ist auch noch heute so“, wie es Hans Albers im Refrain einer seiner berühmten Seemannslieder formuliert. Hunderttausende Frachtschiffe sind unterwegs, sie fahren Tag und Nacht im Linien- oder Charterverkehr, Millionen Seeleute verdienen auf ihnen ihren hart erarbeiteten Lohn. Heute heißen solche Schiffe Container-Frachter, Bulk-Carrier, RoRo-Schiffe, Öltanker oder LNG-Carrier.[128] Nicht wenige Schiffe der Weltmeerflotte fahren substandard und sind, gelinde gesagt „Rostlauben“. „Ships of shame“ sind ebenso häufig und solche, wo nichts beachtet wird, was menschenwürdig wäre.

Ungeachtet jeder Seemannsromantik hat die jüngere Zeit im Zeichen der Globalisierung grundlegende Veränderungen der Seefahrt mit sich gebracht. Gerade in Sachen technologischer Fortschritt, gänzlich anderer Managementformen und unwahrscheinlich rauherer Wettbewerbsformen blieb gegenüber der Vergangenheit kaum ein Stein auf dem anderen. „Flags of Convenience“ (sogenannte Ausflaggungen) sind Usus geworden, man fährt heute, egal woher man kommt, unter panamesischer, liberianischer oder ähnlichen Flaggen. Damit sparen die Betreiber Steuern, unterliegen kaum Vorschriften, können Löhne minimieren, weil sie keinen tariflichen Vereinbarungen unterliegen; nicht zuletzt liegt auch die Wartung der Schiffe in ihrem eigenen Gutdünken. Definitiv ist so alles einfacher, man befindet sich quasi im „Niemandsland“.

---

[128] vgl. Witthöft, H. J.: Container – Die Mega-Carrier kommen, Hamburg 2004; Petzold, E.: Schiffahrt weltweit, Hamburg 2004

Derartiges öffnet auch Tür und Tor für jegliche Konkurrenz auf den Weltmeeren, jeder gegen jeden scheint als Folge davon die Devise zu sein: Konkurrenz zwischen Flaggenstaaten um die Gewährung der besten (= minimalen) Bedingungen und zwischen den vielen Reedern um rentable Charterverträge, gewaltiger Preisdruck inklusive. Erbitterte Konkurrenz herrscht auch zwischen den Sektoren des Frachtmarktes, also in bezug auf die Arten des Transports. Schließlich buhlen die Besatzungen aus vielen Entwicklungsländern über crew agencies um für normalerweise sechs Monate befristet als „rating" anheuern zu können. Der globale maritime Arbeitsmarkt wird voll ausgenutzt. Daß Seemänner aus der westlichen Welt so völlig vom Markt verdrängt werden, läßt sich nachvollziehen, wenn man sich das Lohnniveau vorstellt. Offiziere sind von diesem Verdrängungswettbewerb noch weitgehend ausgeschlossen, aber wie lange noch? Einmal an Bord, ist das Leben trist: die harte Arbeit ist von nur wenigen Besatzungsmitgliedern entsprechend intensiv zu verrichten. „Cargo-first" gilt allemal, es geht um das alleinige Funktionieren des Transports, der Ladung ist alles andere untergeordnet. Man spricht schon davon, daß die bisherigen Unterkünfte Wohncontainern weichen könnten, die dann einfach mit dem Frachtgut gestapelt werden. Die Schiffe wie auch die Hafenanlagen sind von Großinvestitionen in Automatisierung gekennzeichnet. So kämpft man auf dem Schiff auch mehr gegen die Elektronik als mit Wind und Wetter. Einmal im Hafen, gibt es wegen der modernen, produktiven Umschlagtechnik kaum Liegezeiten. Keine Landgänge resultieren daraus, ganz im Gegensatz zum Klischee.

Überhaupt ist das soziale Leben an Bord kaum erfreulich, wenn nicht gar schwer zu überstehen. Autorität, Streß und Übermüdung kennzeichnen den Alltag. Multikulturelle Teams, ein babylonisches Sprachengewirr, oft bloß befehlsbezogene Kommunikation, spärlicher Kontakt zur Außenwelt, Heimat und Familie führen nicht selten zu Einsamkeit und Isolation, mehr noch, sie können fast an den Rand der Gesellschaft drängen. Ein Seemannsbonmot lautet denn auch: Sogar für Tiere wird demonstriert, an die Seeleute denkt aber niemand![129]

[129] vgl. Gerstenberger, H./Welke, U.: Arbeit auf See, Münster 2004; Gerstenberger, H./Welke, U. (Hrsg.): Seefahrt im Zeichen der Globalisierung, Münster 2002

Der Preis der Liebe

Als Chef von Boeing war Harry Stonecipher ein berühmter Mann. Erst 2003 als „Retter“ des Konzerns aus dem Ruhestand geholt, gehörte er zur „Champions League“ der Top-Manager. Nach vielen Jahren als zweiter Mann sollte er nach einem Skandal, der der Nr. 1, Phil Condit, zur Pensionierung verhalf, die ethischen Standards der Firma wieder auf Vordermann bringen. So weit, so gut, genau das war aber sein Pech. Dabei war die Ursache so harmlos wie häufig: ein bloß wenige Monate dauerndes Verhältnis mit einer ebenfalls langgedienten Mitarbeiterin, hauptsächlich per E-Mail unterhalten als Fernbeziehung zwischen Chicago, dem Headquarter und dem Boeing-Büro in Washington, D.C. Mit 68 Jahren vielleicht sogar noch ein stolzer Höhenflug.

Zur Häufigkeit: angeblich beginnt ein Viertel aller Beziehungen am Arbeitsplatz, 40 Prozent der Führungskräfte sagt man eine einschlägige Affäre nach. Nicht wenige Generaldirektoren sind in ihrer dritten oder vierten Ehe mit einer (ehemaligen) Kollegin verheiratet. Der wirkliche Skandal liegt in Wahrheit wo anders[130]: die Firmen „chekken“ die E-Mails ihrer Mitarbeiter, mutmaßlich sogar mehr als jeder zweite Arbeitgeber. Nimmt man Datenschutz oder so antiquiert anmutende Reliquien wie das Briefgeheimnis auch nur annähernd ernst, ist das eine Ungeheuerlichkeit. Klar, wer wirklich clever ist, nützt für echte „Geheimnisse“ freilich andere Kanäle.

Trotzdem, genau ein solcher Mißbrauch war das Garn, aus dem eine firmeninterne „Ethikkommission“ Stonecipher schließlich den Strick drehte. Ungewöhnlich dabei war nur, daß diesmal *er* gehen musste, während *sie* bleiben durfte. Unzählige Fälle zeigen das Gegenteil. Dabei hatte er – quasi im Nachgang – auch noch wirklich Pech: Stonecipher verlor nicht nur seinen Job, sondern auch den Anspruch auf 250.000 seiner Aktienoptionen mit einer geschätzten Einbuße von 27 Mio. Dollar.[131] Gewiß, einen armen Mann trifft es nicht, dennoch ist das wahrscheinlich der höchste Preis, der für ferne Liebe jemals zu entrichten war. „Haustauben nie“ sagt ein alter, politisch schön unkor-

[130] vgl. Reischl, G.: „‚Große Brüder' am Arbeitsplatz“, Kurier, 21.5.2005, 21
[131] vgl. o. V.: „Liebesaffäre kostet 27 Millionen Dollar“, http://www.gmx.net, 11.3.2005

rekter Spruch. Aber vielleicht läßt gerade auch ein alter Kater trotzdem gelegentlich das Mausen nicht.[132]

New York Merchandising

Der Medienmogul Michael Bloomberg ist nicht nur Bürgermeister von New York, sondern vor allem auch ein geschäftstüchtiger Mann. Seit seinem Einzug ins Rathaus soll es dort bald zugehen wie in einer Firma. Gerade auch um die leeren Kassen der Stadt zu füllen, wendet er die Methoden des Unternehmers erfolgreich an. Begonnen hat es mit millionenschweren Sponsoring-Verträgen. Demnächst will man sich Lizenzen und Rechte für Stadt-Logos, Bilder von New York, Fahrzeugabbildungen und sogar Straßenschilder sichern. Diese Bemühungen sind als Antwort auf den momentanen Merchandising-Wildwuchs zu sehen, der im Gefolge von 9/11 entstand. Das Unglück als Segen? Der legendäre amerikanische Vermarktungssinn macht es möglich. Auch einen neuen Slogan für die Stadt gibt es wieder einmal: „The World's Second Home" soll transportieren, daß die Menschen, woher auch immer sie nach New York kommen, in der Stadt stets ihre gewohnte Kultur finden.

Spätestens wenn das dafür eingereichte Patentansuchen Nr. 78484751 akzeptiert wird, sollen auch die Kassen satt klingeln. Mit der Marke könnten künftig rund 200 Werbeprodukte vertrieben werden. Das Spektrum wird sich dann von Film- und Theaterproduktionen über Babylätzchen und Sonnenbrillen bis hin zu Strandsandalen, Postkarten und sogar Aufklebe-Tattoos erstrecken. Ist die Büchse der Pandora dann einmal geöffnet, dürften der Phantasie keine weiteren Grenzen mehr gesetzt sein.[133]

Diskreter Hort für fremdes Geld

Fürst Rainier von Monaco, der stets wie ein Operettenprinz wirkte, ist tot. Mit seiner Familie hinterläßt er viel Publicity. An der Tagesord-

[132] vgl. o. V.: „The end of the office affair?", The Economist, 12.3.2005, 68
[133] vgl. Uerlings, B.: „New York sichert sich Markenrechte", Der Standard, 26./27./28.3.2005, 19

nung ist im berühmten Stadtstaat an der Côte d'Azur aber ebensoviel Diskretion. Vor allem, wenn es um ausländische Reichtümer geht, die hier veranlagt werden, ohne ihre Herkunft zu hinterfragen; oder die weitgehend steuerfreien Gewinne der zahlreichen ansässigen Banken, Immobiliengesellschaften, Fonds und Briefkastenfirmen aus aller Welt. Dem Staat und den nur 7.000 Monegassen hat das Prosperität gebracht, wegen der Konkurrenz mittlerweile zahlreicher Kleinstaaten, die das erfolgreiche Modell nachahmten, braucht man sich nicht zu sorgen, dafür steht schon die Lebensqualität des Standorts ein. Vielmehr können die Reichen und Schönen der Welt ruhig unter ihresgleichen bleiben.

Dabei war Monaco noch Mitte der 1950er Jahre fast pleite. Zu sehr war man einseitig von der Societé des Bains de Mer abhängig, die praktisch alle damaligen Wirtschaftsaktivitäten kontrollierte. Doch der Fürst hat in der Folge geschickt diversifiziert. Daß er sein Fürstentum dabei wie ein Unternehmen führte, gereichte nicht zuletzt auch den Grimaldis zum Wohl: 1,5 Mrd. Euro Privatvermögen können sich schließlich mehr als sehen lassen. Rainier hinterläßt ein exzellent bestelltes Haus, seine Pläne für die Zukunft dürfte Sohn und Nachfolger Albert kaum verwerfen. Nur allzu gut beraten ist er, das Unternehmen auf bewährte Art weiterzuführen.

Auf Tourismus will man verstärkt setzen und damit weiter diversifizieren. Zahlreiche Investitionen in die Infrastruktur, vor allem des Hafens und der Küste, wurden dafür in jüngster Zeit getätigt. Freilich wird nicht jeder Gast willkommen sein. „Unter sich" wird man auch künftig zu bleiben wissen. Dabei wird es sicherlich niemanden stören, daß die OECD Monaco kürzlich wegen mangelnder Kooperationsbereitschaft, fehlender Transparenz und ungenügender Kontrollen auf die schwarze Liste unkooperativer Steuerparadiese und fast sogar auf jene der unkooperativen Geldwäscheländer gesetzt hat.[134]

[134] vgl. Bläske, G.: „Ein Staat wie ein Unternehmen", Süddeutsche Zeitung, 8.4.2005, 21

In der Weltfabrik

Die Bezeichnung „Boomtown“ stammt aus der Zeit des Goldrausches im Wilden Westen. Dort kann man heute nur noch Geisterstädte besichtigen. Die heutigen Boomtowns liegen in China. Shanghai ist bekannt, doch wem sagen die Städte Dongguan, Shenzen, Wenzhou[135], Yiwu, Ningbo, Suzhou, Changchun, Chongquing, Huizhou oder Pingshan etwas? Zumindest in Europa wohl niemandem. Nicht selten sind es Millionenstädte, oft in Sonderwirtschaftszonen gelegen, in denen die „Weltfabriken“ stehen. Die Horte des ungezügelten Kapitalismus boomen allesamt wie praktisch keine andere Region der Welt. Produziert wird in gewaltigen Mengen fast alles[136], die meisten Weltmarken sind hier vertreten, und nicht nur sie. Auch so mancher europäischer Mittelständler hat China längst für sich entdeckt.

Die industriellen Zentren sind in den letzten 15 Jahren entstanden und stetig enorm gewachsen. Die unzähligen Werke reihen sich Kilometer an Kilometer wie riesige Gehege. Unter ihnen auch wahrlich monumentale Fabriken, in denen etwa 70.000 Arbeiter keine Seltenheit sind. Das Bild ist überall das gleiche: riesige Maschinenhallen, endlose Lkw-Kolonnen bringen Nachschub, tausende Busse bringen Wanderarbeiter, die aus dem ländlichen Raum stammen. 120 Millionen Menschen zog es vom Land schon in die Städte. Natürlich wollen alle ihr Schärflein vom neuen Wohlstand. Durch die Öffnung hat sich das Pro-Kopf-Einkommen der Chinesen seit 1990 auch auf weit über tausend Dollar vervierfacht. Doch der Preis dafür ist gewaltig. Das Wohl des Einzelnen und der Schutz von Umwelt und Ressourcen sind kein Thema. Ein Viertel des Stahls und Zements der Welt und ein Drittel der Kohle wird in China verbraucht, das längst auch der zweitgrößte Ölkonsument ist. Für die Warenproduktion braucht man indes sechs mal so viele Ressourcen wie die USA. Noch boomt China, viele befürchten schon den Crash.

Aber warum ist das Reich der Mitte gerade für Unternehmen aus aller Welt das neue Eldorado? Vor allem finden sie ein geradezu unermeß-

---

[135] vgl. o. V.: „From rags to cigarette lighters (and dildos and property too)“, The Economist, 4.6.2005, 58

[136] vgl. o. V.: „On the sidelines“, The Economist, 4.6.2005, 57

liches Reservoir an billigen und willigen Arbeitskräften vor. Gezahlt werden 50-70 Euro im Monat. „Produzenten aller Länder vereinigt euch" – fast läßt sich die Losung von Marx und Engels so abwandeln. Operiert kann weitgehend frei von allen „lästigen" Errungenschaften der Industriestaaten werden: hohe Löhne, gut bezahlte Überstunden, Arbeitsschutz, Schwangerschaftsurlaub, freie Gewerkschaften, Recht auf Streiks. So läßt sich natürlich leicht knallhart kalkulieren. Die „Maloche" ist dabei fast unerträglich, zahlreiche – der meist jungen Arbeiterinnen ab 16 – halten sie auch nicht durch und fahren trotz bestem Willen bald wieder zurück aufs Land. Zu gerne würden sie Jugend und Gesundheit für eine vielleicht bessere Zukunft geben und sich vorübergehend – so die allgemeine Hoffnung – als Arbeitssklaven verdingen. Anders kann man sie auch nicht nennen: bis zu 60 Stunden Arbeit, sechs Tage die Woche für einen Lohn, der seinen Namen nicht Wert ist, keinen Arbeitsvertrag, keine Versicherung, Tätlichkeiten, Unfälle mit veralteten Maschinen, nicht selten gesundheitsfeindliche Arbeitsplätze. Auf Kranke wird keine Rücksicht genommen. Nur wer nicht mehr stehen kann, braucht nicht zu arbeiten. Freilich wäre es verfehlt, zu pauschalisieren. Manche Firmen achten wohl auf Standards, bei anderen wiederum ist es wirklich schlimm. Freie Gewerkschaften oder gar Streiks sind aber überall verboten. „Aufrührer" werden mit Gefängnis bestraft. Viel braucht es dazu nicht.

Während die Bosse begierig auf der Suche nach immer neuen Standorten sind, wächst die Unzufriedenheit. Auch die Konsumenten werden langsam kritischer und fragen, wie ihr Schnäppchen „Made in China" entstanden ist.[137] Ein guter Weg übrigens, die Firmen umsichtiger werden zu lassen. Anders wird sich wohl kaum jemand so bald um soziale Standards kümmern. Dennoch wird es irgendwann zu Veränderungen „von unten" kommen. Elend und Not, Ausbeutung und Unterdrückung lassen sich nicht ewig aufrecht halten, einmal bricht der Krug. 1892 schrieb Gerhart Hauptmann über „Die Weber". Diese Assoziation mag einen Gedanken wert sein.

[137] vgl. Lorenz, A./Wagner, W.: „Billig, willig, ausgebeutet", Der Spiegel, 22/2005, 80ff.

Neue Arbeit, neue Kultur

„Arbeit kann uns verkrüppeln und uns sogar umbringen, aber das ist nur eine Möglichkeit. Arbeit vermag uns auch Energien zu schenken, die zu besitzen wir uns nie hätten träumen lassen ...“[138] All dies mag nun wirklich einigermaßen abstrakt klingen. Vor allem deshalb, weil die genannten Vorschläge und Perspektiven nur auf gesellschaftlicher Ebene Platz greifen können. Doch was ist mit dem Individuum, seinen Hoffnungen und Ängsten, seinen konkreten Möglichkeiten, die letztlich nur dann Sinn haben, wenn sie auch in überschaubarer Zeit Wirklichkeit werden können?

Dafür haben vor allem Frithjof Bergmann, ein in Europa geborener und aufgewachsener US-Philosoph, und seine Mitstreiter im „Zentrum für Neue Arbeit“ eine vielversprechende Antwort: die beste Zeit der industriellen Lohnarbeit, die für den Einzelnen gar nicht so gut gewesen sein mag, ist vorbei. Die Arbeitsplätze verschwinden, produziert wird heute anderswo. Vielleicht gar nicht schlecht, zumal die bisherige Arbeit ohnehin nur lusttötende Fron war, gleich einem unseligen Pakt mit dem Teufel. Talente wurden an den Fließbändern der Industrie vergeudet. Nur Wenige waren dieserart am richtigen Platz, konnten ihre Fähigkeiten einsetzen, tun, was ihnen Freude gemacht hätte. Vergeudete Leben, vielleicht?

Hier setzt das Konzept „Neue Arbeit“ an. Ist es nicht möglich, mehr aus seinem Leben zu machen? Muß es sein, daß man mit viel Druck zu einem bloßen „Rädchen“ wird, um als solches, ohne jemals viel zu fragen, stets zu funktionieren. In der „Neuen Arbeit“ ist die Antwort ein glattes Nein. Mehr als legitime Fragen stehen am Anfang: „Wer bin ich?“, „Wer bin ich nicht?“, „Wo liegen meine Talente und Fähigkeiten?“, „Was erwarte ich von meinem Leben?“, „Wie kann das Leben und die Arbeit, die ich wirklich, wirklich will, aussehen?“, „Welche Möglichkeiten sehe ich hier?“ Zugegeben, das sind sehr schwierige Fragen. Niemand wird sie so einfach und ad hoc beantworten können. Wahrscheinlich kann ja Klarheit darüber erst auch aus der Ent-

[138] Bergmann, F.: Neue Arbeit, Neue Kultur, Freiamt 2004 (Cover)

wicklung entstehen. „Neue Arbeit“ setzt genau hier an und hat das Konzept in seinem „Zentrum“ jahrelang und vielfach erprobt.

Worum geht es nun konkret? Begonnen hat alles Anfang der 1980er Jahre in der US-Automobilstadt Flint/Mich. Für die Stadt waren die riesigen Werke von General Motors das „Um und Auf“. GM war gerade in der tiefsten Krise seiner Geschichte. Massenentlassungen standen an, in Flint herrschte die Depression schlechthin.[139] Was sollten die vielen Arbeiter künftig tun. Mit Hilfe des „Zentrums für Neue Arbeit“ fanden Hunderte von ihnen – und später auch in anderen Städten – ihren Weg. Sie wurden beraten und geschult, eigene Wünsche zu formulieren, vorhandene Fähigkeiten zu entdecken bzw. zu entfalten und herauszufinden, was sie „wirklich, wirklich“ wollen. Viele von ihnen arbeiteten – zumindest teilweise – noch in den Fabriken. Die übrige Zeit widmeten sie motiviert ihrer neu gefundenen Tätigkeit. Diese kann sehr vielgestaltig sein. Etwa für den Eigenbedarf zu produzieren oder mit diversen – in kleinem Umfang produzierten – Waren und Dienstleistungen einen individuellen Markt zu entdecken. Dabei stellte sich heraus, daß praktisch alles möglich war, sogar die Herstellung von „High Tech“.

Um derartiges in größerem Stil zu forcieren, ist es ratsam, bescheidene Produktionsstätten einzurichten, die jedermann gegen eine Gebühr nützen kann. Der Vergleich mit den heutigen Internet-Cafés liegt nahe. Solche „Produktions-Cafés“ ersparen dem Einzelnen weitgehend eine eigene, kostspielige Ausstattung. Die Errichtung solcher Werkstätten ist – etwa im Vergleich mit der Schaffung und Erhaltung von Industriearbeitsplätzen – billig und kann etwa als arbeitsmarktpolitische Maßnahme auch gefördert werden. Auch wenn alles ein wenig unrealistisch erscheinen mag, die Idee hat sich in der Wirklichkeit über Jahre vielfach bewährt. Auch – und gerade – in Entwicklungsländern hat es sich als erfolgreich und absolut ausbaufähig erwiesen. Warum auch nicht? Schließlich geht es um die Entfaltung von so oft brachliegenden Potentialen. Dazu bedarf es relativ einfacher Mittel. Die „Neue Arbeit“ braucht auch bloß kleine, überschaubare Struktu-

[139] Mit seinem Film zum Thema, „Roger and me“, wurde Michael Moore, der aus Flint stammt, erstmals einer breiten Öffentlichkeit bekannt.

ren, keine monströsen Systeme.[140] Die so entstehende Wirtschaft trägt sinnvolle, menschliche und bedarfsorientierte Züge. Tragbare Eigenverantwortung tritt an die Stelle von Bevormundung und unbefriedigender Arbeit. Hat man seinen Platz gefunden, läßt auch die Freude nicht lange auf sich warten. So wird direkt vorstellbar, daß mit der „Neuen Arbeit" auch eine „Neue Kultur" möglich ist.

Hilfe mit Sinn?

Die „Tsunami"-Katastrophe war die größte der Geschichte. Unvorstellbare 250.000 Opfer, die genaue Zahl wird man nie eruieren. Das Ausmaß der Zerstörung macht das aufwendigste und teuerste Wiederaufbauprogramm seit dem 2. Weltkrieg notwendig. Der „kleine Mann" zeigte sich ebenso betroffen wie großzügig, gespendet wurden weltweit Hunderte Millionen. Die Spendensumme ist beeindruckend, im Vergleich dazu ist die Hilfsbereitschaft der Regierungen und Konzerne geradezu beschämend. So wollten etwa die USA anfänglich bloß 15 Mio. Dollar geben, die britische Regierung gerade einmal eine eine Million Pfund. Zum gleichen Zeitpunkt erreichte der Spendenstand der Briten 75 Mio. Pfund! Erst nach heftigen Protesten ließen sich die Regierungen zu mehr bewegen.

Aber was sind 350 Mio. Dollar der USA gegen die Kosten des Irakkrieges, der diese Summe in nur eineinhalb Tagen verschlingt? Auch die Unternehmen zeigten sich kleinlich und waren allem Anschein nach vor allem an der Publicity der mediengerechten Überreichung großflächiger Schecks interessiert. So gab etwa Vodafone eine Million Pfund, der letzte Jahresgewinn des Konzerns betrug zehn Milliarden Pfund. Vergleichbare Beispiele sind Legende. Wenig verwunderlich, daß die anfängliche Praxis mancher Banken und Kreditkartenunternehmen, von den individuellen Spenden Gebühren einzubehalten und so mit der Not noch Profit zu machen, fast zum Skandal geriet. Be-

[140] Mit der Effektivität und Effizienz von „Kleinheit" haben sich – wenngleich mehr im gesamtwirtschaftlichen Zusammenhang – vor geraumer Zeit vor allem E. F. Schumacher und L. Kohr befaßt. vgl. dazu Schumacher, E. F.: Small is Beautiful, London 1973 und Lehner, G.: Die Biographie des Philosophen und Ökonomen Leopold Kohr, Wien 1994

sonders geschmacklos war es, daß die großen New Yorker Zeitungen nur wenige Tage nach der Katastrophe Artikel über den Tsunami direkt neben die Meldungen über die Auszahlung des Weihnachtsbonus an der Wall Street druckten. Fast 16 Mrd. Dollar flossen an Prämien für 2004, ein Betrag, mit dem man leicht den gesamten materiellen Schaden der Katastrophe decken könnte. Im übrigen versuchte man, die Katastrophe herunterzuspielen, um die Nerven des Finanzkapitals zu beruhigen.

Die Versicherungen dürften indes froh sein, daß kaum mehr als 15 Mrd. Dollar auszuzahlen sein werden, weil die Masse der Betroffenen armutsbedingt nicht versichert ist. Hauptsache die gewaltige Erdgasanlage von ExxonMobil im Norden Sumatras ist heil geblieben.[141] Aber auch das Verhalten der Regierungen der betroffenen Länder läßt zu wünschen übrig. Zuerst warnte man nicht oder erst im letzten Moment, um dem Tourismus in seiner Hochsaison nicht Kopfschmerzen zu machen. In der schwer geschädigten indonesischen Provinz Aceh operiert das Militär in den Trümmern unbeeindruckt weiter gegen die lokalen „Rebellen". Ein Schuldenmoratorium wird weitgehend abgelehnt, weil es das Rating der Staaten auf den internationalen Finanzmärkten verschlechtern würde.[142] Ein großes Problem wird es zudem sein, die Flut der Spenden in die richtigen Kanäle zu leiten, ohne daß sie im Korruptionssumpf versickern.

Dennoch geht es um mehr, vor allem um eine wirklich professionelle Abwicklung der komplexen Hilfsleistungen durch die zahlreich beteiligten humanitären Organisationen. Hilfe ist ein Handwerk, eigentlich ein ganz normales, aber sehr erklärungsbedürftiges Geschäft, das den Menschen in seinen Spezifika richtig nahegebracht sein will. Die lediglich Präsentation von Kontonummern und das allzu eindringliche Werben mit der eigenen Hilfsbereitschaft alleine sind zu wenig. Die Kommerzialisierung der Hilfe und die zwangsläufige Manipulierbarkeit der NGOs durch Regierungen und Militär etwa stellen für jeden

---

[141] vgl. Lyon, R.: „Die Tsunami-Flutkatastrophe – Schrecken ohne Ende", Der Funke Januar 2005, http://www.derfunke.de, 2.2.2005
[142] vgl. o. V.: „Schuldenmoratorium nutzt nicht allen", Handelsblatt, 13.1.2005, 6

naiven Ansatz viel zu große Gefahren dar. Nur gut gemeinte Hilfe kann mehr schaden als sie nützt.

Nicht zuletzt viele Bemühungen von allen Seiten treffen nicht den Punkt: Schlagzeilen wie „Entrümpeln für einen guten Zweck – Ein eBay-Flohmarkt bringt Geld für die Flutopfer“, „Bauaufträge gehen vor allem an lokale Firmen“ und „Betriebe können Spenden leichter von der Steuer absetzen“[143] weisen darauf hin, daß nur selten echt erkannt wird, worum es wirklich geht. Nämlich in erster Linie um eine qualitativ sinnvolle und gute langfristige Hilfe, die vor allem auch auf einer umfassenden gesellschaftspolitischen und ökonomischen Analyse und deren Berücksichtigung beruht. Das braucht Profis mit einem langen Atem sowie Menschen und Partner vor Ort, die selbst diese Hilfe steuern.[144]

Habemus debitum

Der Vatikan hortet gewaltige Schätze. Aber die Einnahmen des Kirchenstaates decken seine Ausgaben bei weitem nicht mehr. Deshalb wird der neue Papst Benedikt XVI rigoros sparen müssen. Dabei war die finanzielle Welt der Kirche noch 2000 gänzlich in Ordnung. Die damalige Börsen-Hausse bescherte den Wertpapieren satte Renditen, der kirchliche Immobilienbesitz brachte üppige Mieten, die Beiträge und Spenden der Gläubigen flossen reichlich. Doch seither sind die Zeiten schlechter geworden. Die Kurse brachen ein, die Kirchenaustritte häuften sich, nicht zuletzt wegen einiger publikumswirksamer Skandale. Seither schreibt der Vatikan rote Zahlen, das Haushaltsdefizit lag 2003 bei rund 20 Mio. Euro.

Freilich sind die Kosten hoch: 2.700 Menschen beschäftigt die Römische Kurie, davon 1.600 weltliche Angestellte. Bezahlt wird zwar nicht viel; so verdient ein Kurienkardinal gerade einmal 2.000-2.500 Euro, steuerfrei. Der Papst selbst wirkt um Gottes Lohn. Nicht für den Heiligen Stuhl, sondern für den Staat Vatikanstadt arbeiten weitere

[143] ebd.

[144] vgl. Medico International: „Zeit der Katastrophe – Was heißt heute Hilfe?“, Rundschreiben 1/2005, 7ff.

1.500 Menschen. Viel Geld wird auch für die Medien gebraucht: die Fernsehstation, die Zeitung L'Osservatore Romano, Radio Vatikan mit Programmen in 47 Sprachen und mehrere Verlage. Gelegentlich hat sich die Werbewirtschaft bereits angeboten. Derartig profane Ansinnen blieben bisher aber unvorstellbar. Eine einträgliche Quelle sind stets die Museen, Münzen und Briefmarken. Die Spendeneinnahmen aus dem „Peterspfennig" brachten 2003 zwar knapp 50 Mio. Euro, sind aber hauptsächlich für humanitäre Hilfe zweckgewidmet.

Seit den früheren, längst überwundenen Finanzskandalen – Stichwort Banco Ambrosiano und Roberto Calvi – herrscht, was die Bücher betrifft, mehr Transparenz als früher. Dennoch erfährt die Öffentlichkeit über Vieles kaum etwas. So hält man sich bezüglich der gesamten Vermögensverwaltung völlig bedeckt. Auch der Goldschatz des Papstes, der in den Kellern des Vatikan und internationalen Banken ruht, wird mit keinem Wort erwähnt. Nur, daß der Petersdom symbolisch mit einem Euro zu Buche steht und sämtliche Kunstschätze von unschätzbarem Wert sind.[145] Auch aus den aktuellen Ereignissen und dem nicht enden wollenden Pilgerstrom wird man kaum Kapital schlagen. Kein Zweifel, für den Tourismus bringt der Papst Segen. Die sicherlich nicht unbeträchtlichen einschlägigen Profite fließen allerdings direkt den Städten Rom und Krakau sowie den Geburtsorten von Johannes Paul II und Benedikt XVI, Wadowice in Polen und Marktl in Bayern zu, sämtliche regionalökonomischen Strahlungseffekte inbegriffen.[146]

Logistischer Wahnsinn

Die Umweltschutzorganisation Greenpeace ging neuerdings einmal einkaufen. Im Supermarkt war man auf der Suche nach Waren, die eine besonders weite und unnötige Reise hinter sich haben. Stichwort CO_2-Ausstoß, Umweltbelastung und Klimazerstörung. Ein Ranking wurde sodann erstellt, mit dem Motto „je weiter gereist, desto unnötiger". Eine wahre Hitparade war das Ergebnis: Äpfel aus Neuseeland;

[145] vgl. Schlamp, H.-J.: „Wie reich ist der Papst?", Spiegel Special, 3/2005, 62f.
[146] vgl. Pedziwol, A. M.: „Die Marke JPII soll Gäste bringen", Wirtschaftsblatt 16.4.2005, 10f.

Zwiebeln, Zwetschgen, Weintrauben, Birnen und Sonnenblumenkerne aus Chile und Argentinien; Paradeiser aus Kanada; Schwammerln aus China; Fische aus Kenia; Paprika aus Israel; Erdäpfel aus Ägypten; Trockenfrüchte aus der Türkei sowie Butter aus Irland und Dänemark.[147] Gerade wenn man sich die Art der Produkte anschaut, drängt sich wie ein Reflex der Schluß auf: das ist der perfekt organisierte, wirklich nicht mehr ganz normale Wahnsinn. Mit geradezu schlafwandlerischer Sicherheit handelt es sich bei sämtlichen Produkten um Waren, die praktisch überall vor der Haustür gedeihen.

Was denken sich die Händler nur dabei? Was sollen die heimischen Bauern dazu sagen? Existiert überhaupt noch irgendeine Bodenhaltung? Sind ein paar Cents mehr Profit, dessen Zustandekommen immer wieder auch zweifelhaft sein dürfte, so wichtig, daß der Erdball bald aus dem Universum gekippt sein könnte? Das berühmte Beispiel, daß ein Becher Joghurt in allen seinen Komponenten von der Kuh zum Frühstückstisch im Extremfall bis zu 9.000 km fährt, mutet zwar schlimm, aber gegen die Spitzenreiter der „Hitliste" geradezu harmlos an. Wird irgendwann jemand – quasi aus dem Nichts – kommen, der solchen Umtrieben einen Riegel vorschiebt?

Freier Handel mag gut sein, Gottesgesetz ist er jedenfalls keines. Manchmal können schon kleinere Adaptionen der gängigen Praxis fast Wunder bewirken. Die erfreuliche Entwicklung des lange Zeit belächelten, geradezu verschmähten „Fair Trade" beweist dies. Mit allmählich tatkräftigem Konsumentenverhalten haben sich gerade zuletzt fair gehandelte Fruchtsäfte, Zucker, Bananen oder Schokolade als wahre Renner entpuppt.

Vor allem auch die Bekämpfung von Kinderarbeit ist dabei ein Thema. Schließlich müssen weltweit immer noch 250 Millionen Kinder arbeiten. Möglichkeiten, um Kinderarbeit zu bekämpfen, gibt es für die Konsumenten in den reichen Ländern wohl. Der faire Handel von Bananen beweist dies. Pro Kilo bekommen die Produzenten in Lateinamerika auf dem Weltmarkt zwölf Cent, der faire Handel bietet 29 Cent. Dafür werden traditionelle, biologische Anbaumethoden und der

[147] vgl. o. V.: „Top 20 der ‚Unnötigen'", Der Standard, 21./22.5.2005, 25

totale Verzicht von Kinderarbeit gefordert. Statt dessen kann ein Kind für nur ein Kilo solcher Bananen einen Tag die Schule besuchen. Einen besseren Weg, später der Armut zu entrinnen, gibt es wohl kaum.[148]

Königsberg, oh Du alte Stadt

Wer einen Lokalaugenschein in der russischen Exklave Kaliningrad wagt, mag entsetzt sein. Wo immer Mütterchen Rußland etwas getan oder auch unterlassen hat, das Bild ist für ein allzeit strategisch wichtiges und sensibles Gebiet erschreckend. Das – man kann es bloß noch erahnen – ehemals wunderschöne Ostpreußen, ein prosperierendes Agrargebiet, wurde 1945 verwüstet und zerstört. Im Zuge der rigorosen Russifizierung wurde alles deutsche ausgelöscht. Der Rest ist bis heute dem Verfall preisgegeben. Nach wie vor malerische Alleen führen in total heruntergekommene Dörfer. Die Ruinen der allerorts gesprengten Kirchen dominieren das Bild. Die Häuser sehen aus, als wäre noch gestern Krieg gewesen. Die Landwirtschaft liegt vielfach brach, die Nutzflächen wären gewaltig. Das alte Königberg existiert nicht mehr, an seiner Stelle eine gesichtslose, häßliche Plattenbau-Stadt. Bis 1991 war das Kaliningrader Gebiet militärisches Sperrgebiet. Aus der Isolation hat es sich bis heute nicht befreien können.

Trotz allem ist es eine Schlüsselregion für die Europäische Integration. Durch den Beitritt Polens und Litauens zur EU mag die Isolation jedoch noch stärker werden. Nunmehr trennen die EU-Außengrenze und „Schengen" die Exklave von ihren beiden Nachbarländern Polen und Litauen, nach Deutschland die wichtigsten Handelspartner. Um den absehbaren Problemen zu begegnen, ist das Gebiet seit 1996 Sonderwirtschaftszone. So hofft man, mit dem Auftrieb der Nachbarn mithalten zu können. Transitregelungen, Zollbefreiungen, Einfuhrbeschränkungen zum Schutz der Wirtschaft und Subventionen sollen dazu verhelfen. Langfristig plant man einen Strukturwandel der Wirtschaft und die Entwicklung zu einem Verkehrsknotenpunkt bzw. Handels- und Finanzdienstleistungszentrum. Das und die momentan

[148] vgl. Bachner, M.: „Die faire Seite des Kapitalismus", Der Standard, 21./22.5.2005, 25

mit 75-250 Euro sehr niedrigen Monatslöhne sollen Investoren anlokken. Gerne verweise man auf BMW, seit 1999 mit einer Produktion vor Ort. Das „Hongkong an der Ostsee“ ist aber noch weit weg. Gesetze, Verwaltung und Infrastruktur bieten kein attraktives Investitionsklima. Dennoch liegt Kaliningrad im Rating der Regionen Rußlands an der Spitze. Wird der Anschluß gelingen? Im gesamteuropäischen Interesse läge es allemal. Das im Juli 2005 gefeierte 750- bzw. 60-Jahr-Jubiläum hat einen zwiespältigen Beigeschmack. Geschichte, Gegenwart und Zukunft glücklich miteinander zu vereinen, fällt gerade in diesem Fall besonders schwer.[149]

[149] vgl. http://www.hkhamb-ahk-kaliningrad.com, 1.6.2005; Müntel, G.: „Kaliningrads Weg aus der Isolation?“, Osteuropa, 2-3/2003, 249ff.; o. V.: „Moskaus ungeliebte Beute“, Der Spiegel, 26/2005, 100ff.; Manthey, J.: Königsberg – Geschichte einer Weltbürgerrepublik, München/Wien 2005

2006

Ludwig Erhard und die Raubtiere

Dringend stehen in Rußland Reformen an. Putin weiß das. Bisher profitierten die Hyänen, vor allem unter Jelzin. Ein brutaler Raubtierkapitalismus griff um sich. Gewinner in großem Stil waren die alten Eliten und die „neuen Oligarchen". Sie konnten sich am russischen Niedergang bereichern und sind die lachenden Erben der Planwirtschaft. Durch dubiose Privatisierungsaktionen konnten sie die Kontrolle vor allem über Rohstoffe gewinnen. Sie preßten dem Volk seine Anteile (Vouchers) ab; der Staat mußte für Kredite, die er nicht zurückzahlen konnte, seine Aktienpakete verpfänden; Versteigerungen kartete man unter sich ab; dem Staat gewährte man zur Linderung seiner akuten Finanznot kurzfristige Schuldverschreibungen mit Zinsen bis zu 200 Prozent. Allesamt Strategien zur Ausplünderung Rußlands.

Viel Geld floß zwar aus dem Ausland nach Rußland, viel mehr – von 200 Mrd. Dollar ist die Rede – jedoch in die andere Richtung. Gehortet werden die Vermögen auf Konten etwa in der Schweiz, Zypern oder den Bahamas; jedenfalls für russische Steuerfahnder unerreichbar. Dabei lebt jeder dritte Russe unter dem Existenzminimum, seitdem die galoppierende Inflation die Ersparnisse der kleinen Leute fast gänzlich verzehrt hat.

Vielleicht könnte angesichts dieser Umstände Ludwig Erhard auf den Plan treten. Sein Konzept der „Sozialen Marktwirtschaft"[150] wird in Rußland nämlich von Kräften jenseits der Ultra-Neoliberalen durchaus geschätzt, so auch von Putin. Die Eckpfeiler sind soweit bekannt: Schaffung eines Rechtsstaates, eine ökonomische Übergangszeit mit Schutzzöllen und Devisenkontrollen sowie gezielten Krediten, um die

[150] vgl. Erhard, L.: Wohlstand für alle, Berlin 2009

Produktion zu stimulieren. Darüber hinaus denken die einschlägigen Braintrusts in Moskau an die Senkung von Subventionen, eine einheitliche „Sozialsteuer“, die möglichst unbürokratische Förderung unternehmerischer Initiativen, Verwaltungsreduktion bei Erhöhung der Beamtengehälter, um die Korruptionsanfälligkeit einzudämmen und sogar an eine Steueramnestie, um die verlorenen Milliarden zurückzuholen. An den Kragen soll es vor allem auch „ungerechtfertigten Monopolen“ gehen. Schlägt Putins Herz wirklich für die soziale Marktwirtschaft? Wenn ja, wird er ein solches Konzept auch gegen die vielen Interessen durchbringen können? Mancher mag jedenfalls bereits in furchtsamer Wartehaltung verharren.[151]

Es lebe der Sport

Vorab: Sportsgeist ist eine Kategorie. Sportler sind Symbolfiguren und Idole, vor allem für die Jugend. Nicht zu verleugnen ist zweifellos der ideologische Charakter des Sports. Mit „Brot und Spielen“ satt haben schon manche Altvorderen bequem regiert. Wer die sportliche Illusion demontiert, gilt als Feind des Sports. Wer Interna preisgibt, wird geächtet. In Zeiten der totalen Professionalisierung in Verbindung mit massiven wirtschaftlichen Interessen gibt es allerdings viel zu hinterfragen. Längst geht es nicht mehr um sozialistischen Kasernensport. Heute geht es vielmehr um den Sport korrupter Funktionäre und Steuerhinterzieher, der Pillen- und Spritzendealer, der modernen Menschen- und Sklavenhändler. Sport ist das pure Geschäft geworden, oft genug jenseits von Moral und Gesetz. Das Evangelium ist längst die Rentabilität, die Akteure Agenten oder Nutznießer einer wild wuchernden Kapitalakkumulation.

Dieserart ist man auch der Logik des Wachstums verpflichtet. Immer-Mehr ist die Devise, egal ob es um Rekorde, Zuschauer, Wettkämpfe oder Profite geht. So ist auch praktisch jedes Mittel recht. Da können Drogenhandel, Geldwäsche, Bestechung, schwarze Kassen, geheime Wetten und faule Geschäfte aller Art schon mal dabei sein. Sickert et-

[151] vgl. Meyer, F.: „Raubtierkapitalismus auf Russisch“, Der Spiegel, 19/2000, 204f.; Follath, E./Klussmann, U./Meyer, F. : „Der Zar, der die Deutschen liebt“, Der Spiegel, 19/2000, 202ff.

was durch, braucht auch der ehrenwerteste Impresario nicht aus allen Wolken zu fallen – Business as usual.[152] Kreativität und Phantasie beim Geldscheffeln sind kaum Grenzen gesetzt. Längst geht es – etwa beim Fußball – nicht mehr nur um Eintrittskarten, Werbung, Sponsorengelder und Merchandising. Besonders die exorbitanten Spielergehälter sind so nicht mehr auch nur ansatzweise zu finanzieren.

Das vorläufige Endstadium der Kommerzialisierung ist die Umwandlung von Vereinen in Aktiengesellschaften. Das Fußballunternehmen quasi als höchstes Stadium des Sportkapitalismus. Das Mutterland des Fußballs weist auch hier den Weg: mehr als zwanzig Klubs der ersten beiden englischen Ligen notieren bereits an der Börse. Andernorts ist man da vergleichsweise weit zurück. Um Aktienkurse geht es kaum, institutionelle Anleger lassen von Fußballaktien auch die Finger. Das Risiko ist ihnen zu hoch. Der Dreh sind vielmehr die Mitspracherechte, die man über Aktienpakete und -mehrheiten erwirbt.

Weil die wirklichen Profite in der Verwertung von Medienrechten liegen, tummeln sich vor allem die Medienkonzerne um Aufsichtsratmandate. Für sie sind die Fußballanteile eine strategische Zukunftsinvestition. Mitbestimmen wollen sie, ob die Rechte künftig an Kirch, Murdoch, Berlusconi oder Time Warner gehen. Dabei denkt man längst an weit mehr als einfaches Pay-TV. Schließlich könnte ein Platz vor dem Fernseher gut und gern soviel wie der Besuch des Stadions kosten. Das eröffnet Perspektiven, nicht nur für den Fußball. Für Idealisten und Bedenkenträger ist da längst kein Platz mehr. The show must go on![153]

Einfach sanktionieren

Sanktionen können für verschiedene, sich teilweise überlagernde Zwecke auferlegt werden. Die vier offiziellen Ziele, die durch die Verhängung von Sanktionen erreicht werden sollen, sind – uner-

[152] vgl. Brohm, J.-M.: „Die kriminelle Dimension des Hochleistungssports", Le Monde Diplomatique, Juni 2000, 22f.

[153] vgl. o. V.: „Fußball, Medien und die Börse", Le Monde Diplomatique, Juni 2000, 23; Fanizadeh, M./Hödl, G./Manzenreiter, W. (Hrsg.): Global Players – Kultur, Ökonomie und Politik, Frankfurt/M. 2002

wünschte Entwicklungen zu verhindern, Regime zur Einhaltung bestimmter Grundsätze oder Auflagen zu zwingen, politische Absichten zu signalisieren und die Zielländer im Falle der Nichteinhaltung von Grundsätzen und Auflagen zu bestrafen (vgl. z. B. Irak, Kuba, Libyen).

Grundsätzlich stehen verschiedene Möglichkeiten zur Verhängung von Maßnahmen und Sanktionen zur Verfügung: diplomatische und politische Isolation, Einschränkungen des Visawesens, Abzug der diplomatischen Vertretungen, Abzug internationaler Organisationen vom Zielland; Waffenlieferungsembargo; Annullierung jeglicher Form von militärischer Unterstützung; Annullierung von Hilfsprogrammen und Hilfsfonds; Einfrierung der Auslandsguthaben des Ziellandes; Restriktionen bei Finanzbeihilfen, Subventionen, Bankdarlehen, Kapital-investitionen; Export-/Importrestriktionen; Flugverbote; Straßen-, Wasserstraßen- und Hafenrestriktionen; Einschränkungen betreffend Telekommunikation und Post.

Deutlich wird sichtbar, daß äußerst wirksam auf nahezu alle sensiblen Bereiche innerhalb eines Staates gezielt werden kann.[154] Nicht zuletzt das Beispiel Irak zeigt, daß Staat und Gesellschaft nach zehn Jahren Sanktionen auf lange Zeit im wahrsten Sinne des Wortes ruiniert sind.[155]

Bakschisch

Korruption hat viele Namen: ob „rote Umschläge", Bakschisch, Payola, Matabiche, Propina, Fakelaki, Pots de vin oder schlicht Schmiergelder; immer geht es um das Gleiche. Daß Menschen ihre Pflichten gegenüber dem Gemeinwesen verletzen und Gegenleistungen dafür erhalten. Der „Kuchen" ist mit etwa 80 Milliarden Dollar enorm. Die alltägliche „kleine Korruption" ist darin nicht enthalten. Seit Jahrhunderten ist man der Ansicht, daß eine Bestechungssumme gar keine ist, wenn sie nur diskret genug „unter dem Tisch" wandert. Im internationalen Wirtschaftsleben ist Korruption gängige Praxis.

---

[154] ebd., 185

[155] vgl. Strunz, H.: Irak – Wirtschaft zwischen Embargo und Zukunft, Frankfurt/M. u.a. 1998

Die Bestecher sind üblicherweise die Unternehmen aus den Industriestaaten, die Entscheidungsträger in Schwellen- und Entwicklungsländern „nehmen“ und lassen so ihren Lieferanten Aufträge zukommen. Freilich braucht es dazu immer zwei Akteure. Den Firmen geht es darum, sich geschützte Märkte zu schaffen und solche zu erhalten. Viele zweifeln schon an der häufig längst institutionalisierten Korruption. Immerhin ist sie mitunter sogar staatlich gefördert. In Deutschland etwa sind Bestechungsgelder steuerlich absetzbar. Die USA wettern zwar heftig gegen Korruption, subventionieren aber Tochterfirmen in Steuerparadiesen, die als Basis für ein undurchsichtiges System von einschlägigen Zahlungen dienen.

In manchen Branchen kommen diese fast schon Zwangsabgaben gleich. Ungeschriebene Gesetze gelten praktisch überall dort, wo öffentliche Aufträge vergeben werden. Besonders bestechungsanfällig sind aber die Sektoren Bau, Rüstung und Energie. Speziell in der Rüstungsbranche geht es um immense Aufträge. „Kommissionen“, die meist so um die fünf Prozent der Vertragssumme ausmachen, schnellen hier auf 20-30 Prozent, in manchen Fällen auch auf bis zu 40 Prozent hoch.

OECD, WTO und UNO bemühen sich um die Bekämpfung von Korruption. Seit 1993 auch die NGO „Transparency International“, die jährlich einen „Korruptionsindex“ veröffentlicht. An Boykotte etwa wird sich jedoch kaum jemand halten. Dafür sind Geschäfte ein für allemal zu wichtig.[156]

Bella Figura?

„Laßt Silvio ran, es gibt nichts zu verlieren. Solche Kerle braucht das Land.“ So mag der kleine Mann in Italien denken. Der Lack scheint wirklich ab: krisengeschüttelt, hochverschuldet, wenig Wachstum, technologischer Rückstand, die Infrastruktur brüchig. Das kratzt am Nationalstolz. Vielleicht hilft es der italienischen Befindlichkeit, daß Silvio Berlusconi in seiner 147-Zimmer Villa nahe Mailand wahrlich

[156] vgl. Abramovici, P.: „Zum Samba braucht es immer zwei“, Le Monde Diplomatique, Januar 2001, 14f.

thront und Perspektiven deklamiert. Steuersenkungen und Rentenversprechen, von einem Sparkurs hält er nicht viel. Mit einer Fünf-Parteien-Koalition hat er eben eine sündteure Wahlschlacht gewonnen. Die „unbotmäßige" Justiz will er domestizieren, das Fernsehen, weitgehend ohnehin schon in seiner Hand, endgültig gleichschalten. Und ansonsten aufräumen mit allerlei – subjektiv empfundenen – Ungemach.

Europa hingegen ortet einen Rückschlag und kündigt zumindest Wachsamkeit an. Tatsächlich verbreitet der reichste Mann Italiens den Geruch von Macht und Geld. Als Medienmogul ist er nicht nur irgendwie ein unheimlicher Milliardär. Vor allem seine undemokratischen Allüren sind es, die alles bedenklich erscheinen lassen. Schließlich ist er ein Sünder mit einer langen Liste von Verfehlungen. Dreimal wurde er schon zu Haftstrafen verurteilt. Via Instanzenweg und Amnestie entkam er aber jedesmal den Fängen der Justiz. Auch derzeit ist wieder ein halbes Dutzend Verfahren gegen ihn anhängig. Es geht dabei immerhin um Richterbestechung und Bilanzfälschung, allesamt nicht gerade Kavaliersdelikte. Seine Abneigung gegen Justiz und allzu freie Medien ist dieserart durchaus erklärbar.

Sicher war schon der junge Berlusconi tüchtig und fleißig. Begonnen hatte er als Staubsaugervertreter. Das ist regelrecht der Klassiker. Mit 25 baute er schon Satellitenstädte am Rand von Mailand. Doch das war ihm bei weitem nicht genug. Große Gönner wie auch windige Partner verhalfen ihm zu mehr, viel mehr. Durchsetzungsstärke bis hin zur Skrupellosigkeit zeichnen ihn aus. Die Herkunft seiner Gelder blieb oft im Dunkeln. Veritable Mafia-Kontakte sagt man ihm nach. Mit der berüchtigten Loge P2 ist er eng verbunden. Seine Geschäfte waren stets gewagt, manchmal zweifelhaft. Dubiose Freunde und heikle Prozesse säumen seinen Weg.

Solch ein Mann als Lenker eines wichtigen Staates? Gleichwohl scheint so etwas ein italienisches Phänomen zu sein. Anderswo wäre dies undenkbar, eine Bananenrepublik vielleicht ausgenommen. Doch sein Erfolg dürfte ihm Recht geben. Berlusconi ist heute Herr über ein 50 Milliarden-Mark-Imperium. Sein eigen nennt er Verlage, Fernsehanstalten, Kinoketten, Baufirmen, Werbeagenturen und den Fußballklub AC Milan. Nebenbei ist er Träger höchster Orden und Auszeichnungen. Sein neues Unternehmen ist Italien. Direkt naheliegend, daß ein Fernsehdirektor, noch im Amt, kürzlich anmerkte, bald werde „nur noch ein Hofnarr in Italien die Wahrheit sagen dürfen“.[157]

Belorussische Phantasie

Alexander Lukaschenko ist seit 1994 weißrussischer Präsident. Internationales Ansehen hat der unberechenbare Autokrat von Minsk nicht. Eher das Gegenteil ist der Fall. Seine Wirtschaftsstrategie scheint hingegen nicht so unschlau zu sein. Weißrußland hatte immer eine starke industrielle Basis und war stets quasi die Montagehalle der UdSSR. Einer Privatisierung entzog man sich bisher konsequent. Einfluß abzugeben, etwa an westliche Unternehmen oder die russische Oligarchen, liegt dem Präsidenten fern. Speziell diese blicken aber seit langem begehrlich auf die Filetstücke der Industrie. Zweifellos wären die neuen Kapitalisten die großen Nutznießer einer Privatisierung.

Dennoch sucht Minsk (andere) Partner für eine langfristige wirtschaftliche und strategische Kooperation. Der schon länger bestehende Bund mit Rußland gründet sich – bei vielen momentanen Unterschieden – auf historische Gemeinsamkeiten. Schließlich war man sich immer nahe. Neuerdings wurde auch die „Eurasische Wirtschaftsgemeinschaft“ gegründet. Viele Republiken der früheren UdSSR sind dabei. Weißrußland möchte eine führende Rolle spielen und sich als künftiges Wirtschaftszentrum der Region positionieren.

Die ärgsten Probleme scheinen überwunden. Nach 1991 schrumpfte die belorussische Produktion zwar nur um 23 Prozent. Zum Vergleich: Rußland mußte einen Rückgang von 45 Prozent, die Ukraine eine Einbuße von gar 63 Prozent verkraften. Der sowjetische Markt brach jedenfalls weg. Zum Westen hatte man keinen Draht. Heute steht man – dank auch der Kooperationen – recht gut da. Die postsowjetischen Märkte sind soweit (zurück-)erobert. Man beginnt allmählich, sich als Bindeglied zwischen Rußland und dem Westen zu positionieren.

[157] Schlamp, H.-J.: „Der unheimliche Milliardär“, Der Spiegel, 21/2001, 159

Kleine Geschenke erhalten zudem die Freundschaft: bei der Versorgung des Westens mit Erdöl und Erdgas hilft man dem großen Bruder, die Ukraine auszubremsen.

Lukaschenkos Wirtschaftspolitik mag jedenfalls zur Wiedererstehung eines wohl schon totgesagten ökonomischen Raumes beigetragen haben. Soll die Latte aber wirklich genommen werden, wird man über die bisher strikt verschmähte Öffnung nicht herumkommen. Dann jedenfalls gehören die bisher allzu straffen Zügel um Einiges gelokkert.[158]

Herr der Netze

Am Anfang war das Wasser. Im Frankreich war und ist man die unumstrittene Nummer eins. Ursprünglich hieß das Unternehmen „Compagnie Générale des Eaux". Zwischenzeitlich gewaltig gewachsen heißt man heute Vivendi Universal. Wasser ist immer noch das eine Standbein und bringt die Hälfte der fast 60 Milliarden Euro Umsatz. Das andere Beim mutet für einen Wasserleitungsbetreiber auf den ersten Blick etwas seltsam an: Medien. Es ist ein wahrer Bauchladen – Internet, Telekommunikation, Film, Fernsehen und Entertainment, Verlage und Musik. Ein heiß umkämpfter Markt jedenfalls, mit internationalen Größen als Konkurrenten.

Bei Vivendi hat man gerade in den letzten Jahren versucht, die „alte" Ökonomie mit der „Neuen" zu verbinden. Mittels einer beispiellosen Akquisitions- und Diversifizierungsstrategie hat man sich mit nunmehr über 3.000 Firmen zum größten Mischkonzern der Welt gemausert. Nur AOL-Time Warner ist gewichtiger. Der größte private Arbeitgeber Frankreichs ist man sowieso. Ganz so abwegig, wie es zunächst scheint, ist die Strategie von Vivendi nicht. Sämtliche Betreiber von Netzen und allem, was sich irgendwie in Leitungen – welche auch immer – transportieren läßt, wollen auch im Kabel-Eldorado mitspielen. Praktisch jeder von ihnen will sich künftig auch als Kommunikationspartner des Bürgers positionieren.

---

[158] vgl. Drewski, B.: „Weißrußland setzt auf die KGB-Connection", Le Monde Diplomatique, September 2001, 4

Jetzt hat Vivendi jedoch Schwierigkeiten. Zukäufe sind natürlich kostspielig, ein Schuldenberg von 30 Milliarden Euro drückt. Mit dem Fernsehen – vor allem das Pay-TV ist es – gibt es Probleme. Auch die Konkurrenz, etwa Kirch, hat es schwer erwischt. Sollte der Schuster doch bei seinen Leisten bleiben? Wenigstens das Wasser bleibt fest in französischer Hand. Die Heimat sowieso, aber auch die sich rasant für private Versorger öffnenden Weltmärkte hat man fest im Griff.

Nicht nur die allgemeine Liberalisierung ist es, die öffentlichen Hände scheinen die Lage – egal, wo ungeachtet Stadt oder Land – einfach nicht mehr im Griff zu haben. So gibt man sich eben privaten Anbietern nicht ungerne quasi hin. Auf diese Weise erobert Vivendi, Schulter an Schulter schreitend mit dem alten heimatlich vertrauten Intimfreund und -feind „Suez-Lyonnaise des Eaux", die lukrativen Wassermärkte der Welt. 40 Prozent Marktanteil haben die beiden Konzerne schon. Die Perspektiven verheißen tolle Betätigungsfelder und Projekte.

Manchmal gibt es zwar Pannen, die steckt man weg: so mußte sich Vivendi kürzlich komplett aus der erst neu übernommenen Wasserversorgung in Bolivien zurückziehen. Die Bevölkerung erprobte erfolgreich den Totalaufstand. Das Wasser war plötzlich viel schlechter und doppelt so teuer wie früher ...[159]

Bombcn im Container

Sicherheit ist heute bekanntlich ein großes Thema. Die Airports – gewiß ein neuralgischer Ort – hat man bereits soweit im Griff. Aber was ist mit den großen Seehäfen, New York oder Rotterdam zum Beispiel? Völlig unübersichtlich sind sie, mit ihrem tausendfachen Containerumschlag pro Tag. Ein Terroranschlag wäre da geradezu eine Leichtigkeit. Eine Atombombe etwa in bloß einem der Container oder ein bißchen Feuer im Tanklager. Undenkbar schon die Vorstellung, die Folgen ka-

---

[159] vgl. Ramonet, I.: „Die Herren der Netze", Le Monde Diplomatique, Mai 2002, 17f.; Poupeau, F.: „Die Privatisierung des Wassers", Le Monde Diplomatique, Mai 2002, 18; Schieler, D.: „Die Monotonie der Zeichen", Le Monde Diplomatique, Mai 2002, 19

tastrophal. Das ist ja beinahe schon ein klassischer Stoff für das Horrorfilm-Genre.

Dabei ist es bisher praktisch nicht möglich, den Schiffstransport effektiv zu kontrollieren. Allein die Masse der Fracht, das Wirrwarr der Papiere; Risikofracht zu identifizieren, ist fast unmöglich. Ein einziger gezielter Bombenanschlag schon könnte Milliardenschäden verursachen und wichtige Bereiche der wirtschaftlichen Infrastruktur sofort lahmlegen. Auch Sicherheitsmaßnahmen sind kritisch. Wenn man nur ein paar Öltankern die Hafenausfahrt verweigert oder bloß verzögert, werden Benzin und Gas knapp. Die Nachteile von Just-in-Time werden hier einmal mehr offenkundig.

In den USA kommen 95 Prozent der Importgüter per Schiff an; zum BIP tragen sie 25 Prozent bei. Hier ist die Achillesferse des globalen Handelssystems. Terroristen aller Länder wissen das. Zudem hat sich die organisierte Kriminalität längst in der Hafenwirtschaft eingenistet. Sie alleine verursacht einen Schaden von 12 Mrd. Dollar jährlich. Die bisherigen Maßnahmen sind bestenfalls ein Tropfen auf den heißen Stein. Guter Rat ist teuer.[160]

Der liebe Führer

Nachts ist es sogar in der Hauptstadt Pjöngjang dunkel. Der Strom ist abgeschaltet. Das Zentrum der „Achse des Bösen“ hat nicht genug Energie, um sich selbst zu erhellen. Im Arbeiterparadies Nordkorea herrscht des real existierende Elend. Die desaströse Planwirtschaft liegt völlig am Boden. Die Fabriken rosten vor sich hin, die Maschinen stehen still. Der „geliebte Führer“ Kim Jong Il regiert das Land, der wirkliche Diktator ist der Hunger. Zwei Millionen Menschen sollen daran allein in den letzten Jahren gestorben sein. Hilfslieferungen internationaler Organisationen helfen ein wenig. Ohne deren Lebensmittel, Dünger und Treibstoff wäre die Lage noch schlimmer.

Bescheidene Wirtschaftsreformen sind angekündigt, viel bewegt sich nicht. Der völlig unrealistische Wechselkurs des Won wurde an den

---

[160] vgl. Streck, M.: „Gefahr aus dem Schiffsbauch“, Die Tageszeitung, 16.7.2002, 8

Schwarzmarktkurs angepaßt. Von den Japanern erhofft man sich Reparationen für die Besetzung Koreas zwischen 1910 und 1945. Fünf bis zehn Milliarden Dollar könnten sie einbringen. Zwei Zugstrecken sind geplant. Sollte Seoul bereit sein, für seine Exporte den Landweg durch den Norden zu nehmen, könnte man mit Transitgebühren Millionen verdienen. Sogar eine Sonderwirtschaftszone wurde errichtet. An Investoren mangelt es noch. Unbeirrbar hält man trotz aller Not am aufwendigen Atomprogramm fest. 30 Prozent des Staatsetats fließen Jahr für Jahr in die Rüstung. Das ist absoluter Weltrekord. Devisen werden dringend benötigt.

Not kann aber offenbar auch die versteinerte Staatsführung zumindest ein klein wenig erfinderisch machen. Gerade bereitet man die bombastische Feier zum 90. Geburtstag des „großen Führers“ Kim Il Sung vor. Obwohl schon acht Jahre tot, ist er als Unsterblicher nach wie vor Präsident. So sehr man sich bisher abgeschottet hat; nun plant man, daß dem schaurig-stalinistischen Spektakel tausende Touristen beiwohnen sollen. Von der Tribüne des 1.-Mai-Stadions aus sollen sie den Charme und Duft Koreas einzigartig erleben. Für einen Eintrittspreis von bis zu 300 Dollar.[161]

Kann denn Technik sinnlos sein?

Größer, höher, weiter, schneller, besser – seit fast Menschengedenken klassische Männlichkeitsphantasien. Eine Art Wahn vielleicht sogar, oft manifestiert in typischen „Phallussymbolen“, wie sie etwa der Zeppelin, die Concorde oder die vielen Generationen von Mondraketen symbolisieren. Jüngst vorgestellte Renommierprojekte folgen dieser Logik praktisch auf dem Fuß: der pompös in Toulouse vorgestellte Airbus A380, das größte jemals gebaute Passagierflugzeug.[162] Zweistöckig angelegt, faßt es bis zu 850 Reisende. Man stelle sich dafür

[161] vgl. Lorenz, A.: „Duft des Diktators“, Der Spiegel, 14/2002, 135ff.; Lietsch, J.: „Kapitalismus für Nordkorea“, Die Tageszeitung, 1.10.2002, 9; Lietsch, J.: „Kein Heizöl mehr in Pjöngjang“, Die Tageszeitung, 1.10.2002, 10; Maass, H.: „Wer ist Kim Jong Il?“, Der Tagesspiegel, 8.10.2006, 2; Dometeit, G./Gruber, P./Heesch, G./Kühl, C./Pantle, C./Steffen, S.: „Kims kalter Coup“, Focus, 42/2006, 246ff.

[162] vgl. Kamolz, K.: „Leberwurst flieg!“, Profil, 25.4.2005, 66ff.

bloß den Check-in oder die Sicherheitskontrollen vor. Wie wird man die Auslastung der „Leberwurst“, wie böse Zungen bereits ätzten, dauerhaft bewerkstelligen? Ein anderer Gigant – quasi das Pendant des A380 zur See – ist der ebenfalls aktuell präsentierte „Colombo Express“, das größte Containerschiff aller Zeiten.[163] Gegenüber dem drei Fußballfelder großen Mega-Carrier muten frühere Frachtschiffe fast wie Nußschalen an. Probleme bereiten noch die Hafenanlagen, derzeit muß noch außerhalb entladen werden.[164] Gemessen am bisher Dagewesenen sind beide Beispiele Superlative. Wenig wundert es, daß man indes schon die nächstgrößeren Kategorien plant.

Technik – den Begriff „technologischer Fortschritt“ ohne schlechtes Gewissen in den Mund zu nehmen, ist heute ohnehin schon heikel – hat bekanntlich viele Facetten. Den Pionieren ist dabei seit jeher sicherlich großer Respekt zu zollen. Ökonomische (und verstärkt auch ökologische) Fragwürdigkeit kommt einem dabei aber nicht selten in den Sinn. Häufig gilt dabei das Interesse der Automobilindustrie. Groß und gewichtig freilich, gilt sie praktisch als die Industrie schlechthin. Stets viel beachtet, befindet sie sich derzeit echt „in trouble“, und dies nicht nur konjunkturbedingt. Auch hier geht es um Superlativen aller Art.

So wird etwa seit 2002 der Porsche Carrera in Leipzig in der weltweit modernsten Fabrik gebaut. Mit derzeit 612 PS (!) und 330 km/h gehört er zu den traditionsreichsten, stärksten, schnellsten und auch teuersten Sportwagen der Welt. Gefertigt wird wie im – klinisch reinen – Operationssaal, ganz einer derartigen Vorstellung entsprechend tragen die Mitarbeiter auch feine Handschuhe. Ein auf das Penibelste ausgetüfteltes Fabriksteuerungssystem überläßt aber auch wirklich nichts dem Zufall.[165] In der mittlerweile berühmten „Gläsernen Fabrik“, der Dresdner Manufaktur von Volkswagen, geht es nicht anders zu. Mit laienhaften Vorstellungen industrieller Produktion hat das soviel zu tun wie die Küche eines Mehrhauben-Restaurants mit einer McDo-

---

[163] vgl. Die „Colombo Express“ wurde am 11.4.2005 in Singapur getauft und ist nunmehr das Flaggschiff von Hapag-Lloyd; www.hlcl.de, 12.4.2005

[164] vgl. z.B.: Grobecker, K.: Hafen Hamburg, Hamburg 2004

[165] vgl. Lang, T.: „Supersportwagen made in Sachsen“, Motor-Journal – Aktuell, AMI 2005, 58f.

nald's-Ausspeisung. Auch die europäische, US- und japanische Konkurrenz schläft natürlich nicht.

Doch was bringt das alles, nicht zuletzt wirtschaftlich? General Motors ist insolvenzgefährdet, Ford in der Sackgasse und Mercedes schreibt alleine im ersten Quartal 2005 eine Milliarde Euro Verlust.[166] Sie alle produzieren wunderschöne Autos, spätestens seit die Amerikaner die „Crunch-Phase“ der Neunziger überwunden haben. In USA setzt man zwar pragmatisch mehr auf nicht zu komplizierte, eher robuste Technik, dennoch will die teuren Benzinfresser im an sich umwelt-unbewußten Amerika derzeit niemand. Im ingeniösen Eldorado Europa ist man wegen zu viel „Firlefanz“ zu teuer. Wer braucht zum Fahren im Alltag schon das „Labor der Zukunft“. Hier übertreibt die europäische Ingenieurskunst vortrefflich.

Außerdem werden überall viel zu viele Autos produziert. So strebt man auch an, den jährlichen Absatz weltweit von fünf auf sieben Millionen Fahrzeuge zu steigern. Auf welchen Straßen sollen all diese Autos jedoch fahren? Bereits heute steht alles im Dauerstau. Man schielt auch auf die Motorisierung Chinas – nicht auszudenken! Alternativen hat man ebenfalls im Blick. Künftig soll es echte Billigautos, nicht mehr als wirklich bloß ein fahrbarer Untersatz, geben. Sparsamere Modelle und neue, innovative Antriebskonzepte (vgl. Hybridtechnologie, Brennstoffzellen)[167] hat man im Blick. Die Japaner – besonders Toyota – sind nicht nur in dieser Hinsicht den anderen voraus. Besonders den Amerikanern lehren sie momentan des Fürchten.

Auch hier kann man sich über Extreme nur wundern. So wird etwa Carlos Goshn, der den Sanierungsfall Nissan in kürzester Zeit zum wahren Hecht im Karpfenteich machte[168], künftig auch das Schwesterunternehmen Renault leiten. So weit, so gut. Ob ein Mensch aber permanent zwischen Tokyo und Paris pendeln kann? Ist so etwas sinnvoll? Der Glaube an die Machbarkeit, das höchste Credo der Ingenieurszunft, mag auch hier der leitende Gedanke sein. Doch ist Machbarkeit und bedingungsloser Fortschritt wirklich alles? Wohl

---

[166] vgl. Himmelbauer, M.: „Pannenstreifen“, Profil, 25.4.2005, 44ff.
[167] vgl. Stan, C.: Alternative Antriebe für Automobile, Berlin 2005
[168] vgl. Magee, D.: Turnaround – How Carlos Goshn Rescued Nissan, New York 2003

kaum, die Folgen bisherigen technischen Schaffens haben dies oft bewiesen; um nicht zu sagen, sie haben die Menschheit zwar weiter, aber mitunter auch an den Abgrund ihres Daseins gebracht.

Was ist aus dieser – sicherlich nicht unbestreitbaren – „Erkenntnis“ zu folgern? Mag sein, daß schon bei der Ingenieursausbildung anzusetzen wäre. Diese ist besonders in Europa hart, gewiß gut und auch entsprechend anerkannt. Doch wird sie auch tatsächlich den realen Notwendigkeiten gerecht? Diese sind sicherlich am Rande oder überhaupt außerhalb des klassischen technischen Know-hows zu orten. So wären etwa Philosophie, Ethik, Technikfolgenabschätzung[169], Ressourcenökonomie oder andere, verwandte Gebiete, die kritische Sichtweisen befördern, im Rahmen von Technikstudien zu forcieren. Denn auch hier gilt: Eine andere Welt ist möglich!

Rüstungsboom

Im Rüstungssektor gibt es derzeit zwei Tendenzen: in volkswirtschaftlicher Hinsicht kommen Verteidigungsaufgaben immer stärker in Konkurrenz mit anderen öffentlichen Ausgaben, so etwa für Soziales oder Bildung. Heftige Konflikte werden hier in aller Öffentlichkeit ausgetragen. Betriebswirtschaftlich gesehen führt der objektive Mangel an Finanzmitteln für subjektiv erkannte Notwendigkeiten zu einer immer weiter klaffenden Schere zwischen konkretem Bedarf und Finanzierungsmöglichkeit.[170] Zur anderen Tendenz: gerade der amerikanische Militarismus rollt unaufhörlich weiter, wie „ein Schwerlaster ohne Bremsen“. Investiert werden Unsummen, Tendenz (stark) steigend. Bald die ganze Technologieforschung und -entwicklung ist – wie die offizielle Argumentation auch immer lauten mag – am Militär orientiert. „Full Spectrum Dominance“ ist das Ziel der USA.[171] Im kalten Krieg war der Feind konkret, freilich wurde er nie direkt be-

[169] vgl. Jonas, H.: Das Prinzip Verantwortung – Versuch einer Ethik für die technologische Zivilisation, Frankfurt/M. 1984

[170] vgl. Pöcher, H.: „Das Verteidigungsbudget aus betriebswirtschaftlicher Sicht“, Der Soldat, 27.4.2005, 4; Mampaey, L.: „Waffen zu Rendite mit Hilfe der EU“, Le Monde Diplomatique, Oktober 2006, 10

[171] vgl. Hennes, M.: „Rüstungsindustrie und Hegemonie“, Wissenschaft und Frieden, 1/2005, 22ff.

kämpft. Seither ist er mehr virtuell und – in Form des Terrorismus – vielleicht sogar nur in der Phantasie oder als Argument vorhanden. Die enorme Armada wird so irgendwie zu einer Art real existierender Fiktion.

Die Europäer indes wollen mit den USA mitziehen. Die Bündelung der Kräfte und der Nachfrage ist dafür notwendig. Florierende Giganten, wie der EADS-Konzern („Eurofighter"), sind daraus entstanden[172]. Eine neu geschaffene Rüstungsagentur soll die weiteren Aktivitäten koordinieren. Partikulare Interessen mögen sich hier durchsetzen. Aber die internationale Konkurrenzfähigkeit der einschlägig tätigen Mischkonzerne, die auch im zivilen Bereich agieren (z. B. EADS: Airbus) ist jedenfalls absolut gegeben. Doch auch die russische Rüstungsindustrie gedeiht veritabel. China und Indien sind traditionell Abnehmer großen Stils. Nachgefragt werden russische Militärgüter aller Art. Es gibt zwar Probleme mit der Konsolidierung der Industrie, Innovation und teilweise Qualität, dennoch laufen die Geschäfte prächtig.[173] Natürlich sind auch die Hersteller anderer Länder nicht zu unterschätzen. So liefert etwa die Ukraine – in der Szene gewiß kein Unbekannter – jüngst erst atomfähige Marschflugkörper an China und den Iran. Ob die Rüstungslieferungen an sich stets in die „richtigen" Hände gelangen, ist sowieso eine sehr schwierige Frage.

Eine andere ist freilich noch weit komplexer: Was sind seit Menschengedenken eigentlich die „Triebfedern der Rüstung"?[174] Ist es Aggression, Paranoia, Technikwahn oder bloß etwas, das man so macht, weil es immer schon so war? Als „Vater aller Dinge" müßte definitiv auch anderes dienen können als der Krieg. Das Standardargument aller friedliebenden Zeitgenossen, daß man die enormen Ressourcen für bessere Zwecke widmen sollte, hat Rosa Luxemburg treffend formuliert, als sie 1905 die Militärausgaben kritisierte: „Und in diesem Augenblick, wo die Not sich zu einer öffentlichen Kalamität gestaltet, wo Hunderttausende Proletarier erbarmungs- und rettungslos

---

[172] vgl. Eisler, K.-H.: „EADS auf Erfolgskurs", Der Soldat, 27.4.2005, 14

[173] vgl. Mader, G.: „Zwischen Re-Zentralisierung, Erfolg und Ignoranz (1)", Der Soldat, 27.4.2005, 15

[174] vgl. auch den Titel des Schwerpunktheftes 1/2005 von „Wissenschaft und Frieden"

den furchtbarsten Elend preisgegeben werden, wird gleichzeitig als erste große Aktion der Regierung und der bürgerlichen Mehrheitsparteien im Reichstage nicht etwa eine Vorlage zur Ausgestaltung der elenden Sozialgesetzgebung, nicht ein Notstandsgesetz zur Rettung der Unzahl bedrohter proletarischer Existenzen, nicht die schleunige Eröffnung der Grenze im Osten, sondern – eine Mehrforderung von einer halben Milliarde Mark für Panzerkreuzer, Torpedodivisionen und Vermehrung der Marinemannschaften angekündigt!“[175]

Wo Janus wohnt

Technischer Fortschritt kann sehr ambivalent sein. Vor allem geht es hier um mitunter problematisches Nutzungs- und Folgenpotenzial. So ist ein Gutteil der wissenschaftlich-technischen Entwicklung für Rüstung verplant. Nahezu der gesamte High-Tech-Sektor ist davon erfaßt. Egal ob es um Nano-, Bio- oder Gentechnologie, Computersysteme, Kommunikationstechnologie, um künstliche Intelligenz, Weltraumtechnik, Sensorik, Nuklearsysteme oder um Laser und Materialwissenschaft geht; bei weitem ist es nicht so, daß sich Wissenschaft und Technik hauptsächlich auf zivilen Sektor konzentrieren. Vielmehr ist die Verzahnung von militärischer und ziviler Forschung unüberschaubarer als jemals zuvor. Natürlich ist die Wissenschaft ein „zweischneidiges Schwert“.[176] Schon die Grundlagenforschung ist sozusagen fundamental ambivalent.

Dual-Use geht denn auch von der Möglichkeit des Gebrauchs von Technologie und Know-how für zivile und militärische Zwecke gleichermaßen aus.[177] Hier gibt es natürlich auch viele zivil-militärische Grauzonen. Vielfach werden unter dem Deckmantel der zivilen Forschung militärtechnologische Interessen mitbefördert. Dabei entstehen nicht selten zumindest kostengünstige Innovationen. Klar stellt sich

---

175 Luxemburg, R.: „Militärausgaben (1905) – Eine maßlose Provokation“ (Gesammelte Werke, Bd. I/1, 396ff.); zit. in: Keller, F./Kraft, S. (Hrsg.): Rosa Luxemburg – Denken und Leben einer internationalen Revolutionärin, Wien 2005, 80f.

176 Weizsäcker, C. F. v.: Die Tragweite der Wissenschaft, Stuttgart 1964

177 vgl. Strunz, H.: Dual-Use-Güter – Herstellung, Verwendung und ausgewählte Aspekte in der Republik Österreich, Wien 2004

auch die Frage einer Kontrolle der Entstehung und des Gebrauchs von Technologien. Oft ist die Rede von „Spin-off-Effekten“.[178] Doch wie kann vor allem die militärische Forschung die zivile wirklich befruchten? Freilich gibt es prominente Beispiele, so ist etwa das Internet eine ursprünglich militärische Entwicklung. Im allgemeinen aber sind stichhaltige Nachweise nicht so leicht zu bringen; zumindest Input und Output stehen meist in keinem Verhältnis. Kritiker monieren vielmehr Aspekte gesellschaftlicher und sozialer Unverträglichkeit. Ein klares Nein zu Dual-Use und zur Militarisierung der Forschung ist mitunter schon unüberhörbar.[179]

Natürlich ist auch die Abhängigkeit der Wissenschaft von Forschungsgeldern ein heikles Thema. Das Sprichwort „wer zahlt, schafft an“, läßt die gängige Forschungspraxis in ungünstigem Licht erscheinen. Nicht nur einmal haben sich Forscher regelrecht „verkauft“ und sich damit zu willfähigen Werkzeugen unlauterer Zwecke gemacht. Wer sich anbietet, gerät schnell auch in „die Sklaverei, unter deren Peitsche die Wissenschaften an gewissen Orten seufzen!“[180] Wissenschaft muß stets auch eine Frage der Ethik bleiben. Sie trägt viel Hoffnung in sich, und Mißbrauch bekommt der Hoffnung nicht. Man stelle sich vor: „In dem Jahr sechzehnhundertneun – Schien das Licht des Wissens hell – Zu Padua aus einem kleinen Haus. Galileo Galilei rechnete aus: Die Sonn steht still, die Erde kommt von der Stell.“[181]

---

[178] Liefert, W.: „Dual-use revisited – Die Ambivalenz von Forschung und Technik“, Wissenschaft und Frieden, 1/2005, 26ff.

[179] vgl. Schulze, D.: „Neuordnung der deutschen Rüstungsforschung“, Wissenschaft und Frieden, 1/2005, 32

[180] Brecht, B.: Leben des Galilei, Frankfurt/M. 1963, 19

[181] ebd., 7

2007

Schrott überall

Die Folgen der weltweiten Verbreitung von Informations- und Kommunikationstechnologien stellen ihren Nutzen auf das Äußerste in den Schatten. Das Problem dieser Errungenschaft der Zivilisation ist die Entsorgung der Geräte. Allein in Deutschland fallen pro Jahr 250 Millionen Tonnen Elektronikschrott an. Sehr heikel ist auch der Ressourcenverbrauch: ein PC verlangt Tonnen von Material und Wasser, eine Tonne CO_2 fallen alleine bei seiner Produktion an. Die Nutzungsdauer hat sich mittlerweile auf gute zwei Jahre verringert, trotz einer theoretischen Lebensdauer von bis zu zehn Jahren. Die Softwarehersteller fördern mit immer aufwendigeren und speicherintensiveren Produkten eine Art „moralischen Verschleiß" der Hardware. Der zusätzliche Nutzen steht sich kaum dafür. Ähnliches gilt für Handys.

Würde man die fast schon exzessive Techniknutzung der Industrieländer auf die ganze Welt übertragen, wäre – in jeder Hinsicht – mit einem Faktor fünf zu rechnen: für Energieaufwand, Emissionen, verbrauchte Rohstoffe und Müll. Derzeit verbrauchen 20 Prozent der Erdbevölkerung – in der „Triade" lebend – ca. 85 Prozent der Ressourcen. Hier geht die „Hochrechnung" weiter: nimmt man realistisch an, daß die Grenzen der Belastbarkeit der Erde erreicht sind, wären mindestens vier Planeten Erde zusätzlich notwendig, als Rohstoffquelle und Müllhalde. Ist hier nicht auch die Verantwortung der Ingenieure gefordert? Machbarkeits- und Sachzwangideologie, Technik als Zweck, nicht als Mittel müßten eigentlich schon der Vergangenheit angehören. Vielleicht sollten stärker auch nichttechnische Lösungen präferiert werden. Künftig wird es mehr darum gehen müssen, primär soziale und politische Innovationen hervorzubringen und davon ausgehend nachhaltige Technologien zu gestalten.[182]

Rübenbomber

Der Himmel über Afrika ist voll davon: uralte Antonows, Tupolews und Iljuschins samt russischen Piloten transportieren für private Carrier praktisch alles. Post, Bier, Petroleum, Kaffee, Edelmetalle, Diamanten, Waffen, Munition und Missionare sind unter anderem ihre Fracht. Flugzeuge mit der Technik aus den 60er und 70er Jahren sind in Moskau schon für 30.000 Dollar zu haben. Robust sind sie ja, mit Service und Sicherheit nimmt man es in Afrika nicht so genau. Nicht selten stammen die Ersatzteile von Wracks. Die Investitionen amortisieren sich schnell, weil viele Strecken bedient werden, die früher staatliche Fluglinien flogen. Die Bedingungen sind oft abenteuerlich. Ölleckagen, rissige Windschutzscheiben, abgewetzte Reifen, betrunkene Crews; fast alles wird toleriert, solange man gut schmiert. Unfallursache Nummer eins ist aber die Überladung. In Afrika ist ein Flugzeug nämlich erst voll, wenn wirklich nichts mehr hinein paßt. Da kann sich schon einmal die Heckklappe öffnen und neben mancher Kiste auch Passagiere verloren gehen. Tagsüber wird vor allem auf Sicht geflogen, im Funkverkehr aus dem Cockpit wird mehr Russisch als Englisch gesprochen. Konjunktur hat auch das Übersee-Cargo. So sind etwa Nilbarsche aus dem Viktoriasee in Europa hoch geschätzt. Auf dem Rückflug sind nicht selten Waffen an Bord. Geliefert wird an jeden, der bezahlt. Zum Kundenkreis zähl(t)en die Unita genauso wie Charles Taylor aus Liberia; Lieferungen in den Sudan und Kongo werden ebenso abgewickelt wie früher nach Ruanda. Im Hintergrund stehen freilich wichtige Drahtzieher, mitunter „Kaufleute des Todes" genannt. Für kleine No-Name-Carrier ist dies natürlich nichts. Die sind oft ihre eigenen Piloten, Akquisiteure, Mechaniker und Buchhalter zugleich. Wenn sie allerdings gerade sonst keine Aufträge haben, wer weiß ...[183]

---

[182] vgl. Neef, W.: „Neue Technologien – Problemlöser oder -erzeuger; Über die Rolle und Verantwortung des Ingenieurs", Wissenschaft und Frieden, 1/2005, 34ff.

[183] vgl. Wiedemann, E.: „Die fliegenden Seelenverkäufer", Der Spiegel, 22/2005, 128f.

Der Geldadel

Offenbar sind die USA das Dorado für Milliardäre. Weltweit gibt es fast 700 davon – gemessen wird in Dollar, versteht sich. Die Hälfte der Dollarmilliardäre sind Amerikaner. Bill Gates, der Microsoft-Chef, ist bekanntlich mit einem Vermögen von 46,5 Mrd. Dollar der reichste Mann der Welt. Doch schon knapp dahinter rangiert der Investor Warren Buffet, ebenfalls ein Selfmade-Man, mit 44 Mrd. Dollar an 2. Stelle. Vor allem Coca-Cola und Gilette-Aktien machten den heute 74jährigen steinreich. 2,5 Mio. US-Bürger sitzen auf insgesamt 9.300 Mrd. Dollar. Einen Geldspeicher dürften auch die fünf Erben von Wal-Mart brauchen. Die Familienmitglieder teilen sich alleine ein Prozent des US-Gesamtvermögens – 90,7 Mrd. Dollar. Doch die Triade gilt auch hier: in Europa gibt es gar 2,6 Mio. Millionäre, die 8.900 Mrd. Dollar besitzen. In Asien sind es 2,3 Mio., ihr Vermögen beläuft sich auf 7,2 Mrd. Dollar. Gerade das sicherlich nicht rosige 2004 war für den vermögenden Teil der Weltbevölkerung außerordentlich einträglich. Die Zahl der Millionäre stieg um 600.000 auf 8,3 Mio. an. Die für die Kapitalisten florierende Weltwirtschaft und die boomenden Rohstoff- und Kapitalmärkte machten es möglich. Bereichert sich die Elite auf Kosten der Mehrheit? Stehen etwa die vielzitierten russischen „Oligarchen“ in derartigem Verdacht? (Angeblich war 2006 das beste aller Jahre für Russlands Milliardäre. Ihr Vermögen wuchs um 36 Prozent.)[184] Die Erhaltung eines Vermögens ist wichtiger als dessen Vermehrung; so sagt eine alte Weisheit. Die meisten (Neu-) Reichen scheinen sich darum weniger kümmern zu müssen. Prognosen zufolge dürfen sie in den nächsten fünf Jahren mit einem Zuwachs von 50 Prozent rechnen.[185]

50 Euro für die Rolex

Klar, daß es sich um eine Fälschung handelt, die da im schummrigen Schuppen nahe der tschechisch-deutschen Grenze angeboten wird.

[184] vgl. Harmann, J.: „Goldene Ära für Russlands Geldadel“, Die Presse, 20.4.2007, 26; Klasmann, S.: „Die Tycoons der Taiga“, Format, 17/2007, 12f.; Horcicka, F.: „Krim-Sekt statt Jaga-Tee“, News, 2/2007, 68ff.

[185] vgl. Nothegger, B./Sankholkar, A.: „Die Millionäre der Welt“, Format, 23/2005, 30ff.

Auf Schnäppchentour zu fahren, hat sich nicht umsonst zum Hit entwickelt. Werbesprüche wie „Geiz ist geil“ und „Ich bin doch nicht blöd“ haben tüchtig mitgeholfen. Aber auch die nicht gerade steigende Kaufkraft hat dazu beigetragen, daß die Konsumenten vielfach nur mehr eines wollen: billig einkaufen. Ob nun echt oder nicht, wen kümmert es wirklich? Hauptsache, die Marke steht drauf. „Vorsicht, Fälschung!“, sagen natürlich die Hersteller der Originale. Sie sind die Leidtragenden der „Fake-Industry“. Geistiges Eigentum wird schlicht geklaut, die Umsatzeinbußen durch die unschöne Konkurrenz gehen in die Milliarden.

So gut wie kein Produkt ist davor sicher, gefälscht zu werden: Luxusuhren und -güter, Spielzeug, Designermode, Filme und CDs, Maschinen und Software, Zigaretten und Medikamente sowie Auto- und sogar Flugzeugteile. Die Aufzählung läßt sich endlos fortsetzen. Der Umsatz der Produktpiraten beträgt gigantische 500 Milliarden Euro und hat sich im letzten Jahrzehnt – man glaubt es kaum – versiebzehnfacht. Damit ist der am schnellsten wachsende Wirtschaftszweig entstanden; zehn Prozent des Welthandels bestreiten die Fälscher schon. Die Szene hat längst die Hinterhöfe verlassen und agiert heute als globale Industrie. Die reguläre Wirtschaft wird von ihrem Schatten unterhöhlt.

Der schwarze Straßenhändler, der sein Tuch mit Louis-Vuitton-Plagiaten packt und rennt, wenn die Polizei naht, ist freilich nur die winzige Spitze des riesigen Eisbergs. Er verdient fast nichts, wird er geschnappt, drohen ihm Arrest und Abschiebung. Dahinter stehen Banden und Industrie, alles hochprofessionell und global organisiert. Herstellung und Vertrieb sind illegal, aber ansonsten üblicher Produktion und Handel ähnlich. Entwicklung und Marketing erspart man sich glatt. Diese teuren Aufgaben übernimmt ja ohnehin das Vorbild. Logistisch geht man nach dem „Pull-System“ vor, produziert wird erst auf Bestellung. Riskante Lager fallen damit weg. Angeblich haben die Fälscher nur fünf Prozent der Kosten. Da läßt es sich leicht billig anbieten. Die geschmuggelten Produkte verursachen auch noch Steuerausfälle von 70 Mrd. Euro jährlich.

Gefälscht ist schon jede dritte CD. Bei Medikamenten muß man wegen der Nebenwirkungen nicht erst Arzt oder Apotheker fragen. Ein gefälschter Auspuff, soll sein, aber ein gefälschtes Flugzeugteil? Freilich müssen die Nachbauten nicht schlechter sein. Software etwa wird nur zu gerne kopiert. Imitate der so geschätzten deutschen Maschinen sind 50 Prozent billiger. Die kleine und feine Schweizer Uhrenindustrie ist in arger Bedrängnis. 150 Milliarden Zigaretten werden jedes Jahr gefälscht und geschmuggelt. Das ist mehr, als in ganz Deutschland geraucht wird. Es ist kein Novum, daß die meisten Plagiate in China hergestellt werden. Taiwan und Thailand sind auch ganz eifrig bei der Sache. In China wollen die Behörden von mancher Produktionsstätte gar nichts wissen. Der Diebstahl geistigen Eigentums – so sagen die Ökonomen mitunter – ist ein Teil des chinesischen Entwicklungsmodells. Wo die enormen Profite der weltweiten Fälscherzunft bleiben? Sie werden investiert, darf man annehmen; zum guten Teil und mit hoher Wahrscheinlichkeit in den Ausbau der Schattenwirtschaft.[186]

Digitaler Flohmarkt

Margaret Whitman, als Chefin von eBay, dem größten Marktplatz der Welt, ist mit ihrer Firma Milliardärin geworden und kann zufrieden sein. 10.000 Besucher sind gekommen, der Teufel ist los. Viele haben sogar ihren Jahresurlaub genommen, um zehn Jahre eBay zu feiern. Schrill und voller Euphorie zelebriert das Internet-Auktionshaus sein rundes Jubiläum. Zurecht stolz kann man auch auf eine Erfolgsgeschichte wie aus dem Bilderbuch zurücklicken. Von absolut Null und einem Mitarbeiter 1995 erreicht man heute mit über 10.000 Leuten fünf Milliarden Dollar Umsatz und, noch wichtiger, eine Milliarde Gewinn.

150 Millionen User in 32 Ländern kaufen und bieten online an wie verrückt. Jede Minute wird über eBay in den USA ein Auto verkauft, in Kanada eine DVD, in China ein Handy, in Frankreich Comics und in Deutschland ein Traktor. Pro Sekunde wird ein Handelsvolumen von 1.350 Dollar erzielt. Schöne Schnäppchen gibt es, freilich auch

[186] vgl. Schnitzler, L./Schandwet, C./Henry, A./Sieren, F.: „Fälschungen", Wirtschaftswoche, 27/2005, 60ff.

viel Ramsch. Dennoch ist eBay eine gelungene wie geliebte Mischung aus Auktionshaus und Flohmarkt. In den USA verdienen schon 430.000 Menschen ihren Lebensunterhalt ganz oder teilweise mit eBay. „Powerseller“ werden jene genannt, die mindestens 3.000 Dollar im Monat umsetzen. Nicht immer geht es mit rechten Dingen zu. Betrüger, Hochstapler und Produktpiraten machen sich das Forum ebenso zunutze. Vielleicht wird auch deshalb im Moment eine gewisse Sättigung beklagt. Der Österreich-Chef zumindest strahlt voller Optimismus. Bei acht Millionen Einwohnern gibt es im kleinen Land schon eine Million eBay-Nutzer. Eine Reichweite von 60 Prozent hält er locker für möglich.[187]

Im Reich der Bürste

Vor 600 Jahren hat die Globalisierung begonnen. Die Europäer entdeckten die Welt, um sie zu vereinnahmen. Jedes Mittel war recht: Kartographie und Religion, Gewalt und Ökonomie, Transportmittel spielten eine wichtige Rolle. Heute ist man fast genötigt, die durcheroberte Welt zu erleben. Rohstoffe, Waren und Informationen kreisen unentwegt, kein Ort, der nicht erreichbar wäre. Der Philips-Konzern produziert die elektrische Zahnbürste „Sonicare Elite 7000“: 4.500 Mitarbeiter arbeiten daran, in zehn Ländern und drei Kontinenten, fünf Zeitzonen trennen sie. 130 Euro kostet das Spielzeug für die wohlhabenden Eliten dieser Welt. Die Reise durch die Präzisionsmaschinerie von „Oral Healthcare Philips“ ist ein Parforce-Ritt durch die globale Gegenwart. Aus 38 Komponenten besteht die Zahnbürste. Ihre sehr technischen Einzelteile kommen aus China, Japan, Frankreich, Taiwan, Malaysia, Schweden und Östereich. Auf den Philipinen und in den USA wird montiert. Verpackt wird das Ganze schließlich in Seattle. Dazwischen liegt eine unendliche Logistikkette. Bis in die USA haben die Teile unbeschreibliche 27.880 Kilometer zurückgelegt, zwei Drittel des Erdumfanges. Besonders für die asiatischen Arbeiter(innen) heißt Business kämpfen. Jeden Tag, sonst geht man un-

[187] Mara, M./Egle, C.: „Die ganze Welt im eBay-Fieber“, News, 26/2005, 57; vgl. Hohensee, M.: „Furcht ist eine Lüge“, Wirtschaftswoche, 27/2005, 72ff.

ter. Vor allem an der Zahnbürste sieht man, daß Globalisierung – in Gestalt der vielen „Assembly Operators“, die daran arbeiten – weiblich ist. Bei Philips schätzt man, daß schon 300 Mio. Menschen eine elektrische Zahnbürste verwenden. Aber schon bald könnten es 900 Mio. sein. Das ist der Auftrag, um den es zu kämpfen gilt. Selbst für einen Konzern, der 30 Mrd. Euro umsetzt. Für Philips ist die Zahnbürste ein Produkt unter ferner liefen. Für die zahllosen Arbeiterinnen in der Dritten Welt ist sie die Existenz. Denn wie ein ehernes Gesetz gilt: Auch wenn eine Sparte unbedeutend ist, muß sie Gewinne bringen. Sonst wird sie eingestellt.[188]

Koka-Kartelle

„Weed Killer“ bedeutet soviel wie Unkrautvernichtungsmittel. Es ist der Name jener Flugzeuge, die das Pestizid Glifosat auf die üppigen Kokaplantagen Kolumbiens sprühen. Ziel der Regierung ist es, den Pflanzungen ein Ende zu machen, um dem Übel Drogen zu Leibe zu rücken. Die USA helfen unter dem Namen „Plan Columbia“ mit teuren 3,5 Mrd. Dollar tatkräftig mit. Die permanenten Angriffe gelten aber keinem Unkraut, sondern den ertragreichsten Gewächsen der Erde. In den feuchtwarmen Ebenen gedeiht die Kokapflanze paradiesisch. Der Dschungel ist zudem das ideale Versteck. Er beherbergt die Bauern, Händler, Labors und Landepisten. Diese „Infrastruktur“ bringt Kokain in Massen hervor. 80 Prozent der Weltproduktion entstehen hier; von 460 Tonnen jährlich ist die Rede, 11,5 Mrd. Dollar ihr Wert. Die Nachfrage ist groß, gekokst wird überall und nicht zu knapp. Der Sprühregen hilft nicht mehr, genausowenig wie ganze Eskorten von Kampfhubschraubern und der Einsatz von Söldnertruppen. Die Drogenbarone sind schlau, die Felder werden immer mehr. Ihre Strategie haben sie verbessert: durch neue Saatmethoden werden die Kokapflanzen dichter und widerstandsfähiger; Biologen kommen zum Einsatz, ebenso wie mobile Labors, moderne Waffen sowie eine ausgefeilte Logistik; die Plantagen sind heute kleiner, weiter verzweigt und verteilen sich auf das ganze Land. Damit werden Angriffe deut-

[188] vgl. Hoppe, R.: „Die Weltbürste“, Der Spiegel, 26/2005, 108ff.

lich schwieriger. Bis zu einer Million Familien leben von Koka. Die großen Drahtzieher sind viele kleinere Kartelle. Die Zeit der wirklich Mächtigen, wie Pablo Escobar[189] und der Kartellen von Medelin und Cali, sind vorbei. Keiner läßt heute mehr Geldscheine aus dem Hubschrauber regnen. Doch die Regeln in Kolumbien werden nach wie vor nicht von der Politik gemacht. Auch die Rebellen der Farc und die Paramilitärs der AUC finanzieren sich mit Hilfe der Drogen. Damit ist auch dem seit langen währenden Bürgerkrieg kein baldiges Ende zu setzen. Jeder, der in Kolumbien etwas zu sagen hat, scheint mit Drogen zu tun zu haben. Immer wieder wird eine Idee laut: soll man den Drogenhandel freigeben? Die Preise würden stürzen. Vielleicht würde sich so manche Sackgasse öffnen. Viele Freunde hat die Idee nicht.[190]

Sterne des Südens

Südamerika ist tendenziell dafür bekannt, konservativ im Mainstream zu liegen. Andere Ansätze haben längerfristig wenig Chance. Das beweist die Geschichte mit Nachdruck. Dennoch können manchmal zarte, durchaus edle Pflänzchen im Verborgenen blühen. So gibt es in den neoliberalen Gefilden des Mercosur einige schöne rote Blumen alternativer Stadt- und Kommunalpolitik. Als beständig erweist sich ihre Blüte in Montevideo (Uruguay) und Porto Alegre (Brasilien). Gezogen wurden sie etwa ein Jahrzehnt lang von den linken Stadtregierungen, die für lateinamerikanische Verhältnisse ungewöhnlich sind. Dabei war und ist eine alternative Stadtpolitik die Ausnahme, überall. Worum geht es solchen Programmen?

Wichtig ist es, die lokalen Besonderheiten zum Tragen zu bringen. Die Chancen stehen gut, wenn das regionale Entwicklungsmuster heterogen ist. Zudem, wenn der nationale Machtblock schwach ist und im Inneren keine hegemoniale Politik zu formulieren vermag. Alternative Konzepte können so eine Art Vakuum nützen. Idealerweise werden sie auf Dezentralisierung setzen und versuchen, die kommu-

[189] vgl. Bowden, M.: Killing Pablo, Berlin 2001

[190] vgl. Burghardt, P.: „Im Rausch des Untergangs“, Süddeutsche Zeitung, 28.7.2005, 3; Zelik, R.: „Der Plan Columbia“, Prokla, 3/2005, 383ff.

nale Finanzkraft zu stärken. Freilich geht es im Grunde auch um die Erweiterung der Partizipation, zumindest aber sollte eine „bessere", volksnähere Stadtverwaltung in Form einer linken Variante der „good governance" ins Auge gefaßt werden. Natürlich ist das Ausmaß der Handlungsspielräume eng mit der lokalen bzw. regionalen Wirtschaftskraft verbunden. Aber davon ist wohl jede Art von Politik abhängig. Deshalb sollte eine alternative Stadtpolitik unbedingt eine Wirtschaftsstrategie enthalten, die Stärkung der lokalen Ökonomie fördert.

Die genannten Faktoren kommen in den einschlägigen Aushängeschildern Montevideo und Porto Alegre, beide Städte haben 1,5 Mio. Einwohner, recht erfolgreich zur Umsetzung. Gelernt hat man letztlich, daß gerade der Zusammenhang zwischen linker Strategie, lokaler wirtschaftlicher Entwicklung und der Bildung eines tragfähigen Blocks für eine alternative Politik die Quelle ist, die stattliche Blumen nährt.[191]

Trittbrettfahren ist doch schlau, oder?

Das Wesen privater Güter ist einfach zu begreifen: allein die Nachfrage regelt die Investitionen ebenso wie Produktion und Verteilung. Mit einem Waschmittel ist es eben einfach. Aber was sind öffentliche Güter? Wie verhält es sich etwa mit der Erdatmosphäre, der Ozonschicht oder den Ozeanen? Zunächst gilt: sie sind nicht exklusiv, alle können sie nutzen, und sie treten nicht in Konkurrenz zueinander. So weit, so gut. Der großen Haken liegt aber im „free rider problem". Aus der Perspektive der privaten Nutzer ist es schließlich „vernünftig", den eigenen Vorteil zu suchen, sich auf die anderen zu verlassen, ohne selbst etwas beizutragen.

Aber letztlich ist auch die Erhaltung der öffentlichen Güter Privatsache. Für die „Erzeugung" sauberer Luft muß eben genau der Einzelne seinen Schadstoffausstoß in Grenzen halten. „Trittbrettfahren" ist

[191] vgl. Becker, J.: Gegen den Strom – Alternative Kommunalpolitik im Cono Sur, SRE-Discussion Paper 2000/03, Abteilung für Stadt- und Regionalentwicklung, Wirtschaftsuniversität Wien, Wien 2000

zwar vielleicht naheliegend, jedoch absolut kontraproduktiv. Das gilt für Staaten und im internationalen Kontext der Globalisierung genauso. Wie läßt sich richtiges Verhalten aber steuern? Dazu gibt es keine wirklich funktionierende Form kollektiven Handelns. Dadurch entsteht immer die Befürchtung, daß nicht alle Beteiligten ihren angemessenen Beitrag leisten bzw. Anteil übernehmen.

Allgemein geht es darum, die Akteure dazu zu bringen, mehr Verantwortung für die Folgen ihrer Handlungen zu übernehmen. Anreize auf allen Ebenen können gewiß dazu beitragen. Dafür sind aber solide Institutionen eine Grundvoraussetzung. Diese sind Rechtssicherheit, Normen und klar definierte Besitztitel. So wird eine gewisse Berechenbarkeit, um Risiken zu minimieren, gesichert. Hier gibt es sicher Handlungsbedarf. Ein Beispiel dafür ist die in internationaler Zusammenarbeit festzulegende Definition von Umweltbelastungsstandards.

Doch ist der Mechanismus von „Zuckerbrot und Peitsche" genug, wenn es um das Gemeinwohl geht? Wohl kaum, aber wie geht man sinnvoll darüber hinaus, quasi auf eine höhere Ebene. Die Interventionstheorie[192] mag dafür einigermaßen brauchbare Ansätze liefern. Nicht die „Peitsche", sondern vielmehr das von geeigneten Rahmenbedingungen geförderte Bewußtsein der Freiwilligkeit, Sinnvollem zu dienen, spielt dabei die zentrale Rolle. Hier geht es auch darum, den Menschen die Bedeutung öffentlicher Güter für ihr Alltagsleben vor Augen zu führen (Finanzen, Arbeitsplatz, Altersversorgung). Die Rolle der Zivilgesellschaft ist dabei zweifellos auch wichtig. Im übrigen steht auch eine ausgewogene Balance zwischen „privater" und „öffentlicher" Dimension zur Diskussion.

Dies alles sind Aspekte, die auch in den internationalen Ordnungsstrukturen, Regeln und Vorschriften, von denen tendenziell alle profitieren sollen, Eingang finden müssen. Gerade die Globalisierung ist sehr stark auf private Aktivitäten und Marktkräfte fixiert. Das Gemeinwohl hat aber immer Priorität vor dem Wohl des Einzelnen. Dabei geht es bei weitem nicht nur um den Umweltschutz.[193]

---

[192] Willke, H.: Systemtheorie, Band 2 – Interventionstheorie, Stuttgart 1999

[193] Kaul, I.: „Der Mensch lebt nicht vom Markt allein", Le Monde Diplomatique, Juni 2000, 13

Kriegsbeute

In Bagdad wird derzeit das größte Botschaftsgebäude der Welt gebaut. „George W.'s Palace“ witzelt der Volksmund bereits, obwohl er gewiß keinen Grund zu Lachen hat. Der Komplex wird größer als der Vatikan sein und freilich eine Festung. Die neuen Herren richten sich offenbar auf Dauer ein und lassen keinen Zweifel, wer im Irak auch künftig den Ton angeben wird. Unter einem Tyrannen litt das Land und leidet heute unter einer anmaßenden Besatzungsmacht. Der Krieg war eine Farce, die momentanen, wohl noch lange andauernden Zustände, die so ausgelöst wurden, zerrütteten die „Wiege der Menschheit“. Die USA gerieren sich natürlich demokratischer als der nun tote Saddam Hussein, aber weit weniger als sie vorgeben. Die neue Regierung agiert als Marionette, die Geschicke bestimmt der US-Statthalter alleine. Indes versinkt der Irak im Chaos, die Gewalt explodiert. Noch mehr Soldaten zu entsenden, wie jüngst angekündigt, ist sicher das falsche Signal. Einen Religionskrieg vorzuschieben, ist nur allzu durchsichtig, genauso wie die Schuld an den Verhältnissen der Bevölkerung zuzuschieben.

In Wahrheit geht es um etwas ganz anderes. Die Kriegskosten und jene der Besatzung sind enorm, aber bewußt „investiert“ worden. Investitionen müssen sich lohnen, deshalb machen die USA auch weiter. Krieg und Enteignung sind schließlich der Modus ursprünglicher Akkumulation. Nicht eine Offensive zur Demokratisierung des Nahen Ostens steht auf der Agenda, sondern eindeutig dessen politische Neuordnung, die ganz vehement an den US-Wirtschaftsinteressen ausgerichtet ist. Dafür ist jedes Mittel recht. Mehr noch: Jede Gefahr einer Profitminderung – egal weshalb und wo – wird in den USA als Bedrohung der nationalen Sicherheit gewertet. Jede Chance auf Renditesteigerung wird gnadenlos realisiert. Beides kann jedenfalls Krieg bedeuten, Pläne dazu liegen stets in den Schubladen. Die Lizenz zum Plündern sichert dabei immer Milliardengeschäfte. Da die "Bonanza" Irak viel verspricht, ist ihre Ausbeutung langfristig gedacht. So werden – trotz momentanem Chaos – auch die Rahmenbedingungen sorgfältig gestaltet. Das Strickmuster ist streng neoliberal, wie könnte es anders sein. Die Hand auf den zweitreichsten Ölvorkommen der Welt zu haben, steht zwar freilich im Vordergrund; knapp dahinter aber eine rigorose Transformation der gesamten irakischen Wirtschaft. Dazu gehört eine umfassende Privatisierung, die wirtschaftsfreundliche Änderung der Gesetzgebung sowie die einschlägige Ausrichtung der Wirtschaftspolitik. Ein lukratives Investitionsklima soll damit geschaffen, das ausländische Kapital politisch wie rechtlich abgesichert werden. Bereits jetzt profitieren vor allem die politiknahen Konzerne (Cheney war Chef von Halliburton, Paul Bremer – der Statthalter in Bagdad – Direktor bei Bechtel), aber auch ähnlich orientierte Firmen machen Riesendeals. Von der Rüstungsindustrie ganz zu schweigen. Für alle anderen Unternehmen und Investoren scheint die Braut, die ja auch erst aufgeputzt wird, jetzt vielleicht nicht attraktiv. Ihren Reizen werden sie schließlich alle doch erliegen.[194]

Der Volkstribun

Hugo Chávez, seit 1998 Präsident von Venezuela, ist zweifellos ein Charismaiker und als solcher auch ein großer Populist und Autokrat. Der ehemalige Fallschirmspringer-Offizier und Putschist versteht sich als Revolutionär in der Tradition seiner historischen Lieblingsfigur, des berühmten, in Caracas geborenen Befreiers von Südamerika Simón Bolívar. Eine „bolivarianische Revolution“ in seiner Heimat – und darüber hinaus – ist auch seine Vision. Vielerorts wird er freilich als Enfant Terrible wahrgenommen, unberechenbar, ein „schlechtes Beispiel“. Sein bevorzugter Gegner ist George W. Bush, den er abwechselnd und einfach so den „größten Terroristen auf Erden“, „einen Schwachkopf“ oder schlicht „Trunkenbold“ nennt. Früher hätte ihn die CIA als persona non grata vielleicht schon längst aus dem Verkehr gezogen. Heute schmiedet er strategische, antiimperialistische Allianzen mit US-Feindbildern wie Kuba und Iran. Fidel Castro ist für ihn die „Bastion der Gerechtigkeit“, mal verkündet er – etwa gemeinsam mit Bolivien – die „Achse des Guten“. Auch als Wohltäter in Feindesland ist er aktiv: In den Armenvierteln von New York und Boston verkauft er zur Weihnachtszeit Öl zum halben Preis. Ein Medienstar

---

194 vgl. Kiechle, B.: Das Kriegsunternehmen Irak – Eine Zwischenbilanz, Stuttgart 2006, insbes. 97ff.

ist Chávez allemal. Auf der Weltbühne genauso wie in seiner TV-Sendung „Aló Presidente“, die Sonntag für Sonntag stundenlang als eindrucksvolles Spektakel inszeniert ist. Ein wichtiges Herrschaftsinstrument ist für ihn das Fernsehen, er regiert sein Land quasi televisionär. Die Botschaft stets: Er ist einer von euch, kümmert sich um die Nöte der Ärmsten – der heilige Hugo der Fleischtöpfe.

Seine Ideen kommen an, jene des früher armen jungen Mestizen aus den Llanos, der heißen Savanne im Süden. Aus kleinen Verhältnissen, war die Offizierslaufbahn, wie für so manchen späteren Caudillo, die einzige Chance. Ehrgeizig, fortschrittlich und unzufrieden mit den Verhältnissen der Heimat, vor allem mit den extremen sozialen Unterschieden; der Typus einer „messianischen“ Führerfigur, auf den man so oft im Lateinamerika des 20. Jahrhunderts, aber auch in allen ehemals kolonialen Gebieten trifft. Das ist auch der Stoff, der irgendwann auch den (Militär-)Putsch gebiert. Venezuela in den 1960er-Jahren: Gründungsmitglied der OPEC, größter Erdölexporteur der Welt, vor allem für die USA von strategischer Bedeutung. Eine kleine (weiße) Oberschicht stopft sich die Taschen voll, Politiker als Magnaten; Günstlingswirtschaft, korrupt, verschwenderisch, arrogant und ignorant. In der großen Ölkrise 1973 reduziert sich der Preis des schwarzen Goldes auf ein Drittel. Die gewaltigen Kredite werden schlagend, die Petroleros erleiden den Staatsbankrott. Blutige Kämpfe drohen die Nation zu zerreißen, dann der Staatsstreich. Chávez organisiert eine Untergrundbewegung im Militär, ihr Durchbruch läßt aber noch einige Zeit auf sich warten.[195] Mittlerweile ist er tatsächlich eine Art spiritus rector des anti-imperialistischen Lagers Lateinamerikas und als solcher eine mittlerweile anerkannte Symbolfigur. Vielleicht sogar ein neuer Ché Guevara eines historischen Prozesses, dessen Wurzeln weit in die Zeitgeschichte des amerikanischen Kontinents zurückreichen.[196]

In jüngst linksgerichteten Lateinamerika wird aktuell auf breiter Front gegen Freihandel[197] und Privatisierung massiv mobilisiert. Um den

---

[195] vgl. Follath, E.: Ché Guevara mit Erdöl, Der Spiegel, 29/2006, 50ff.; Twickel, C.: Hugo Chávez – Eine Biografie, Hamburg 2006

[196] vgl. Gabriel, L.: Das andere Amerika, International 1/2006, 12

[197] Alleine in Mexiko bewirkte das Freihandelsabkommen NAFTA, daß 800.000 Campesinos die Lebensgrundlage entzogen wurde. Gleichzeitig entstanden in den Freihandelszonen, der „Werk-

Schutz der natürlichen Ressourcen und die Ernährungssouveränität wird gekämpft. Von der langen Phase des Neoliberalismus hat man heute endgültig genug. Dieser hat zwar teilweise makroökonomische Verbesserungen gebracht, aber zu einer weiteren Verarmung breiter Bevölkerungsschichten geführt. Fast die Hälfte der Bevölkerung Lateinamerikas lebt unter der Armutsgrenze, ausländische Konzerne verdien(t)en stets prächtig. Die Ressourcen werden schamlos ausgebeutet, namhafte Industrien nie aufgebaut. Die Gewinne landen immer in den Taschen der einflußreichen Export-Oligarchen, traditionell mit ein Grund für die extreme Kluft zwischen Arm und Reich, zwischen Favelas und Fincas.[198] Miserable Erfahrungen mit dem Neoliberalismus früherer Tage überwogen schließlich. Gegenbewegungen traten so in vielfältiger Weise auf den Plan. Mittlerweile droht der „Hinterhof“ der USA Washington völlig der Kontrolle zu entgleiten, und Chávez zündelt derweil unentwegt.

In Venezuela arbeitet etwa die Hälfte der Bevölkerung im informellen Sektor, als Tagelöhner, Straßenhändler etc. Von bisherigen Reformen haben diese Menschen nicht profitiert. Auch Caracas ist dafür ein exzellentes Beispiel: Sechs Millionen in armseligen Hütten an den Hängen, prächtige Villen im Tal. Die Stadt erinnert an Los Angeles und gleicht doch irgendwie einem umgekippten Mülleimer. Der Benzinpreis ist mit drei Cent lächerlich, die enorme Kriminalität – 50 Morde an einem Wochenende sind keine Seltenheit – beängstigend. Jeder der neuen Präsidenten möchte mit der Vergangenheit brechen. Allen geht es um die Bekämpfung der Armut. Chávez hat aber weit mehr Spielraum als die anderen. Die wahrlich sprudelnden Erdöleinnahmen Venezuelas machen es möglich, zumindest solange der Ölpreis stimmt. Schließlich ist das Land heute der fünftgrößte Erdölexporteur der Welt und verfügt über die größten Reserven der westlichen Hemisphäre. Alleine in den USA macht der Marktanteil 11% aus. Citgo, mit seinen 14.000 Tankstellen in den USA, ist gänzlich in venezolanischem

bank der USA“ 600.000 prekäre und menschenunwürdige Arbeitsplätze; vgl. Hörtner, W.: Die Emanzipation des Hinterhofs, International 1/2006, 16

[198] vgl. Neuhold, C.: Rohstoff-reich und trotzdem arm (Interview mit J. Becker, WU-Wien), Kurier 12.05.2005, 4

Staatsbesitz. Droht Chávez mit einer Lieferblockade, stellt das für die USA ein unannehmbares Risiko dar.

Mit den eminenten Einnahmen und Überschüssen lassen sich freilich mutige alternative Programme finanzieren. Auf der Agenda stehen eine bessere Gesundheitsversorgung, der Zugang zu Bildung von einer massiven Alphabetisierungskampagne bis zur Hochschulreife, billigere Waren in subventionierten Läden und die weitreichende Gründung genossenschaftlicher Betriebe. Das wird von der venzolanischen Bevölkerung auch sehr positiv wahrgenommen. Zehn Milliarden Dollar wurden alleine in den letzten beiden Jahren in Sozialprogramme gepumpt. Dennoch ist vieles nutzlos verpufft, wie so oft in der Vergangenheit. Auch in den Jahrzehnten davor wurde im Wert von 20 Marshall-Plänen investiert. Geblieben ist den Menschen von allem Reichtum wenig. Die Opposition spricht jedenfalls von einer naiven Robin-Hood Politik ohne Nachhaltigkeit. Sollte der Ölpreis auch nur um ein Viertel fallen, sieht man das Land ruiniert. Eines ist klar: Venezuela ist Rohstofflieferant geblieben und somit den Kursschwankungen des Weltmarktes allzeit voll ausgesetzt. Fällt der Ölpreis signifikant, wird die Position von Chávez tatsächlich schwierig.

20.000 kubanische Ärzte wirken mittlerweile in den „barrios“, den zahlreichen Elendsvierteln, vor allem in der Hauptstadt Caracas. Dafür erhält Fidel Castro – dessen Rolle der Symbolfigur einer lateinamerikanischen Revolution Hugo Chávez allmählich zu übernehmen scheint – dringend benötigtes Öl. Dieses Modell hat Phantasie: Der beiderseitige Austausch ist ein gutes Beispiel für „fairen“ Handel. Jedes Land liefert, wofür es die besten Voraussetzungen hat. Als Gegenleistung erhält es, was es braucht, unabhängig von Weltmarktpreisen. Dabei entzieht man sich bewußt der Logik des Marktes. So sollen im Rahmen etwa des Petro-Caribe-Abkommens künftig elf Länder des karibischen Raumes von Venezuela Erdöl zu reduzierten Preisen und günstigen Zahlungsbedingungen bekommen. Die Initiative schützt die Länder der Region vor Preissteigerungen auf den internationalen Märkten und dem Druck der USA, die auf bilaterale Handelsabkommen drängen.[199]

[199] vgl. Sader, E.: Ärzte für Öl, Le Monde Diplomatique 2/2006, 18f

Chávez nimmt tatsächlich die Rolle eines Katalysators des Wunsches der Massen nach Veränderung wahr. Wie groß ist die Gefahr für das Kapital, die von ihm ausgeht, aber wirklich? Seine Politik ist nämlich durchaus widersprüchlich. Bisher hat sie keine Maßnahmen gesetzt, die das Kapital substantiell schmerzen würden.[200] In der Vergangenheit Südamerikas gab es jedenfalls weit radikalere Reformen. Durch den Ölboom wird massiv Geld ins Land geschwemmt, daß dem privaten Kapital sehr zugute kommt. Die Bourgeoisie profitiert nach wie vor enorm vom Aufschwund des Landes. Banken und Ölgesellschaften machen Rekordprofite. Eine erkennbare Abwanderung ausländischer Firmen gibt es – entgegen aller kolportierten „Umtriebe von Chávez – bisher nicht. Trotzdem stehen riesigen Latifundien nach wie vor Millionen von besitzlosen Landarbeitern gegenüber. Eine für die Verhältnisse des Kontinents große Arbeiterschaft hofft demgegenüber schon lange auf Beteiligung an den wirtschaftlichen Überschüssen. So steht die Regierung Chávez zwischen den Klassen. Die Sozialprogramme bringen für die Bevölkerung gewiß Fortschritte. Gleichzeitig garantiert die „bolivarische Verfassung" das Privateigentum. Der Zugriff der Oberschicht auf das Öl wurde gebrochen, dennoch setzt man auf die „Aussöhnung" mit der Bourgeoisie. Man attackiert zwar den Imperialismus, die Profite der internationalen Konzerne in Venezuela sind zuletzt aber wieder enorm gestiegen.

Das bolivarische Konzept scheint im Kern ein Projekt der Klassenzusammenarbeit zu sein. Ein klassisches Links-Rechts-Schema läßt sich nicht anwenden. Soziale Gerechtigkeit, freie Marktwirtschaft und Privateigentum sind seine Grundsätze. Ein nationales Entwicklungsprojekt, in dem die Beseitigung der kapitalistischen Klassenherrschaft jedenfalls nicht vorgesehen ist.[201] So proklamiert Chávez denn auch: „Ich glaube nicht an die dogmatischen Postulate der marxistischen Revolution. Ich akzeptiere es nicht, daß wir in einer Periode proletarischer Revolution leben. All das muß zurückgewiesen werden. Versuchen wir, in Venezuela heute das Privateigentum abzuschaffen und

[200] Im Gegensatz zu jener etwa von Evo Morales, der in Bolivien jüngst eine Politik der Enteignung verfolgt.

[201] vgl. Plattform für ein sozialistisches Venezuela (Hrsg.): Venezuela – Hablan los Clasistas (Stimmen klassenkämpferischer GewerkschafterInnen), Wien 2006, 13

eine klassenlose Gesellschaft aufzubauen? Ich denke nicht." Stattdessen geht es darum, den Armen zu helfen, den Reichtum umzuverteilen und die Oberklasse zu zwingen, ihre Steuern zu zahlen. „Der ‚Sozialismus des 21. Jahrhunderts' von Chávez ist ein Sozialismus, mit dem die Bosse durchaus leben können, denn es ist einer, der ihnen ihre Betriebe nicht wegnimmt"[202] Überdies lassen sich mit ihm vortrefflich Geschäfte machen: Regierungen und Unternehmen aus aller Welt umwerben den Herrscher im Miraflores-Palast. Die Einkaufszentren sind voll, die Importe explodieren. Flüge und Hotels sind auf Wochen ausgebucht.[203] Ein neuer „dritter Weg"?

[202] vgl. „Venezuela" (Sondernummer), Morgenrot 36a/2006, 18f
[203] vgl. Glüsing, J.: Sozialist mit vollen Taschen, Der Spiegel 46/2005, 206ff.

2008

Das Welt-System

Immanuel Wallerstein[204] entwickelte eine polit-ökonomische, historische und vergleichend angelegte Makrotheorie der Entwicklung, insbesondere des Kapitalismus. Die zentrale Aussage ist, daß der Wandel einzelner Länder nicht ohne globalem Blick zu verstehen ist.

Entwicklung bestimmt sich – im heutigen Sinn – schon seit dem 16. Jahrhundert durch ein die Welt umspannendes wirtschaftlich einheitliches, aber politisch nicht integriertes System. Als Erklärungsansatz kann seine „World Systems Theory“ auch als Alternative zu gängigen Globalisierungstheorien verstanden werden. Wallerstein fragt nach den Ursprüngen des Kapitalismus und nach den Gründen der wichtigen Transformationen der Welt im Zeitalter der Moderne. Erstmals stellte er seine Ideen 1974 im Werk „The Modern World System“. Er entwickelte seinen Ansatz nicht nur in abstrakter Form, sondern hauptsächlich anhand einer historischen Darstellung. Das umfangreiche Werk ist auf insgesamt vier monumentale Bände angelegt, wobei bislang drei (1974, 1984 und 1988) erschienen sind.[205]

Die Quellen von Wallersteins Theorien sind der Marxismus, die französische „Annales“-Schule und die Dependenztheorie. Von Marx nimmt er das Konzept des Kapitals und von Lenin jenes der Ausbeu-

---

[204] Immanuel Wallerstein, geb. 1939 in New York ist seit 1976 Professor für Soziologie an der State University of New York, Binghampton und Direktor des von ihm gegründeten „Fernand Braudel Center for the Study of Economies, Historical Systems, and Civilizations“.

[205] Mittlerweile liegen die drei Bände auch in deutscher Sprache vor, wobei dem Promedia-Verlag Wien für die aufwendige Übersetzung und die Veröffentlichung zu danken ist. Wallerstein, I.: Das moderne Weltsystem – Die Anfänge kapitalistischer Landwirtschaft und die europäische Weltökonomie im 16. Jahrhundert, Promedia, Wien 2004; Wallerstein, I.: Das moderne Weltsystem II – Der Merkantilismus, Promedia, Wien 1998; Wallerstein, I.: Die große Expansion – Das moderne Weltsystem III, Die Konsolidierung der Weltwirtschaft im langen 18. Jahrhundert, Promedia, Wien 2004

tung als Ausgangspunkte, wobei dem Austausch mehr Bedeutung zukommt als den Produktionsverhältnissen. Im Zusammenhang mit dem Kapitalismus spielt bei den Überlegungen auch Werner Sombart eine gewisse Rolle.[206] Der Fokus auf Makrosysteme geht auf den französischen Historiker Fernand Braudel zurück. Dieser hat weit gespannte Netzwerke in historischen Großreichen ausführlich beschrieben.[207] Eine weitere, aber besonders nahestehende Quelle ist in den Dependenztheorien zu sehen. Eine ihrer Hauptideen findet in der Welt-System-Theorie ganz wesentlich ihren Niederschlag: Unterentwicklung in Teilen der Welt ist das Resultat der Entwicklung anderer. Zurückzuführen ist dieser Umstand auf ungleichen Tausch zwischen Zentren und Peripherien und die damit in Verbindung stehenden Abhängigkeiten.[208]

Wallerstein versteht als „Welt-System" – stark vereinfacht gesagt – ein System der weltweiten Arbeitsteilung. Es besteht aus einem umfassenden Netzwerk von Produktions- und Handelsbeziehungen. Dabei stellt das Welt-System zwar eine ökonomische, jedoch keine politische Einheit dar; es enthält mehrere kulturelle Subsysteme. In der Neuzeit waren stets Nationalstaaten Träger des Systems. Diese sind aber keine Voraussetzung für die Existenz und den Weiterbestand des Welt-Systems. Der „Motor" der Dynamik des Systems ist das Prinzip der unbegrenzten Akkumulation, wodurch die Tendenz zu ständiger Expansion besteht. Insbesondere das Streben nach Kapitalakkumulation führt zu einer eminenten Konkurrenz zwischen den Staaten um Arbeitskräfte, Rohstoffe und Märkte. Die Expansion verläuft wie die Konkurrenz ungleich. Dadurch entstehen strukturell unterschiedlich entwickelte Zonen als Subsysteme des Welt-Systems: Zentren, Semi-Peripherien und Peripherien. Die Unterscheidung erfolgt nach be-

---

[206] vgl. Sombart, W.: Der moderne Kapitalismus, 3 Bände in sechs Halbbänden, dtv, München 1987

[207] vgl. Braudel, F.: Sozialgeschichte des 15.-18. Jahrhunderts, 3 Bände; Band I: Der Alltag; Band II: Der Handel; Band III: Aufbruch zur Weltwirtschaft, Kindler, München 1990

[208] vgl. dazu das Diktum der „Entwicklung der Unterentwicklung" von Andre Gunder Frank (1929-2005), einem wesentlichen Vertreter der Dependenzschule und der kritischen Ökonomie im allgemeinen. Frank stand in Sachen Weiterentwicklung des Weltsystemprojekts in regem Austausch mit Wallerstein. Siehe auch Frank, A. G.: Orientierung im Weltsystem, Promedia, Wien 2005; ebenso Journal für Entwicklungspolitik 1/2006: In Memoriam Andre Gunder Frank

stimmten Kriterien wie verfügbares Kapital, Modernität der Arbeitsverhältnisse, dem Umfang technologischen Wissens, Handelsintensität, politisch-militärischer Macht und den Lebensweisen der Bevölkerung. Die Bedingungen im System führen immer wieder zu Krisen. Lange Wellen von Dynamik und Stagnation wechseln sich ab. Jede Krise führt schließlich zu einer Transformation des Welt-Systems.

Das „moderne" Welt-System entstand für Wallerstein im „langen 16. Jahrhundert" zwischen 1450 und 1640 in Europa. Es war das Resultat der Krise des Feudalismus, die sich durch Kriege, Bauernrevolten, Seuchen und Hungersnöte manifestierte. Die Lösung der Krise bestand schließlich in geographischer Expansion, der Bildung von Nationalstaaten und einer neuen, nämlich auch weltweiten Form der Arbeitsteilung. Von den Zentren des Welt-Systems geht die Verbreitung von Ideologien, Institutionen, Erziehungsweisen und Technologien aus. Am Beginn waren dies England, Frankreich und die Niederlande. Die Peripherie war damals Osteuropa, Nordeuropa und Lateinamerika.

Wallersteins Theorie wurde von Anfang an äußerst kontrovers diskutiert. In der Tat läßt sich mit einem abstrakten Welt-System, dessen Kernbegriffe sich zudem nur schwerlich definiert finden, relativ wenig anfangen. Gerade auch, weil Vielheit und Komplexität wesentliche Kennzeichen der Weltwirtschaft sind. Der Abstraktionsgrad des Ansatzes ist zu groß, um damit eindeutige Befunde generieren zu können. Darin liegt allerdings auch ein möglicher Grund für die ungewöhnlich breite, aber auch kontroverse Rezeption des Werkes: Jeder kann sich in der unverbindlichen Weite der Postulate wiederfinden.[209] Auch der Vorwurf, das Welt-System ist ein hypertrophes, deterministisches und mit allzu viel Eigenleben versehenes Wesen, das politischen Prozessen zu wenig Spielraum läßt, mag nicht unberechtigt sein.

Trotz aller Kritik ist der Einfluß der Welt-System-Theorie auf viele Wissenschaftsdiziplinen, wie etwa Soziologie, Ökonomic und Geschichte enorm. So gehört Wallersteins Opus von 1974 zu den meist zitierten Schriften der Sozial- und Geisteswissenschaften. Der Höhepunkt seiner Rezeption war in den 1980er-Jahren. Aufgrund des hohen

[209] vgl. Walter, R.: Geschichte der Weltwirtschaft, Böhlau, Köln/Weimar/Wien 2006, 3

Abstraktionsgrades blieb der Einfluß auf die Entwicklungspraxis bisher jedoch gering. In den USA gehört die Theorie aber mittlerweile zum Mainstream. Sie bildet heute ein unverzichtbares Fundament für kritische Globalisierungstheorien und viele theoriegeleitete, global ausgerichtete Untersuchungen. Wallerstein gründete mit viel Engagement und Geschick auch eine sehr aktive Schule, die in der Scientific Community – zumal in den USA – sehr dominierend ist.

Jüngst erst legte Wallerstein ein Plädoyer für eine post-kapitalistische Gesellschaft vor.[210] Seine These lautet: Die Welt befindet sich im Zeitalter des Übergangs. Die Zentren wurden am Beginn des neuen Jahrhunderts von einer strukturellen Krise erfaßt. Die von der Miltärmacht USA und anderen Profiteuren der Weltwirtschaft dominierten Beziehungen zwischen Nord und Süd verlieren gerade ihr Gleichgewicht und drohen, ins Chaos zu stürzen. Die Philosophie der Zentren und ihre Vorhaben sind in Bedrängnis geraten. Genau das ist aber die Chance für ein besseres, gerechteres Weltwirtschaftssystem. Eine positive Utopie?

Transilvanian Party

1989 vertrieb das rumänische Volk den Tyrannen Ceaucescu. Kurzen Prozeß machte man ihm und seiner anmaßenden Frau Elena. Beider Ermordung ist für ein europäisches Land gewiß ungewöhnlich. Doch gerade im Größenwahn geht der Krug zum Brunnen bis er bricht. Sein „Palatul Parlamentului“ ist das Symbol dafür schlechthin: Gigantomanisch beherrscht der Palast mit 7.000 Räumen Bukarest. 3,5 Mrd. $ kostete der monströse Bau, ein ganzes Stadtviertel musste dafür weichen. Von seinem Schloß auf extra errichtetem Hügel sah der moderne Dracula auf sein Volk hinab. Auf dem davor liegenden, prachtvollen „Bulevardul Unirii“ durften es sich Gefolgschaft und Nomenklatura gut gehen lassen. Die Bevölkerung darbte derweil, Rumänien wurde abgewirtschaftet. Ein schweres Erbe jedenfalls.[211]

---

[210] Wallerstein, I.: Utopistik – Historische Alternativen für das 21. Jahrhundert, Promedia, Wien 2002

[211] Kahl, T,/Metzeltin, M./Ungureanu, M.-R. (Hrsg.): Rumänien, Wien 2006

Nun ist das Land seit 1.1.2007 Mitglied der EU. Brüssel hat sich mit dem Beitritt sicher viel aufgelastet. 220 € verdienen die Menschen im Monat, damit nur ein Drittel des europäischen Standards. Um zu überleben, muß sich jeder helfen, so gut er kann. Kleine Geschäfte aller Art, der Gemüsegarten und die Ziege hinter dem Haus. Allein viereinhalb Millionen winziger Bauernhöfe gibt es. Vielfach in praktisch unberührter Natur, nur manchmal ist das Bild getrübt von einer riesigen Industrieruine, häßliches Erbe des Sozialismus. Eine Verkehrsinfrastruktur existiert nicht oder ist marode. Nicht selten regiert der Pferdewagen noch die Straßen. Ein Weiterkommen gibt es praktisch nicht. Der Eindruck von einem der Armenhäuser Europas prägt sich ein. Korruption, ein altes Laster, ist allgegenwärtig, wenngleich man längst dagegen vorzugehen versucht.

Freilich hoffen alle auf eine möglichst schnelle Besserung der Verhältnisse, Illusionen macht man sich nicht. Veränderungen sind zwar im Gange, werden bis zum tatsächlichen Anschluß an Europa aber erhebliche Zeit brauchen. Zu deutlich hat man gesehen, wie lange etwa Polen für einen nur gewissen Standard gebraucht hat. Bukarest heute erinnert an Warschau vor 15 Jahren. Trotzdem kommt die Wirtschaft in Gang: Wachstumsträger der Region, geringe Arbeitslosigkeit, hohe ausländische Investitionen, angezogen vom potentiell riesigen Markt der 22 Mio. Konsumenten; vielleicht auch von der Flat Tax, mit 16 % der niedrigsten in Europa. Die Investoren drängen vor allem in die Zentren, in die rückständigen Provinzen traut sich kaum noch jemand. Zu schlecht sind die Erfahrungen von so Manchem, der sich hierher gewagt hat.[212] So sehr locken die „glorreichen“ Pionierzeiten selbst die mutigsten Unternehmer nicht. Ein beliebter Standort für Ansiedelungen ist aber etwa Temeswar nahe der ungarischen Grenze. Hier kann man die rumänischen Vorteile wie die extrem niedrigen Arbeitskosten genießen. Trotzdem erspart man sich, etwa wegen der deutlich kürzeren Transportwege, das Land in gewisser Weise. Auch Hermannstadt (Sibiu), die europäische Kulturhauptstadt 2007, ist beliebt. Zwei Jahre hat man die Stadt fast auf Hochganz poliert.

[212] vgl. Neamt, P.: Arm, korrupt, ausgeblutet: Die rumänische Moldau, vergessen am Rande des neuen Europa, Welt am Sonntag 31.12.2006, 34f.

Dafür sind auch entsprechende Gelder geflossen. Zudem hält hier der bekannte und erfolgreiche Bürgermeister, der siebenbürger Sachse Klaus Johannis seit 2000 die deutschen Tugenden aufrecht. Die wenigen heimischen „blue chips“ jedenfalls, wie etwa die Brauereien, sind wie überall anders auch, längst von den internationalen Konzernen gut einverleibt.

Die Preise steigen, das ist soweit ebenso klar wie der Umstand, daß die Löhne nachhinken. Eine wie immer geartete „Schockherapie“, wie früher andernorts experimentiert, möge dem Land erspart bleiben. Aus den schlechten Erfahrungen im Zuge allzu schnell gewollter Transformation dürfte man aber gelernt haben. Ohnehin sind die Unterschiede viel zu groß: Im Zentrum Bukarests Mieten, die sich kaum jemand leisten kann; riesige, heruntergekommene Plattenbauviertel, in denen die Mittelschicht mehr schlecht als recht lebt und vor allem die zahlreichen Romaquartiere[213], klassische Slums. Gebaut wird zwar überall, der Nachholbedarf ist aber auch gewaltig.[214]

Derzeit haben nur etwa zwei Prozent der Rumänen einen Lebensstandard wie in Deutschland oder Österreich. Ein Viertel lebt auf dem Stand wie hierzulande Mitte der 1960er Jahre und fast die Hälfte „wie wir 1955. Die wollen jetzt essen, sich anständig kleiden und mal verreisen können“.[215] Man wird den Eindruck nicht richtig los, daß in Rumänien die eigentliche Wende erst unter dem Druck der EU und ihrer Auflagen begonnen hat. Vielen ist der weite Weg, der noch zu gehen ist, auch zu lange. So wollen drei von vier Jungen weg, vor allem aus der Provinz und vorzugsweise nach Italien und Spanien. Hier ist die Kultur der heimatlichen am ähnlichsten. Im Ausland mag es für sie schneller gehen. Die EU-Mitgliedschaft bedeutet ja auch, daß es leichter wird, das Land zu verlassen. Besonders schlimm ist es nach Weihnachten, wenn Verwandte aus dem Westen Geschenke bringen und Jubelgeschichten erzählen. Da kommt es auch schon mal vor, daß

---

[213] Seitdem 1.1.2007 zählt die EU mehr Roma als Dänen oder Finnen. Allein drei bis vier Millionen leben in Rumänien.

[214] Die enormen Infrastruktur- und Bauinvestitonen werden auch auf längere Sicht eine wichtige Wachstmskomponente sein. Vgl. Bank Austria Creditanstalt (Hrsg.): CEE Quarterly 3/2007, 20ff.

[215] Neller, M.: Land der Ungeduld, Der Tagesspiegel 20.12.2006, 3

in den Dörfern ausländische Busse vorfahren und danach in einem Betrieb ein Drittel der Leute nicht mehr zur Arbeit kommen ...[216]

Wenn sich China erhebt ...

... erzittert die Welt. Gerade aus heutiger Sicht und mit jedem Tag mehr hatte der französische Politiker Alain Peyreffitte recht, als er seinen China-Klassiker 1974 so titelte und China als gigantische Mischmaschine von Sandkörnern bezeichnete.[217] Das moderne China begann mit Mao Tse-tung und seinem „langen Marsch".[218] Mao, gewiß kein Vertreter einer Hochkultur[219] hatte nicht das Wohl des Volkes, nicht die kommunistische Ideologie im Blick. Allein grenzenloser Machthunger bestimmten sein Tun und Handeln, 50 Jahre lang, bis zu seinem Tod. Nicht alle, aber viele seiner Ziele hat er erreicht, und China hat teuer dafür bezahlt: mit dem Leben von 70 Millionen Menschen.[220] Die Zeit nach Mao gestaltete sich schwierig. Machtkämpfe um das Erbe waren lange an der Tagesordnung.[221] Nun ist der Tyrann über 30 Jahre tot. Sein Nachfolger Deng Xiaoping öffnete China und lud das internationale Kapital zu Investitionen ein. Tatsächlich scheint alles anders geworden zu sein, problemlos aber keineswegs. Heute kann man junge Millionäre[222] genauso treffen wie nostalgische Alt-Maoisten; Bauern, die die Landreform aus der Kollektivierung in eine mühsame Selbständigkeit entlassen hat; Jugendliche, deren Helden amerikanische Popstars sind; durchgedrehte Parteifunktionäre und visionäre Architekten; Wanderarbeiter, die für ein paar Yuan und ohne Rechte Spielzeug für den Export produzieren. Kurzum: Menschen, die

---

[216] vgl. Neamt, a.a.O., 35

[217] Peyreffitte, A.: „Wenn sich China erhebt ... ... erzittert die Welt", Wien/Hamburg 1974

[218] siehe den klassischen Augenzeugenbericht über die chinesische Revolution des bekanntesten China-Kenners und Mao-Vertrauten Edgar Snow; Snow, E.: Roter Stern über China, Frankfurt a. M. 1978 (1938); ebenso Snow, E.: So fing es an, München/Zürich 1978 (1958)

[219] vgl. Mao Tse-tung: Worte des Vorsitzenden Mao Tse-tung, Peking 1967

[220] Chang, J./Halliday, J.: Mao – Das Leben eines Mannes, das Schicksal eines Volkes, München 2005, Klappentext

[221] vgl. dazu Mehnert, K.: Kampf um Maos Erbe, Frankfurt a. M./Berlin/Wien 1978; Fraser, J.: Die neuen Chinesen – Wie die Menschen nach Mao leben, denken, empfinden, handeln, Berlin/Darmstadt/Wien 1980; Galbraith, J. K.: China, München/Zürich 1978

[222] Dazu z.B. August, O.: Auf der Suche nach dem Roten Tycoon, Frankfurt a. M. 2007

jeden Tag aufs Neue ihre Zukunft entwerfen müssen in einem Land, das sich so rasend schnell verändert wie kein zweites auf der Welt.[223]

Bis vor kurzem noch war etwa nach Art. 12 der chinesischen Verfassung „das sozialistische Eigentum heilig und unantastbar". Kürzlich entschloß man sich nach langem Ringen zur Neuregelung des Eigentumsrechts. Die Abkehr vom Kollektiveigentum ist gewiß ein großer Schritt, der Wille zum Haben hat sich offenbar durchgesetzt. Damit ist dem Kapitalismus in der Volksrepublik endgültig Tür und Tor geöffnet. Hand in Hand damit geht auch der Abbau der berühmt kafkaesken chinesischen Bürokratie. Manchmal dauert es nur mehr zwei Tage, bis sich ein neues Unternehmen niederlassen darf. Andererseits ist ausländisches Kapital momentan gar nicht mehr so willkommen. Die Sorge vor einem Ausverkauf der heimischen Industrie wächst. In den letzten Jahren sind jeweils rund 60 Mrd. $ ausländische Direktinvestitionen ins Land geflossen. Deshalb rufen auch die internationalen Börsengänge chinesischer Staatskonzerne harsche Kritik hervor.[224] Zu oft hat der Staat die Braut herausgeputzt und das Ausland dann die Früchte geerntet. Priorität hat nun die Entwicklung starker lokaler Unternehmen. Managementerfahrung scheint man inzwischen genug gesammelt zu haben.[225]

Chinas Boom fordert die Welt heraus.[226] Vom WTO-Beitritt ist nicht viel Euphorie geblieben. Aus Partnern wurden schnell wieder Rivalen. Es geht nicht nur um Rohstoffe und Arbeitsplätze, sondern auch um einen Wettbewerb der Systeme. Bei aller Kritik demonstriert die chinesische Entwicklungsdiktatur eine atemberaubende Effizienz. Damit verändert Chinas Aufstieg auch die Industrienationen nachhaltig. Millionen Arbeitsplätze wandern nach China ab. Immer größere Produktionskapazitäten entstehen. Die Welt wird mit – allerorts auch begehrten – chinesischen Billigprodukten überschwemmt. Was Wunder, verdient ein Ingenieur nur ein Zehntel seines europäischen Kollegen. In der Textilindustrie ist das Verhältnis gar eins zu 30. Zudem werden

[223] vgl. Wieland, J.: Gelbe Erde, Blauer Fluß – Chinesische Welten, Wien 1999, Klappentext
[224] vgl. Rogers, J.: Investieren in China, München 2008
[225] vgl. Kühl, M.: China fürchtet westliche Heuschrecken, Welt am Sonntag, 24.9.2006, 35
[226] vgl. Fuchs, H. J.: Die China AG, München 2007

die Hersteller üppig subventioniert und die Waren zu Dumping-Preisen angeboten. Die berüchtigte Produktpiraterie ist an der Tagesordnung und kostet die Urheber jährlich 200 Mrd. €. Aber auch Erfindungen kommen schon aus China, das sogar mit ersten Nachahmern zu kämpfen haben. Bei alledem wird reklamiert, daß China seiner Verantwortung als Handelsriese nachkommt und auch für die Stabilität der globalen Wirtschaft sorgt.[227]

Die Ängste sind wahrlich berechtigt. Der Boom spielt China immer mehr Geld in die Kassen. Seine Währungsreserven sind mit rund einer Billion Euro die größten der Welt.[228] Diese sagenhaften Schätze wollen schließlich auch gewinnbringend angelegt sein. Deshalb sieht man sich auf dem internationalen Finanzparkett nach möglichst lukrativen Anlageobjekten um und kann damit leicht zu einer Gefahr für das Weltfinanzsystem werden. Bisher investierte man recht konservativ, aber massiv in US-Staatsanleihen. Damit finanzieren die Chinesen auch die Ausgabenpolitik der Regierung Bush, die Amerikas Konsum aufrecht und seine ungehemmte Schuldenpolitik in Gang hält. Je stärker die globalen Ungleichgewichte wachsen, umso größer wird die Gefahr. Dreht der Wind, könnte das schnell und leicht in einem Crash des Dollars münden. Aber immerhin sind die USA noch der größte Exportmarkt Chinas.

Szenenwechsel: Gebaut wird überall im Land, nicht nur in Shanghai und Peking, den derzeit wohl größten Baustellen der Welt. Man will der Welt zeigen: China kann es, China traut sich. China hat das Geld, um auch die tollkühnsten Konstruktionen zu bezahlen. Auch Billiglöhner sind in beliebiger Zahl da, die Tag und Nacht schuften. Ohne sie würde es kein einziges der wahrlich pharaonischen Projekte geben. Nirgendwo entstehen derzeit so spektakuläre Bauten wie etwa in Peking. Die Stadt verwandelt sich in rasendem Tempo – und vernichtet ebenso rasend ihre Geschichte.[229] Olympia 2008 ist dabei ein dominantes Thema. Das neue Stadion etwa ist ein wildes, futuristisches

[227] vgl. Kühl, M.: Profiteure aus Peking, Welt am Sonntag, 10.1.2006, 37
[228] Da chinesischen Bürgern und Unternehmen Devisenbesitz nur in kleinem Umfang erlaubt ist, wachsen die staatlichen Währungsbestände aufgrund des Booms unaufhörlich.
[229] vgl. Rauterberg, H.: Betonrausch und Stahlgewitter, Die Zeit, 19.7.2007, 38f.

Gewebe aus Stahlstreben. So nennt es der Volksmund denn längst auch „Vogelnest“. Die Spiele sollen das Symbol des Aufstiegs des Landes werden. Peking wird auf Hochglanz poliert. Hinter dem schönen Schein hausen aber oft Elend und Schrecken. So soll eine Million Wanderarbeiter verscheucht werden. Sie haben dann zwar alles bereitet, würden als „Leute in Lumpen“ aber einen schlechten Eindruck auf die ausländischen Gäste machen. Im Grunde sind die Spiele nichts anderes, als eine Doping-Spritze für die Regierung.[230]

Neue Millionenstädte, neue Autobahnen, neue Kraftwerke – entschlossen drängt Chinas Milliardenvolk zum Wohlstand und heizt damit die globale Klimakrise dramatisch an. Das boomende Land wächst ohne Rücksicht auf die Natur. Die Gretchenfrage: Können Aufstieg und Reformen gelingen, ohne den Planeten ökologisch zu ruinieren? Seine Kapazität wird wohl nicht ausreichen, wenn alle Weltbürger den westlichen Lebensstil wollen. Seit 1980 hat sich die Wirtschaftsleistung Chinas verzehnfacht, und das auf sehr konventionellem Weg: Kraftwerke, Kohleminen, Staudämme, Hochspannungsleitungen, Raffinerien. Wo immer gebaut wird, entstehen diese Zeichen des wachsenden Hungers nach der Kraft für die Maschinen, die den Wohlstand bringen. Der wachsende Energieverbrauch ist in der Geschichte der Menschheit ohne Beispiel. Kohle – Chinas Reichtum und Fluch. Sechs Millionen Kumpels fördern in 24.000 Bergwerken das nahezu unermeßlich vorhandene schwarze Gold, fast die Hälfte der weltweiten Produktion. Die Öfen und ihre Abgase sind deshalb auch die Geißel des Landes. 16 der 20 Städte mit der höchsten Luftverschmutzung liegen in China. Eine halbe Million Chinesen sterben jährlich an deren Folgen. 30% der Landfläche sind von saurem Regen bedroht.[231] Die Böden sind völlig überdüngt. Mehrere hundert Jahre soll es dauern, bis sich die Gewässer wieder regenerieren. Zehn Prozent des BIP kostet die Umweltverschmutzung jährlich. Damit werden praktisch alle wirtschaftlichen Erträge aufgezehrt.[232] China droht die ökologische Apokalypse! Der Bedarf an Umweltschutz ist enorm.[233]

[230] vgl. Wang, X.: Olympia ist eine Droge, Die Zeit, 19.7.2007, 36
[231] vgl. Schumann, H.: Treibhaus, made in China, Der Tagesspiegel, 4.3.2007, S4f.
[232] vgl. Reents, H.: China entdeckt den Umweltschutz, Welt am Sonntag, 17.12.2006, 52
[233] Klein, S.: Umweltschutz in China, Frankfurt a. M. 2004

Um seine rasante wirtschaftliche Aufholjagd aufrechterhalten und seinen Energiehunger stillen zu können, greift China indes in Afrika nach Bodenschätzen aller Art. Schon deckt das Reich der Mitte 30% seines Ölbedarfs in Afrika und kommt dabei den USA gehörig in die Quere. Auch als Absatzmarkt für die chinesische Industrie ist der Kontinent längst im Visier. Für Afrikas Autokraten ist China ein guter Partner, denn Fragen nach den Menschenrechten stellt Peking nicht.[234]

Einem Sprichwort zufolge teilt sich die chinesische Gesellschaft seit jeher in diejenigen, die in Sänften getragen werden, und diejenigen, die zu Fuß gehen müssen. Autos sind deshalb heute Chinas Statussymbol Nummer eins. Am Auto läßt sich ablesen, wer es zu etwas gebracht hat und wer nicht. Zehn Jahresgehälter kostet ein normaler Neuwagen, freilich noch keine Investition für jedermann. Trotzdem übersteigt die Autobegeisterung der Chinesen schon heute die Kapazitäten des Straßennetzes bei weitem. In den Metropolen herrscht tagsüber Dauerstau.[235] Verkehrswege sind aber auch überland äußerst gefragt. In den nächsten 30 Jahren sollen 200 Mrd. € in den Straßenbau fließen, um das Autobahnnetz auf 85.000 km zu verdoppeln. 150 Mrd. € sind für die Eisenbahn vorgesehen. Auch die Wasserstraßen sollen enorm ausgebaut werden. Diese gewaltigen Investitionen sind dringend notwendig, weil sich der Boom momentan vor allem an der Ostküste abspielt. Der Rest des Landes hat vom neuen Wohlstand noch wenig. Die Unternehmen drängen aber schon ins Hinterland, wo die Löhne und Grundstückspreise noch niedrig sind. Wegen der mangelnden Infrastruktur sind anspruchsvolle Lieferketten noch nicht möglich. Nur durch gewaltige Infrastrukturmaßnahmen kann China zu einem richtigen Wirtschaftsraum reifen.[236] Nur so wird der „Wahnsinn China" nachhaltig sein und sich das chinesische Volk weiter nach oben schuften können.[237]

---

[234] vgl. Lietsch, J.: Erst der Rohstoff, dann die Moral, Die Presse, 3.11.2007, 2; Kreft, H.: Chinas Strategie der Energiesicherheit als globale Herausforderung, Österreichische Militärische Zeitschrift, 4/2007, 448 ff.

[235] vgl. Bartsch, B.: Chinas Generation Golf, Berliner Zeitung, 24.1.2007, 8

[236] vgl. Bartsch, B.: Aufbau Fernost, Berliner Zeitung, 2.1.2007, 13

[237] Hessler, P.: Wahnsinn China, National Geographic, Juni 2007, 86ff.

Jammer auf dem Amselfeld

Seit 17. Februar 2008 ist der Kosovo nun ein eigener Staat. Diesem Werden ging ein langes Ringen voran. Auf der Weltbühne sind die USA und die EU mächtige Mentoren des Projekts; Kritiker sagen, um Serbien zu schaden. Deshalb sind Rußland und China auch vehemente Gegner der Selbständigkeit.[238] Daß Staaten auf Initiative von außen entstehen, ist auf dem Balkan nichts Ungewöhnliches. Immer schon hat das auch zu Mißverständnissen geführt. So ist die internationale Anerkennung des neuen Staates längst auch noch nicht vollzogen. Jedenfalls scheint die Unabhängigkeit selbst für jene, die sie fordern, nur eine Verlegenheitslösung.

Von allen politischen Problemen abgesehen: Ist der Kosovo ökonomisch überhaupt lebensfähig? Eine katastrophale Wirtschaftslage, Armut, Elend und Kriminalität wie Schmuggel, Menschen- und Drogenhandel bilden die Rahmenbedingungen. Kurz unterbrochen wurde die mißliche Lage vom Boom der Wiederaufbaujahre 1999 bis 2001, den die internationale Gemeinschaft mit zwei Mrd. Euro finanziert hat. Damit entstanden 20.000 Häuser neu, fast alle Straßen wurden instandgesetzt und die Infrastruktur ausgebaut.

Längst ist man aber zum Alltag zurückgekehrt: Bei bis zu 70% Arbeitslosigkeit halten sich die Menschen mit Subsistenz-Landwirtschaft, Gelegenheitsarbeiten oder finanziellen Zuschüssen von Verwandten aus dem Ausland nur mühsam über Wasser. Alleine diese Überweisungen machen 50% des gesamten Einkommens der Haushalte im Kosovo aus. Die Hälfte der Bevölkerung lebt in Armut. Das Durchschnittseinkommen der anderen liegt bei 200 €, die Pensionen bei 50 €. Soziale Misere und Not verleiten nicht selten auch zu illegalen Aktivitäten und gefährden Stabilität und Sicherheit. Die vielen Jungen, mehr als 50% der Bevölkerung, haben keine Chance und wollen weg. Für die Zukunft ist das eine große Gefahr.

Die gravierenden Probleme sind struktureller Natur und auch Folge der langen Repression seitens Belgrad: Als ewiges Armenhaus Jugoslawiens ist die industrielle Basis nur schwach ausgeprägt, die Pro-

[238] vgl. Kronauer, J.: „Wir betrachten diesen Akt als illegal", Konkret 4/2008, 32f.

duktivität niedrig, die Infrastruktur wenig entwickelt und die externe Abhängigkeit groß. Eine zukunftsorientierte, griffige Wirtschaftsstrategie existiert nicht. Reformen werden nicht in Angriff genommen. Mit Ausnahme der Minen im Norden gibt es kaum eine namhafte Industrie. Die wenigen größeren Betriebe leben praktisch immer noch als Kombinate fort. Mit – oft halbherzigen – Privatisierungsaktivitäten kommt man nicht wirklich zu Rande. Vor allem die mangelnde Rechtssicherheit schreckt Investoren ab. Ausländische Direktivestitionen gibt es nahezu keine. Selbst Kosovaren, im Ausland reich geworden, sind nicht bereit, in der Heimat zu investieren. Nur ein Fünftel der Importe werden mit Exporten gedeckt. Die Handelsbilanz ist damit schwer defizitär. Die mangelnde Stromversorgung ist ein leidiges Dauerthema und ständig Quelle von Problemen. Die Schattenwirtschaft ist riesig und wird vor allem von der organisierten Kriminalität dominiert. Lediglich die Zahlungskräftigkeit der vielen „Internationals“ vor Ort hebt in den Städten das Konsumniveau.[239]

Was kann gegen die Misere getan werden? Das eigentliche Problem ist grundsätzlicher Natur. Die Menschen auf dem Balkan haben in ihre neuen Staaten kein Vertrauen, die Eliten an ihrer Ausgestaltung kein Interesse. Die Regierungen haben ihren Bürgern nichts anzubieten: keine Arbeitsplätze, keine Renten, kein funktionierendes Gesundheitswesen, keine Sicherheit. Wer guten Willens und begabt ist und es irgendwie organisieren kann, wandert aus. Alle anderen warten auf ausländische Investoren, vergeblich. Niemand kann indes für die Funktion des Staates eine tragfähige Idee präsentieren. Wirklich gebraucht wird nur die Polizei. Diese ist aber weit öfter Teil des Problems als Teil der Lösung ...[240]

Bis auf weiteres wird man sicher nicht in der Lage sein, ohne Hilfe von außen zu überleben. Die chronische Unterentwicklung verlangt eine Art strukturelle Revolution. Derartiges ist aber kaum realistisch. Vorerst wird man die Entwicklungsprogramme von Weltbank und UNDP weiterverfolgen. Mit der Selbständigkeit wird der Zugang zu

---

[239] vgl. Kramer, H./Džihić, V.: Die Kosovo Bilanz – Scheitert die internationale Gemeinschaft, Münster/Wien 2005, 123ff.

[240] Mappes-Niedieck, N.: Balkan-Mafia – Staaten in der Hand des Verbrechens. Eine Gefahr für Europa, Berlin 2003, 168f.

internationalen Krediten und Fonds leichter sein. Auch das Problem der Rechtssicherheit kann damit eher gelöst werden. So könnten sich wiederum Privatisierungen leichter gestalten.[241] Dafür ist aber auch die Etablierung funktionierender Institutionen notwendig. Weitaus schwerer wiegen aber die Zeitbombe der Arbeitslosigkeit und die Krake der organisierten Kriminalität. Um diese Probleme zu lösen, ist guter Rat wirklich teuer.

Im Würgegriff

Hans von Tresckow, Kriminalkommissar, schrieb in seinen Erinnerungen 1922:[242] „Unter Mädchenhandel versteht man das Anwerben und Verhandeln von weiblichen Personen zu unsittlichen Zwecken. Es ist ein internationales Verbrechen ‚La traite de Blanches' genannt, das man bei allen Völkern findet und so alt ist, wie diese Völker selbst. Natürlich haben sich die Bedingungen und Voraussetzungen geändert, unter denen er jetzt stattfindet, und er vollzieht sich heute in den Formen, die den Verkehrsverhältnissen und gesellschaftlichen Zuständen angepaßt sind, unter denen wir jetzt leben. Opfer des Mädchenhandels sind jene Frauen und Mädchen, die infolge ihrer schlechten wirtschaftlichen Lage und ihrer geringen Bildung geneigt sind, sich verkaufen zu lassen. Diese Unglücklichen leben in so kümmerlichen sozialen Verhältnissen, daß sie das Höchste, was sie haben, ihre Geschlechtsehre und ihre Freiheit, für schnödes Geld und kurzes Wohlleben, ohne an die Folgen zu denken, bedingungslos hingeben.

(Weiters wird ausgeführt:) ... es ist die bittere Not, die für das Heer der Prostituierten immer neue Scharen anwirbt. Sehen wir uns die Insassen der Bodelle näher an, so finden wir, das fast alle den unbemittelten und wenig gebildeten Gesellschaftsklassen angehören. Länder ... mit kümmerlicher wirtschaftlicher Entwicklung und schlechten Schulverhältnis-

---

241 vgl. dazu auch Zachert, H.-L.: Die Internationalisierung der Kriminalität als globales Standortproblem, in: Krystek, U./Zur, E. (Hrsg.): Internationalisierung – Eine Herausforderung für die Unternehmensführung, Berlin u.a. 1997, 565ff.; Andrees, B.: Staatsauflösung und Kriegsfinanzen – Zur Rolle der Kriminalität im Kosovo Konflikt, Prokla 3/2001, 411ff.

242 v. Tresckow, H.: Von Fürsten und anderen Sterblichen – Erinnerungen eines Kriminalkommissars, Berlin 1922, 211ff.

sen sind die Orte, wo die Mädchenhändler mit Vorliebe ihre Opfer suchen und auch finden. ... wie die romanischen und slawischen Gebiete ... vornehmlich Mädchen aus Galizien, Polen, Rußland und den Balkanländern. Dort herrscht neben großer Armut ebenso große Unbildung. ... die Fälle sind gar nicht selten, wo die eigenen Eltern ihre Töchter verschachern, trotzdem sie wissen, welch elendes Los sie in der Zukunft erwartet. Die Mädchenhändler gehen, um ihre Zwecke zu erreichen, gewissenlos vor. Der Gewinn, den sie aus ihrem Geschäft ziehen, ist ein so reicher und ein in verhältnismäßig kurzer Zeit ohne große Mühen erworbener, daß sie keine Geldmittel scheuen, um ans Ziel zu gelangen. Weite Reisen, nobeles Auftreten, reiche Geschenke und Trinkgelder spielen bei diesem Geschäft eine Hauptrolle; die Ausgaben werden durch den Gewinn reichlich wieder gut gemacht. ... Dann tritt entweder er selbst ... an die Opfer persönlich heran, und unter tausend Versprechungen werden diese für eine brillante Stellung im Auslande angeworben. ... Ja, sie scheuen auch davor nicht zurück, wenn es sich um ein besonders hübsches Mädchen handelt, ihm den Hof zu machen, sich mit ihm zu verloben und es sogar zu heiraten. ...

Vorweg: In der Zwischenzeit hat sich im Prinzip nichts verändert. Die Sexindustrie boomt wie eh und je, wahrscheinlich mehr als jemals zuvor. Heute sagen die Opfer: "... in any capital, be it Tirana or Budapest, Prague or Warsaw ... somewhere there will be a hotel, a cinema, a bar, a restaurant, a café ... named, for our desire, Europa ... Europe is plenitude: food, cars, light, everything ... It is a promised land, a new Utopia ... A friend introduced me to a woman in Chişinău, she offered me a job abroad and said she would prepare a passport for me, for free. I asked if the job was sex related and she promised that it was not. ... First they would put us to get undressed, and to be only in underwear, to look at us and see how we are looking. If you are looking OK, and they like you, they will buy you. We were just like a rag, just like a cloth. ... You will not know who bought you. They will just come and tell you that you must get ready because you have to leave. ... Eventually I arrived in a bar in Kosovo, locked inside and forced into prostitution. In the bar I was never paid, I could not go out by myself, the owner became more and more violent as the weeks went by; he was beating me and raping me and the other girls. We were his 'property', he said. By buying us, he had bought the right to beat us, rape us, starve us, force us to have sex with clients."[243]

Menschenschmuggel und Menschenhandel meinen Verschiedenes. Beim Menschenschmuggel bezahlen die Migranten für die illegale Einreise in ihr Wunschland. Beim Menschenhandel werden die Opfer betrogen oder Zwang unterworfen. Ihre Arbeitskraft wird anschließend verkauft. Nicht selten finden sie sich als Schuldknechte wieder, um willkürlich aufgebürdete, hohe Schulden abarbeiten zu müssen. Das gelingt freilich nie. Definitiv ist Menschenhandel die verwerflichste und grausamste aller Spielarten der illegalen Wirtschaft. Hoffnung, Wünsche oder Verzweiflung werden brutal ausgenützt, um enorme Profite zu schlagen. Die Geschäftschancen sind weltweit gewaltig. Stark nachgefragt werden die Opfer für die Arbeit in Sweatshops, auf Plantagen oder in der Sexindustrie.

Zahlreiche Routen für Sexsklavinnen gibt es: Sie führen von Myanmar, China und Kambodscha nach Thailand, von Rußland in die Emirate, von den Philipinen und Kolumbien nach Japan, von Osteuropa in den Westen. Einige Routen sind besonders frequentiert und lukrativ. Seit dem Fall des Eisernen Vorhangs wurden abertausende junge Frauen aus Rußland, der Ukraine, Moldawien und Rumänien nach Westeuropa oder Japan verschleppt, wo sie in der Sexindustrie ausgebeutet werden. Die Strukturen des Milieus haben sich dadurch völlig verändert.[244]

Das Verbrechen ist äußerst effizient organisiert. Die Täter sind lokale Gangs. Lockvögel, oft schlicht auch Nachbarn oder Verwandte tun ihr Übriges. Das Kopfgeld für eine „Rekrutierung" liegt bei 500 Euro. Falsche Eheversprechen sind ein häufiges Lockmittel. Frühe Heirat ist die Regel, die jungen Männer sind fort. Das macht empfänglich für die Versprechungen Fremder. Die Aussicht auf einen normalen Job in einem „gelobten Land" ist eine andere Variante. Auch gewaltsame Verschleppungen sind nicht selten. Kaum ein Dorf bleibt verschont. Manche Eltern lassen ihre Töchter gar nicht mehr auf die Straße. Im-

---

[243] Kosovo (Serbia and Montenegro): „So does it mean that we have the rights?" Protecting the human rights of women and girls trafficked for forced prostitution in Kosovo, http://www.amnesty.org, 13.04.2008

[244] vgl. Naim, M.: Das Schwarzbuch des globalisierten Verbrechens, München/Zürich 2005, 118ff.

mer sind die Träume schnell aus, die „Karriere“ endet ganz anders als erhofft.[245]

Beim Transit über die Grenzen drücken korrupte Beamte beide Augen zu. Dann geht es in „sichere Häuser“, etwa in Budapest oder Sarajewo. Hier macht man die Frauen mit Drogen, Schlägen und Vergewaltigungen für ihre Bestimmung, die sexuelle Ausbeutung, gefügig. Die nächste Station ist eine „Fleischbörse“. Novi Sad etwa ist für solche Versteigerungen berüchtigt. Der Preis liegt – je nach „Gebrauchswert“ – zwischen 3.500 und 50 Euro. Einmal mitgenommen, folgt auf den Transit der Export an den Bestimmungsort. Mancher Zuhälter hat mit einer Frau auch schon 3.000 Dollar pro Nacht verdient, 250 bis 500 € sind der Durchschnitt. Für die Frauen bleibt kaum etwas. Nicht selten werden Kondome als Maßstab für die abverlangte Leistung ausgegeben. Danach müssen sie „abgerechnet“ werden. Ausbeutung und Demütigung dauern mehrere Jahre, bis der Körper ruiniert ist. Manche Gequälte sind auch schon fünf- oder sechsmal verkauft worden. Wer nicht „spurt“ oder „nicht recht taugt“, wird kurzerhand an die Albaner verkauft. Das sind die Schlimmsten ...

Fünf Mark pro Liter ...

... sind vertretbar, so die Forderung vor nicht allzu langer Zeit. Sie kam aus der Ecke der notorisch konzeptlosen Grünen in ihrer stets profilierungswütigen Art. Deutschland erbebte vor Zorn, angesichts der unverschämten Idee. Nun, einige Jahre später, ist man fast soweit. Bei rund eineinhalb Euro stehen wir schon. Unrealistisch eigentlich noch vor Kurzem, und tatsächlich undenkbar noch dazu. An den Palisandertischen der Ölkonzerne wird – hinter verschlossenen Türen und noch vorgehaltener Hand freilich – angeblich schon offen über zwei Euro Benzinpreis gesprochen. Bald soll es soweit sein, der diskutierte „Pegel“ so etwas wie ein neuer Standard werden.[246]

[245] vgl. Mappes-Niedieck, N.: Balkan-Mafia – Staaten in der Hand des Verbrechens. Eine Gefahr für Europa, Berlin 2003, 115ff.; Ulfkotte, U.: Grenzenlos kriminell, München 2005

[246] vgl. dazu auch frühere Überlegungen: Schmitt, T.: Keine Hoffnung auf billiges Benzin, Frankfurter Allgemeine Zeitung, 4.9.2005, 47

Der Staat sieht derweil zu, wie der berühmte Saurier, dessen Körper zwar sehr fett, sein Gehirn aber nicht mehr groß genug zum Überleben war. Die Parteien allerorts ergehen sich lieber im Alltagszank, statt das Heft in die Hand zu nehmen. Diesmal sind es nämlich nicht irgendwelche Wirrköpfe, die den Preis so treiben, sondern vor allem skrupellose Spekulanten. Sie machen aus jeder Mücke, so klein sie auch sein mag, fast täglich einen neuen Teuerungselefanten. Irgendwo sitzen sie, in Rotterdam etwa, und reiben sich die Hände ob ihres bösen, aber vermögensschweren Spiels. Längst sind sicher schon neue Rockefellers oder Vanderbilts gereift. Im Gegensatz zu den legendären Magnaten haben sie aber keineswegs bahnbrechende Erfindungen gemacht oder Innovationen durchgesetzt. Sie sitzen einfach nur zur richtigen Zeit an gewaltigen Schalthebeln – und nützen diesen Umstand schamlos aus.[247] Natürlich ist der Hunger nach dem schwarzen Gold momentan groß. Die Wirtschaft boomt, Chinas atemberaubender Aufstieg inhaliert die Ressourcen der Welt. Nur wie lange noch? Sogar geopolitische Auswirkungen des hohen Ölpreises kündigen sich schon massiv an.[248]

Den Menschen schneidet die exorbitante Teuerung indes erheblich ins Fleisch. Die Wirtschaft kann nicht jede Preiserhöhung an die Konsumenten weitergeben. Die Schere klappt allmählich zu und bringt die gefährliche ökonomische Spirale zum Drehen – nach unten versteht sich: Teuerung, Inflation, Maastrichtkriterien, Währungsstabilität, Rezession, Zusammenbruch, schwere Zeiten! Ohne Not, versteht sich, geht die erfreuliche Wirtschaftslage schnell zu Ende.[249] Wenig Reiche, ein notleidender Mittelstand, Armut in den unteren Schichten. Ein Szenario fast wie in grauen Vorzeiten.

Und was tut der Staat, der oft gepriesene Hüter des Wohlstandes? Nichts, wie gelähmt geriert er sich. Dabei wäre es einfach. Die Steu-

---

[247] vgl. o.V.: Ölhandel – Spekulanten mischen kräftig mit, Das Wirtschaftsstudium, 5/2006, 607

[248] „Spectator" (Pseudonym): Geopolitische Auswirkungen des hohen Erdölpreises, Der Soldat, 23.7.2008, 2

[249] Diesbezüglich gehen die Meinungen auseinander: „Die falsche Ölpreis-Panik – Warum der Einfluss des Ölpreises auf unsere Wirtschaft überschätzt wird" titelt etwa Die Tageszeitung, 10.7.2008, 1; vgl. dazu auch Herrmann, U.: Öl als Totschlagargument, ebd.; ds.: Es geht auch teuer, ebd., 4

ern auf Treibstoff belaufen sich auf einiges über 50 Prozent. Das gibt es bei keinem Produkt. Eigentlich eine Frechheit. Hier eine namhafte Korrektur nach unten durchzusetzen, könnte bahnbrechend sein. Der erste Politiker, dem dies gelingt, würde wahrlich sofort in die Geschichtsbücher eingehen – Wahlgewinn selbstverständlich. Warum kommt niemand auf diese Idee? Volkswirtschaftlich rechnen würde sich ein solcher Schritt allemal. Auch in den Ausbau des öffentlichen Verkehrs massiv zu investieren wäre kein schlechter Plan. Gute Beispiele – die Schweiz etwa – gibt es durchaus.[250] Wenn man für diese wichtige Aufgabe aber überwiegend Stümper engagiert und ihnen noch dazu kaum Mittel in die Hand gibt, wird daraus sicher nichts.

Noch etwas: Wer traut sich überdies, den Spekulanten endlich und ein für alle Mal das Handwerk zu legen. So schwer ist das doch nicht. Wo bleibt die EU? Nichts fällt ihr ein. Wehe dem kleinen Mann, der eine erworbene Immobilie gleich mal wieder verkaufen will. Da droht Spekulationssteuer, bis man regelrecht schwarz wird. Und, noch immer keine Idee? Dabei ist der Preis für das Öl als Grundstoff und seine Förderung doch nicht wirklich von großen Schwankungen bedroht, wenngleich die Zeiten des leicht zu gewinnenden Rohöls („easy oil") doch allmählich vorbei zu sein scheinen.[251] Wie wäre es mit Preisregelungen? Das ist zwar ein etwas archaisches wirtschaftspolitisches Instrument, aber immerhin in Zeiten der Not geboren und bewährt. Jedem Bäcker wird schließlich heute noch vorgeschrieben, wie viel eine Semmel kosten darf. Solche Vorschläge wurden auch schon zaghaft gemacht, aber nicht einmal ignoriert. Warum, ist nicht nachvollziehbar.

Faktum ist, daß kaum mehr jemand schmerzfrei die Tankstelle verläßt. Dabei ist gar nicht nur von Österreich oder Deutschland die Rede. In Ungarn, Tschechien oder der Slowakei etwa benützt der kleine Mann das Auto längst nur noch in Ausnahmefällen. Kein Wunder, wenn man bei einem Monatslohn von 600 Euro 70 für bloß eine Tankfüllung lassen muß. Gute Nacht Europa, und nicht nur dir ...

---

[250] vgl. Dorsch, M.: Verkehrswirtschaft – Aktuelle Entwicklungen und Probleme, Plauen 2005, 244ff.

[251] Scheer, H.: Die postfossile Zukunft, Le Monde Diplomatique, Juni 2006, 5

Was heißt schon erneuerbar?

Viel ist jüngst und allerorts von den sogenannten erneuerbaren Energien die Rede. Leidlich wird damit experimentiert und Geld en masse aufgewendet. Die Elemente sollen mit ihrer geballten Kraft herhalten, um die akute Energienot zu lindern. Ganze Branchen entstehen und zeigen sich nur allzu oft in windigem Licht. Doch wie sieht die Realität aus. Nicht viel mehr als zehn Prozent des Energieverbrauchs werden von den Alternativen eingespeist.

Viele Windräder verunzieren zwar die Gegend, das Kraut fett machen sie aber nicht. Die Grenzen sind hier offenbar auch schnell erreicht, trotz immer wieder neuer, oft zweifelhafter Versuche.[252] Dysfunktionalitäten tun ihr Übriges: Dem Vernehmen nach stehen mehr als die Hälfte davon dort, wo gar nicht genug Wind ist, um sie effektiv zu betreiben. Irgendwie läßt hier Don Quichote grüßen. Auch die Sonne ist für die Energieerzeugung gut gelitten. Solaranlagen sind aber teuer und haben ein großes Manko: Was, wenn die Sonne einmal nicht scheint? Gerade in Mitteleuropa ist dieses Phänomen ja nicht gerade unbekannt. Wasserkraft ist sehr effizient, das ist soweit bekannt. Hierzulande läßt sie sich traditionell auch gut nützen. Aber auch Wasser gibt es nicht gerade überall in den nötigen Mengen, ganz im Gegenteil.[253]

Bleibt vorerst noch, Biomasse energieeffizient zu verwerten. Als Beimengung zum Treibstoff eignet sie sich hervorragend. Strecken von Kostbarem war schließlich immer schon ein bewährtes Hausmittel. Nur: Mittlerweile ist man dank Technologie und vor allem gesteigerten Bedarf soweit, daß man zum Strecken schon auf kostbare Nahrungsmittel zurückgreift. Schnell macht sich aber diesbezügliche Knappheit – nicht nur in armen Regionen – bemerkbar.[254] Empfindlich preiswirksam sind solche Erscheinungen allemal. Zudem drängt sich die Frage auf, ob es ethisch ist, wenn sogar schon Nahrungsmittel zu

---

[252] vgl. Krümpel, M. et al.: Durchbruch für Windparks im Meer, Financial Times Deutschland, 10.7.2008, 1

[253] vgl. Remien, A.: Gesunde Konkurrenz für fossile Rohstoffe, Süddeutsche Zeitung, 10.11.2005, 29

[254] vgl. Cox, S.: Drive 800 Miles or Feed a Person for a Year? The Biofuels Dilemma, http://www.alternet.org, 9.5.2008

Treibstoff verarbeitet werden.[255] Gold und Öl für Brot hat man in Not schon gegeben, aber Brot für Öl?

Man mag es drehen und wenden, jede Variante der erneuerbaren Energien scheint der Quadratur des Kreises ähnlich. Irgendwo liegt immer der Hase im Pfeffer. So ist ja schließlich auch das Öl eine erneuerbare Energie, wenngleich fossiler Natur. Auch hier hat es definitiv lange gedauert, bis sich sein wahres Potential erschlossen hat.

Heil dem Nukleus

Vielleicht ist diese Einschätzung zu schwarzmalerisch. Optimisten sehen fast schon die gänzliche Möglichkeit, fossile Brennstoffe durch erneuerbare Energien – verbunden natürlich mit einer massiven Spargesinnung – substituieren zu können. Technologisch soll es bald wirklich möglich sein. Doch was passiert in der Zwischenzeit? In der Sache nicht viel, indes werden neue (alte) Fronten aufgemacht. In offensichtlicher Not fällt der Politik nichts Besseres ein, als die leidige Atomdebatte zu reanimieren. Trefflich wird darüber natürlich gestritten. Der Nukleus soll der „neue" Retter in der Not sein. Seit der Klimawandel Sorge Nummer eins wurde, ist die Angst vor Verstrahlung nicht mehr so heiß wie früher.[256] Die einschlägigen Konzerne reiben sich die Hände, neue Rekordgewinne winken ihnen. Die Liberalisierung der Energiemärkte war sowieso der totale Flop. Vertrustungen sind entstanden, daß einem grauen könnte.[257] Die Konsumenten wiederum sind relativ gleichgültig. Primär haben die Leute Angst, ob genügend Energie da ist und ob sie diese zahlen können.[258] Hauptsache sie sparen ein paar Hunderter. Hier ekelt direkt, um wie viel näher das Hemd dem Rock sein kann. Klar treibt die Stromrechnung so manche

[255] Buchter, H.: Zucker für Zocker, Die Zeit, 13.7.2006, 25
[256] vgl. Bethge, P. et al.: Kernkraft – ja bitte ? Der Spiegel 28/2008 (Hefttitel: „Das unheimliche Comeback"), 22
[257] vgl. Schröder, M.: Keine Kohle für Strom, Jungle World, 28/2008 (Hefttitel: „Elektroschock"), 3; Stay, J.: Billiges Versprechen, ebd., 4
[258] Krägenow, T./Tartler, J./Kade, C.: Im Kern gespalten, Financial Times Deutschland, 10.7.2008, 10

in die Enge. Aber an sparen denken, wozu? Der Wohlstand geht schließlich bevor.

Freilich ist das Atom effizient, aber gefährlich und sein Grundstoff Uran endlich zudem. Dennoch mutet das wohl oder übel archaisch an, hat man sich doch kürzlich erst mühsam durchgerungen, das Atom ein für alle mal zu verbannen. So erscheint die aktuelle politische Diskussion einmal mehr in Fratzengestalt der alten Hure. Niemand dürfte schließlich wirklich verbieten zu können, heute „gescheiter" zu sein als gestern. Während man hierzulande aber bloß nur labert, gehen die Uhren in der Welt längst schon anders: Rund 140 AKW-Projekte sind andernorts – über die fast 440 sowieso bestehenden Kraftwerke hinaus – schon in konkreter Planung oder in Bau, für zivile Zwecke, so sagt man jedenfalls.[259] Sieht man sich die hier besonders aktiven Regionen jedoch genauer an, könnte man hintergründig durchaus wehrhafte Spaltproduktideen bemerken.[260] Nicht nur die zu lösende Energieversorgung, sichtlich auch eine befriedigende und nachhaltige Sicherheitspolitik scheinen vor diesem Hintergrund momentan – mehr denn je – die wahre Agenda der Menschheit zu sein.[261]

Dummheit und Gier, ohne Not

„Aufregen kann ich sie alle.
Jeden einzelnen zu beruhigen,
geht über meine Kraft."[262]
Karl Kraus

Die Finanzkrise mit Beginn 9/11, diesmal anno 2008, eingeläutet von Zusammenbrüchen traditionsreicher erster Adressen der Wall Street in großem Stil, allen voran das Investmenthaus Lehmann Brothers[263], hat einen zerstörerischen Sog von kaum vorstellbarer Kraft entwickelt.

[259] Bethge, P. et al.: Kernkraft – ja bitte ? Der Spiegel 28/2008, 28; Dehmer, D./Schumann, H.: Kernfragen, Der Tagesspiegel, 10.7.2008, 2
[260] vgl. Kramar, K.: Arabische Atompläne, Kurier, 15.5.2008, 6
[261] vgl. Hauser, G.: Sicherheit, Energie und Wirtschaft – Europa als globaler Akteur, Wien 2006
[262] Kraus, K.: „Erlaubt ist, was mißfällt", Stuttgart 2007, 80
[263] vgl. Paletta, D./Lucchetti, A.: Goldman, Morgan moves end an era on Wall Street, The Wall Street Journal, 23.09.2008, 1, 31

Stolze Banken wie Merill Lynch oder Goldmann Sachs – allesamt pleite, aufgekauft oder umstrukturiert; der gigantische US-Hypothekenmarkt – weitgehend verstaatlicht; die größte amerikanische Sparkasse – zusammengebrochen und verramscht. Der große Tsunami wirkt sich dagegen aus wie ein stilles Wasser. Konfrontiert ist man nun mit dem größten ökonomischen Unfall seit der Weltwirtschaftskrise 1929. Der US-Kapitalismus entpuppte sich als gigantisches Schneeballsystem. Die Finanzmärkte sind zu einer gigantischen Spielhölle verkommen.[264] Während ihrer Explosion stürzten die Börsen in nur wenigen Tagen um bis zu 30 Prozent und damit praktisch ins Bodenlose.[265] Nicht Wenige haben viel verloren, vor allem aber das Vertrauen.[266] Der kleine Mann steht nach langer Zeit wieder einmal Schlange vor den Banken, ein böses Omen.[267] Niemand kann ermessen, ob und wie sich die nunmehrige Kernschmelze noch verhindern läßt.[268]

Die Konsequenzen für die Weltkonjunktur sind nicht absehbar. Ausgerechnet in der Wiege des ungehemmten Kapitalismus greift der Staat jetzt mit astronomischen Milliardenbeträgen tief in die Wirtschaft ein und versucht damit zu retten, wenn überhaupt noch was zu retten ist. Angst vor dem totalen Kollaps infolge des Flächenbrandes treibt die Politik nun um. Natürlich tun es die anderen Länder den USA wieder gleich, hektische Rettungsaktionen rund um den Globus greifen Platz, der Steuerzahler blutet jedenfalls.[269] Der Mythos der allmächtigen Finanzmärkte ist definitv entzaubert, der Ruf nach Beschränkungen und Steuerung wird – sehr spät – aber endlich richtig

[264] vgl. Tichy, R.: Banken-Kapitalismus, Wirtschaftswoche 40/2008, 5

[265] vgl. o.V.: Welt in Panik, Österreich 11.10.2008; o.V.: Börsen-Kollaps, ebd.; Mackenzie, M./Authers, J.: The week that panic stalked the markets, Financial Times 11.10.2008, 1; s. a. Der Spiegel 42/2008 – Covertitel: „Not! Halt! - Wer stoppt den freien Fall des freien Marktes“ mit dem Bild einer Eisenbahn-Notbremse.

[266] vgl. Inacker, M./Bergermann, M./Fischer, M./Hajek, S./Losse, B./Ramthun, C./Schürmann, C./Welp, C./Wettach, S.: Kein Vertrauen, nirgends, Wirtschaftswoche 42/2008, 22ff

[267] vgl. das Cover des Time Magazine mit dem Titel „The New Hard Times“ und einem entsprechenden Foto aus der Weltwirtschaftskrise 1929.

[268] vgl. Balzli, B./Fleischhauer, J./Hornig, F./Jung, A./Mahler, A./Pauly, C./Reiermann, C./Reuter, W./Sauga, M.: Der Schwarze Herbst, Der Spiegel 42/2008, 22ff

[269] vgl. Göweil, R.: Hektische Rettungsaktionen rund um den Globus, Kurier 11.10.2008, 4f

laut.[270] Ein starker Staat – so oft verschmäht, ist plötzlich wieder gefragt.[271] Eines ist aber klar: Wenn der Staat, wie jetzt mit seinen Notprogrammen einmal richtig interveniert, ist das von Dauer.[272]

Das sind nicht mehr die USA, wie die Welt sie kennt: kraftstrotzend – und arrogant. Die Supermacht, die anderen die Regeln vorgibt und ihre Art zu denken und zu wirtschaften für das allein selig machende Maß aller Dinge hält. Nun müssen die Amerikaner den Preis für ihre Überheblichkeit zahlen. Vielleicht könnte sogar bald das Ende der Arroganz zu besichtigen sein. Vorbei ist die Zeit, in der die USA ungehemmt Schulden machen konnten, ohne zu überlegen, wer am Ende die Rechnung begleicht. Vorbei auch die Zeit, in der die USA als „Herren des Universums"[273] dem Rest der Welt ihre Spielregeln aufdrängen konnten, die auf immer mehr Profit zielten; ohne einen Gedanken darauf zu verschwenden, daß Renditen von 25 Prozent durch seriöses Wirtschaften nicht zu gewinnen sind. Geiz und Gier – die ewig zentralen Werte der Wall Street – wurden mit der Zeit auch der Maßstab für die globale Realwirtschaft.

Der weltgrößte Schuldner kann einfach nicht weiterhin weltweit den Kurs bestimmen. Schon lange finanziert Peking das riesige Handelsdefizit der USA und liefert gleichzeitig viele Konsumgüter. China verdient damit gleich zweimal an der amerikanischen Schwäche. Rußland will künftig sowieso nur mehr auf Augenhöhe verhandeln. Andere, nicht bloß der mächtige Iran, warten nur noch darauf, nicht länger am Gängelband der Amerikaner laufen zu müssen. Bush hinterläßt sicher nichts Gutes, vor allem aber auch einen gewaltigen Schuldenberg. Allein sein Krieg im Irak kostet drei Milliarden Dollar – jede Woche! Der Handlungsspielraum seines Nachfolgers wird jedenfalls nicht groß sein. Dazu kommen nun die Kosten des Finanzdesasters – und der Rezession, die diesem folgen wird wie das Amen im Gebet. Da hilft es auch nichts, wenn das 700+Mrd. Finanzpaket von vielen als „unamerikanisch", als völlig überzogener Staatseingriff kri-

[270] vgl. Huffschmid, J.: Politische Ökonomie der Finanzmärkte, Hamburg 2002
[271] vgl. Wefing, H.: Gestatten, ich bin der Staat, Dier Zeit 44/2008, 2
[272] vgl. Skidelsky, R.: The End of Neo-Classicism, The Vienna Review 10/2008, 25
[273] o.V. (R. M.): Gegen Hochmut und Schadenfreude, Neue Zürcher Zeitung 11./12.10.2008, 1f

tisiert wird, der vor allem denen hilft, die für das Debakel verantwortlich sind. Für viele Republikaner kommt das exorbitante Steuergeschenk an die Wallstreet-Banker der Einführung des Sozialismus auf amerikanischem Boden gleich. Jetzt ist es engültig aus mit der „Reagan-Revolution". Am Ende der langen, unseligen „Ära" des „Ruinators"[274] Bush finden sich nur noch Scherben. Schadenfreude ist trotzdem fehl am Platz. Hoffnung in Hinblick auf einen glücklichen Nachfolger ist angebrachter. Zu groß ist die Gefahr, daß ein taumelndes Amerika die Welt mit in den Abgrund reißt.[275]

1929: Der „Schwarze Freitag" an der Wall Street

Als in den USA der Absatz langlebiger Verbrauchsgüter ins Stocken geriet, kam es zu drastischen Kursverlusten an der Börse. Dies führte innerhalb weniger Tage zu einer Panik, die sich am 23. Oktober 1929 bereits andeutete, am Folgetag („Black Thursday") steigerte und schließlich am 25. Oktober 1929, dem berühmten „Schwarzen Freitag", kulminierte und zu einem fulminanten Crash an der Wall Street führte. Dies hatte sofortige und fatale Folgen für die schon damals eng verflochtenen Finanz- und Kapitalmärkte der Welt Der Wiederaufbau Europas nach dem Ersten Weltkrieg war in erheblichem Umfang durch amerikanische Banken finanziert worden. So war die weltwirtschaftliche Situation am Ende der 1920er Jahre durch eine weitgehende Abhängigkeit der wichtigsten Volkswirtschaften der Welt von der amerikanischen Konjunktur geprägt. Viele Banken riefen nun ihre kurzfristigen Kredite zurück und die Krise weitete sich rasch aus. Diese Krise hielt für Jahre an und destabilisierte die Weltwirtschaft. Von den USA ausgehend, begann sich 1929 das weltwirtschaftliche Szenario dramatisch und in seiner Intensität sowie Geschwindigkeit unerwartet zu verändern. Aufgrund des internationalen Konjunktur-, Preis-

[274] So titelt der Stern 44/2008 (Cover); vgl. auch Petzold, A.: Die abgewirtschaftete Supermacht, ebd., 5 und Gloger, K./Wiechmann, C.: Unehrenhaft entlassen, ebd., 32ff

[275] vgl. Balzli, B./Brinkbäumer, K./Hornig, F./Hoyng, H./Mahler, A./Neubacher, A./Reuter, W./Pauly, C./Sauga, M.: Der Offenbarungseid, Der Spiegel 40/2008, 20ff; Kurbjuweit, D.: Zeit der Krokodile, Der Spiegel 41/2008, 48ff

und Kurszusammenhangs der inzwischen stark verflochtenen Güter- und Kapitalmärkte blieb kein involvierter Finanzplatz verschont.[276]

Wodurch unterscheidet sich der aktuelle Finanz-Crash von 1929? Beiden Krisen ging eine Phase der Hochkonjunktur und blinder Euphorie voraus. Die Anleger glaubten 1929 ebenso fest an ständig steigende Aktienkurse wie ihre Enkel noch vor kurzem inbrünstig davon überzeugt waren, daß ihre Güter immer wertvoller werden müßten. Alle lebten sie auf Pump und weit über ihre Verhältnisse. Gut, heute könnte man aus der Geschichte lernen. Dafür gab es damals keine hochriskanten Finanzkonstrukte. Niemand war weltweit so vernetzt, um Informationen samt Gerüchten und vor allem Milliarden in Sekundenschnelle via Mausklick rund um den Globus zu verschieben. Zudem läßt man im Gegensatz zu damals Abermilliarden in System fließen, in der Hoffnung auf Stabilisierung. Damit ist die historische Erfahrung nur von begrenztem Nutzen. Konsequenzen lassen sich zudem ohnedies nie konkret ableiten. Geschichte wiederholt sich eben doch nicht.[277]

Die Väter der „Internationalökonomie" wußten es ...

Arbeitslosigkeit, eminente globale Finanzkrisen mit verheerenden Folgen in vielen Ländern, wachsende Ungleicheit zwischen Arm und Reich, fortschreitende Umweltzerstörung – ein unabwendbares Schicksal? Welche Folgen haben die gigantische Fusionswelle, die rasante Berg- und Talfahrt an den internationalen Börsen für Beschäftigte, Sparer und Konsumenten? Sind Zeiten des Aufschwungs purer Zufall oder Resultate kluger Steuerung? Wie können die Chancen der Globalisierung und ihre Risiken beherrscht werden? Wer die Ursachen der Probleme erforschen will, kommt nicht umhin, sich mit den grundlegenden Theorien der Wirtschaftswissenschaften, den Klassikern, auseinanderzusetzen. Diese sind freilich immer Produkt ihrer Zeit und ihres Umfeldes. In der Wirtschaft ist aber nichts so beständig wie der Wandel. Es geht darum, das Beste daraus zu machen. Wieder-

[276] vgl. Walter, R.: Geschichte der Weltwirtschaft, Köln/Weimar/Wien 2006, 197
[277] vgl. Jung, A.: Lehren aus der großen Depression, Der Spiegel 40/2008, 26f

kehrender Zündstoff in der ökonomischen Debatte ist zudem stets der Streit um die Grundprinzipien: die Gewichtung zwischen den Positionen individuelle Freiheit und Solidarität. Die Wirtschaft kann jedenfalls nur verstehen, wer ihre Geschichte und Theorien kennt.[278]

Was sagen sie nun, die „Überväter“? Was wußten sie schon längst? Warum würden sie lächeln oder sich im Grab umdrehen, wenn sie sehen könnten, welchen Mist ihre Nachfahren anstellen? Max Weber (1864-1920) etwa sagt in seinen Abhandlungen zur protestanischen Ethik: „Die kapitalistische Wirtschaftsordnung braucht diese rücksichtslose Hingabe an den Beruf des Geldverdienens.“[279] Gut und schön, von Risiken ist bei ihm nicht so sehr die Rede. Dafür bei Joseph Schumpeter (1883-1950): „Der Prozeß der ‚schöpferischen Zerstörung‘ ist das für den Kapitalismus wesentliche Faktum. Darin besteht der Kapitalismus und darin muß auch jedes kapitalistische Gebilde leben.“[280] Auch Knut Wicksell (1851-1926) erkennt die Dinge schon richtig: „Banken sind nicht dazu da, recht viel Geld zu verdienen, sondern dem Publikum zu dienen.“[281] Karl Marx (1818-1883) prophezeite, recht deftig wie so oft: „Die Zentralisation der Produktionsmittel und die Vergesellschaftung der Arbeit erreichen einen Punkt, wo sie unverträglich werden mit ihrer kapitalistischen Hülle. Sie wird gesprengt. Die Stunde des kapitalistischen Privateigentums schlägt. Die Expropriateurs werden expropriiert.“[282] Schließlich setzt Jean-Baptiste Say (1767-1832) schon sehr früh den aktuellen, heftigen Staatseingriffen den Hut auf: „Die Erfahrung zeigt, daß eine Regierung, die sich selbst zum Produzenten macht, üblicherweise mehr zerstört als sie produziert.“[283] John Maynard Keynes (1883-1946) empfahl gleichwohl, daß der Staat sein wirtschaftliches Gewicht gezielt

[278] vgl. Herz, W. (Hrsg.): Die Hauptwerke der wichtigsten Ökonomen, Stuttgart 2000, Vf; Hoffmann, J. P.: Die großen Wirtschaftsdenker, Düsseldorf 1986; Breilmann, U.: Entwicklungslinien wirtschaftswissenschaftlicher Lehrmeinungen, Köln/Wien/Aarau 1999

[279] Weber, M.: Die protestantische Ethik und der Geist des Kapitalismus, Archiv für Sozialwissenschaften und Sozialpolitik, Bd. XX 1905, 55

[280] Schumpeter, J. A.: Kapitalismus, Sozialismus und Demokratie, München 1972 (1942), 137f

[281] Wicksell, K.: Geldzins und Güterpreise, Düsseldorf 1998 (1898), zit. in: Herz, W. (Hrsg.): Die Hauptwerke der wichtigsten Ökonomen, Stuttgart 2000, 49

[282] Marx, K.: Das Kapital, Stuttgart 1957, 390

[283] Say, J.-B.: Traité d'Économie Politique, Paris 1803, zit. in: Herz, W. (Hrsg.): Die Hauptwerke der wichtigsten Ökonomen, Stuttgart 2000, 13

einsetzen müsse, damit das Tal der Depression durchschritten werden kann. Sein Rat funktionierte denn auch lange Zeit.[284] Für Rudolf Hilferding hat es dem Finanzkapital ohnehin an den Kragen zu gehen: „Dies sind die kapitalistischen Monopole, die Kartelle, Trusts, Konzerne, es sind die Brutstätten des Finanzkapitals, die Großbanken, und es sind die persönlichen Träger der finanzkapitalistischen Tendenzen, die großen Finanzmagnaten, die ... noch nicht zur Verantwortung gezogen worden sind. Wenn wir heute eine Lehre ... ziehen müssen, so ist es vor allem die, daß die Macht der Monopole, die Macht des Finanzkapitals gebrochen werden muß, wenn sich der Kreislauf der Katastrophen nicht ... wiederholen, wenn sich eine wahrhafte Demokratie entwickeln soll".[285]

Diese wenigen, aber eindrucksvollen und vor allem modernen Belege der Klassiker stellen die aktuellen großen Wirtschaftslenker in sehr mattes Licht. „Ohnbewerb"[286] statt Wettbewerb, Privatisierung der Gewinne und Vergesellschaftung der Verluste, eitles Geckentum und Verachtung für die Welt im Erfolg und der hilflose, jämmerliche Ruf nach dem Staat in schweren Stunden zeichnet ihr letztlich unwürdiges Dasein aus. James Tobin (1918-2002) mochte schon recht haben, wenn er die zügellosen Finanzmärkte und ihre Spekulanten mit einer saftigen Transaktionsteuer (Tobin-Tax) an die Kette legen wollte. Bisher konnte sich seine Idee, die noch dazu satte Erträge für das Gemeinwohl bringen würde, nicht durchsetzen und wurde höchstens arrogant belächelt.[287] Jedenfalls sind die Institutionen des ubiquitären Geldfetischs jetzt höchst irritiert und suchen krampfhaft nach einer neuen „Finanzarchitektur".[288] Vielleicht sollten sie bloß einmal kurz innehalten und einfach die Altvorderen fragen ...

[284] vgl. Keynes, J. M.: The General Theory of Employment, Interest and Money, London 1970 (1936)

[285] Hilferding, R.: Das Finanzkapital, Berlin 1947 (1910), XIX

[286] Dieser eigentümliche, aber treffende Begriff entstammt der Diktion des kritischen Wiener Ökonomen Adolf Kozlik (1912-1964); Kozlik, A.: Der Vergeudungskapitalismus, Wien/Frankfurt a. M./Zürich 1966, 33f

[287] vgl. Wahl, P./Waldow, P.: Tobin Steuer – Kapital braucht Kontrolle, Hamburg 2002

[288] vgl. Altvater, E./Mahnkopf, B.: Grenzen der Globalisierung, Münster 2007, 214; siehe z.B. auch Pöll, R.: In 100 Tagen eine neue Welt, Die Presse 08.11.2009, 12 und Gaulhofer, K.: „Bretton Woods II" – altes Stück, neu inszeniert, ebd.

2009

The day after – Beyond the boarders

„Eine andere Welt ist möglich!“ Das ist die selbstbewußt-trotzige Parole der bereits starken globalisierungskritischen Bewegung weltweit. Gibt es jedoch tatsächlich Anzeichen dafür, daß die mögliche Welt Wirklichkeit werden kann? Täglich sind wir Zeugen, wie immer mehr Lebensbereiche und vor allem die Arbeitswelt der Marktlogik und Profitmaximierung ausgesetzt sind und der Alltag von „Sachzwängen“ beherrscht wird, die als naturgegeben und unverrückbar gelten. Der hehre Begriff Solidarität ist längst in die Geschichtsbücher verbannt.

„There is no alternative“, sagte Margret Thatcher und zielte darauf ab, den Neoliberalismus soweit wie möglich unumkehrbar und endgültig salonfähig zu machen. Die systematische Blockade von Alternativen war die Folge und mündete in einem „Lock-in-Effekt“ dergestalt, daß sich die Menschen gar nichts anderes mehr vorstellen können. Der Mainstream der ökonomischen Theorie spielte dabei die allzu triste, weil willfährige Rolle der vollmundigen und gleichzeitig hohlen Rechtfertigung der geschaffenen, alles dominierenden Sachzwänge.[289]

Trotzdem entwickel(te)n sich weltweit alternative Wirtschafts-, Lebens- und Arbeitsformen, die den widrigen herrschenden politischen und ökonomischen Rahmenbedingungen ein selbstbestimmtes und solidarisches Miteinander effektiv entgegenstellen. Selbstverwaltete Betriebe, Genossenschaften, Direktvermarktung, Wohnprojekte oder fairer Handel sind nur einige Beispiele dafür. Sie alle zeigen, daß Wirtschaften durchaus solidarisch und ohne dem Profitprinzip gehor-

[289] vgl. Altvater, E.: Solidarisches Wirtschaften – prekär oder emanzipativ? In: Altvater, E./Sekler, N. (Hrsg.): Solidarische Ökonomie, Hamburg 2006, 9

chen zu müssen, gestaltet werden kann und so auch funktioniert.[290] Vielfältig sind die solidarischen Wirtschaftsweisen in den unterschiedlichsten Ländern und Weltregionen jedenfalls.

Darüber hinaus gilt es, allgemein neu zu denken. Ein Beispiel, daß noch Furore machen kann: Ein zentrales Element des Kapitalismus ist die Ausbeutung. Dazu muß man aber keineswegs Eigner von Produktionsmitteln sein. Demnach wäre ja ein millionenschwerer Topmanager eines Großkonzerns auch kein Ausbeuter. Die Argumentationskette geht aber in eine andere Richtung. Ausbeutung existiert nämlich immer dann, wenn ein Mitglied einer Gesellschaft dem allgemeinen gesellschaftlichen Reichtum, der etwa innerhalb eines Jahres produziert wird, mehr entnimmt, als er im gleichen Zeitraum einbringt. Das wäre etwa dann der Fall, wenn jemand in 40 Stunden Wochenarbeit eine bestimmte Menge an Waren oder Dienstleistungen produziert und gleichzeitig ein Äquivalent von 300 Arbeitsstunden konsumiert.[291] Die USA führen es gerade in großem Stil vor: Wer exzessiv auf Pump konsumiert, seine Konten hoffnungslos überzieht, immer schneller mehr Ressourcen verbraucht, als er herstellen kann, fährt – im hier gemeinten Sinn als gigantischer Ausbeuter – zu guter Letzt an die Wand (mit der Weltwirtschaft auf dem Beifahrersitz). Das gilt für die Finanzmärkte genauso wie für die Erderwärmung.[292] Tatsächlich geht es also um viel mehr als nur darum, den entfesselten Finanz-Prometheus zu zähmen. Aber das ist ja schließlich nichts grundsätzlich Neues.

Ein „Dritter Weg"?

Als der Kommunismus implodierte, jubilierte der Westen. Fast schon eine Endsiegstimmung machte sich breit. Heerscharen von Konserva-

---

[290] vgl. dazu schon früher besonders Albert, M./Hahnel, R.: Looking Forward – Participatory Economics for the Twenty First Century, Boston 1991

[291] vgl. Gorz, A.: Kritik der ökonomischen Vernunft, Hamburg 1998; Beck, U.: Macht und Gegenmacht im globalen Zeitaler, Frankfurt/M. 2002; Stiglitz, J.: Die Schatten der Globalisierung, Berlin 2002; Ziegler, J.: Die neuen Herscher der Welt, München 2002; Glawogger, M.: Working Man's Death, Wien 2006; Dieterich, H.: Sozialismus im 21. Jahrhundert. In: Ressler, O. (Hrsg.): Alternative Ökonomien, alternative Gesellschaften, Wien 2008

[292] vgl. Böhm, A.: Üben für die Weltregierung, Die Zeit 44/2008, 3

tiven sahen ihre Stunde gekommen: Von langer Hand vorbereitete neoliberale Konzepte wurden sofort oktroyiert. Fast zwanzig Jahre waren sie die herrschende Ideologie. In dieser Zeit hat sich die Welt gravierend verändert, wohl nicht zum Guten. Die entfesselten Märkte mögen schon alles regeln, soweit die immer noch dominierende Lehre. Vielleicht war 2008 eine Art „Wendekreis der Weltwirtschaft". Manche Schlappe hatte der Neoliberalismus ja schon zu verzeichnen, eine Erosion der Finanzmärkte wie 2008 kannte bisher aber niemand. 1929 war schlimm, nimmt sich aber, was das Volumen der vernichteten Werte und die globale Dimension anbelangt, gerade einmal wie ein Sturm im Wasserglas aus.

Dazu kommt: Die Schere zwischen den Wohlhabenden und den Habenichtsen dieser Welt klafft enorm auseinander – Tendenz steigend. Die Dritte Welt ist gegenüber der Ersten mit 2000 Milliarden Euro verschuldet. Sie zahlt jährlich fast zehn Mal mehr zurück als Entwicklungshilfe fließt. 80 Prozent der Weltbevölkerung sind regelrecht arm dran. Ihre reichen Bodenschätze werden in den Norden gebracht und dort verbraucht. Durch die von den Industrieländern verursachten Schadstoffe und die Klimaveränderung haben sie zu leiden.[293] Die „entwickelten" Staaten wiederum laborieren an Wachstumsdruck und Instabilitäten, resultierend aus Rohstoffabhängigkeit und geradezu rasenden Finanzmärkten. Haarsträubende Ungerechtigkeiten sind weltumspannend die Norm. Handeln ist dringend gefragt, guter Rat aber teuer. Die alles bewegende Frage ist: Gibt es geeignete Konzepte, um den gravierenden Problemen zu begegnen? Diese Frage ist so leicht nicht zu beantworten. Einen Blick auf interessante ökonomische Ansätze soll jedoch nicht verwehrt bleiben.

Ota Šik (1919-2004) etwa schlug einen „Dritten Weg" vor. Heute beinahe vergessen, fußen seine Grundgedanken in den frühen 1960er Jahren. Bekannt wurde der Ansatz, als Šik während des Prager Frühlings 1968 Stellvertreter von Alexander Dubček und Koordinator der Wirtschaftsreformen war. Im Detail formulierte Šik sein Modell erst im Schweizer Exil, wo er ab 1970 als Professor in St. Gallen wirkte.[294]

[293] vgl. Alt, F./Gollmann, R./Neudeck, R.: Eine bessere Welt ist möglich, München 2005
[294] Šik, O.: Humane Wirtschaftsdemokratie – Ein dritter Weg, Hamburg 1979

Kurz gesagt, geht es Ota Šik um eine tiefgreifende Demokratisierung und Humanisierung der Wirtschaft, um die Überwindung des Gegensatzes zwischen Gewinn- und Lohninteressen, um eine Ausweitung der wirtschaftlichen Verantwortung durch Kapitalneutralisierung (kollektives Miteigentum), eine Verbindung von Markt- und Planelementen und die Implementierung einer demokratischen, alternativen makroökonomischen Verteilungsplanung bei gleichzeitig reguliertem Marktmechanismus.[295] Dieser „dritte Weg" wurde seinerzeit viel diskutiert. Letztlich ist er auch vor dem Hintergrund von Prag 1968 und dem damaligen Bemühen, sich von der stalinistischen Kommandowirtschaft zu emanzipieren, zu sehen. Selbst Šik unterzog sich später einer gewissen Selbstkritik. Heute wird das Modell kaum Befürworter finden.[296] Genauso ergeht es anderen, im Grunde ähnlich zielenden Ansätzen: Dem französischen Konzept der „Planifikation" aus den frühen 1970er Jahren etwa[297], oder der praktisch zeitgleich entstandenen „Arbeitsorientierten Einzelwirtschaftslehre (AOEWL)", einem durchaus innovativen Wurf in der Betriebswirtschaftslehre, der aus den Reihen des DGB stammte und alle herkömmlichen Ansätze immer noch gehörig konterkariert.[298] Heute wird so etwas glatt in die Reihen der Alt-68er zurückverwiesen und jedenfalls nicht mit genügendem Ernst betrachtet.

Nach wie vor eine Art „Säulenheiliger" ist demgegenüber Ludwig Erhard (1897-1977), der Schöpfer der "Sozialen Marktwirtschaft" und in Vertretung dieser Vater des deutschen Wirtschaftswunders.[299] Freilich hat Erhard das Konzept nicht alleine erschaffen. Vielmehr nahm er Anleihen, hauptsächlich aber bei der ordoliberalen Freiburger Schule.[300] Erhard unterstellt den Menschen beim Wirtschaften Wohlverhalten, einen angemessenen Rahmen dafür vorausgesetzt. Auch er war

---

295 ebd., 14

296 vgl. Gerschlager, C. (Heftred.): Ota Šik – Der „Dritte Weg" im Spiegel der Zeit. Reminiszenz oder Alternative?, Kurswechsel 1/1992

297 vgl. Kromphardt J.: Konzeptionen und Analysen des Kapitalismus, Göttingen 1980, 205ff.

298 vgl. Strunz, H.: Arbeitsorientierte Einzelwirtschaftslehre. In: Westsächsische Hochschule Zwickau (FH), Fachbereich Wirtschaftswissenschaften (Hrsg.): Perspektiven der Betriebswirtschaftslehre – Jürgen Härdler gewidmet, Plauen 2004, 17ff.

299 vgl. Erhard, L.: Wohlstand für alle, Düsseldorf 1957

300 z.B. bei Walter Eucken, vgl. dazu Eucken, W.: Grundsätze der Wirtschaftspolitik, Tübingen/Zürich 1955

nach 1945 gewissermaßen auf der Suche nach einem „dritten Weg“. Kollektivismus und Planwirtschaft lehnte er genauso ab wie den Laissez-Faire-Kapitalismus. Dieser wird tendenziell mißbraucht und mündet in ökonomischem „Freibeutertum“. Der Staat wiederum ist ein schlechter Unternehmer, der zudem dazu neigt, seinen Einfluß auszudehnen. Bei der Überwachung eines an sich freien Marktes spielt er aber eine zentrale Rolle. Konkret soll der Staat, um die „Soziale Marktwirtschaft“ (vgl. auch Rheinischer Kapitalismus) zu gewährleisten, den Markt quasi organisieren.[301] Die praktische Wirkung dieser Gedanken war unerhört groß. Heute mag niemand mehr so recht daran glauben.[302] Gerade aber in wirtschaftlich durch Wildwuchs bedrängten und politisch großkoalitionären Zeiten wäre dies, also über zielführende ordnungspolitische Konzepte zu verfügen, doch nicht so abwegig, oder?

Selbstverständlich bietet auch linke Wirtschaftspolitik Überlegungen mit nicht unbeträchtlichen Chancen für eine alternative Entwicklung der Weltwirtschaft an. Hier zur Ergänzung, vor allem aber zur weiteren Überlegung seien beispielhaft genannt: Entglobalisierung; Erweiterung der Kategorien des Wirtschaftens für eine künftig andere Weltwirtschaft (politische, soziale, ökologische, ethische, kulturelle); makroökonomische und normative Grundlagen alternativer Wirtschaftsordnungen; allgemein die Analyse von Alternativen und Ambivalenzen sowie die Entwicklung von Möglichkeiten zur praktischen Umsetzung alternativer politischer Ideen; Abschied von der unbarmherzigen Wachstumsphilosophie; die Reform der internationalen Institutionen sowie feministische Perspektiven.[303]

Was könnte nun eine Art Fazit sein? Niemand wird heute ernsthaft bestreiten, daß Märkte als Regulierungsform sozialen Lebens[304] dienen können und auch sollen. Ordnungspolitisch ist aber eine stringente

---

[301] vgl. Mierzejewski, A. C.: Ludwig Erhard – Der Wegbereiter der Sozialen Marktwirtschaft, München 2005, 56f.

[302] Aktuell existiert wohl eine nur mehr kleine „Fangemeinde“; siehe z.B. http://ordnungspolitisches-portal.com

[303] vgl. etwa Biesecker, A./Büscher, M./Sauer, T./Stratmann-Mertens, E. (Hrsg.): Alternative Weltwirtschaftsordnung, Hamburg 2004; Steinitz, K.: Chancen für eine alternative Entwicklung – Linke Wirtschaftspolitik heute, Hamburg 2005

[304] Pirker, R.: Märkte als Regulierungsform sozialen Lebens, Marburg 2004

Steuerung von Seiten des Staates, durchaus unter Einbeziehung gewisser planerischer Elemente darüber hinaus, unbedingt von Nöten. Dabei sind weder Staatsvergottung noch Staatsverspottung[305] angebracht. Im Grunde – und realistisch – geht es für die Zukunft nur um eines wirklich: Einen Kapitalismus mit menschlicherem Antlitz![306]

Piraten bewegen die Welt

Holzbein, Augenklappe, Säbel, klapprige Kisten mit dem Totenkopf schwarz beflaggt; der Schrecken der Weltmeere – typisches Seeräuberklischee (aus dem Film). So etwas gehört der Vergangenheit an und ist endgültig out. Piraten gibt es doch nicht mehr ... Weit gefehlt! Piraterie ist weltweit total en vogue. Die Beute ist reichlicher denn je. Ein Gutteil des Welthandels, der Überseewarenverkehr praktisch ausschließlich, wird über die Meere abgewickelt. Besonders Nadelöhre und große Häfen sind überall geradezu piratenverseucht. Die Straße von Malakka ist berühmt dafür.[307] Alles, was von China und Japan kommt oder dorthin muß, ist in ihr massiv bedroht. Die internationalen Versicherungsgesellschaften übernehmen hier Risiken nur mehr sehr ungern. Das zweite wirklich bedeutende Nadelöhr liegt am Horn von Afrika und am Golf von Aden, dem Ausgang des Roten Meeres. An dessen anderem Ende: der Suezkanal. Hier passieren 20.000 Schiffe jährlich auf dem Weg von oder nach Europa. Man denke bloß, aber bei weitem nicht nur, an die Öllieferungen aus der Golfregion.

Somalia ist ein sogenannter „failed state". Staatliche Strukturen oder Ordnung gibt es in diesem Land längst nicht mehr. Clans teilen sich die einzelnen Gegenden auf und herrschen gewiß nicht demokratisch. Anarchie ist gar kein Ausdruck. Namhafte ökonomische Aktivitäten sind nicht zu verzeichnen. Zuviel haben die langjährigen Revierkämpfe in den ohnehin kärglichen Landstrichen zerstört. Geld kommt schon

---

[305] Eppler, E.: Auslaufmodell Staat?, Frankfurt/M. 2005, 2

[306] Lacina, F.: Für einen Kapitalismus mit menschlicherem Antlitz. In: Chaloupek, G./Heise, A./Matzner-Holzer, G./Roth, W. (Hrsg.): Sisyphus als Optimist – Versuche zur zeitgenössischen Ökonomie. In Memoriam Egon Matzner, Hamburg 2005, 151

[307] vgl. Bossow, G.: Die Straße von Malakka. In: Köhlers Flottenkalender 2009, Hamburg 2008, 86ff.

herein, Hauptquelle sind die Überweisungen der vielen Auslandssomalier in die Heimat. 30 Prozent des BIP sollen sie betragen. Statistiken gibt es natürlich nicht. Das meiste läuft über das hochfrequentierte Hawala-Banking, nicht wirklich nachvollziehbar jedenfalls.

Was tun in der Not? Neue Geschäftsmöglichkeiten finden: Die Küste Somalias ist 3.000 Kilometer lang, sozusagen vor der Haustüre liegt ein neuralgisches Gebiet von weltweit enormer strategischer Bedeutung. „Personal" gibt es zur Genüge. 1.500 Piraten sollen derzeit „tätig" sein – ausgediente Krieger, abenteuerlustige Jugendliche, viele frühere Mitarbeiter der ehemals bedeutenden Küstenwache, die es de facto nicht mehr gibt. Technologisch und logistisch sind die Piraten auf dem neuesten Stand: Drei Frachter sollen als Mutterschiffe umgerüstet worden sein, von denen aus Schnellboote auf Beutezug gehen. Pro Überfall sind etwa 50 Mann beteiligt, schwer bewaffnet mit MP und MG, Panzerfäusten, Raketenwerfern sowie mit GPS und Satellitentelefonen. Fast ist das explosive Gemisch bereit. Eine Zutat fehlt noch, ist aber garantiert – die Beute; aber wie gesagt, jedes Schiff muß hier vorbei: Paradiesische Bedingungen für Piratenumtriebe. Aufgrund der Größe der Schiffe gehen die Freibeuter auf wahrlich große Fahrt. 2008 wurden 30 Schiffe entführt. Bisher haben Piraten die Beute stets an sich genommen. Aber wie bringt man die gesamteElladung eines Supertankers mit einem kleinen, wenn auch schnellen Boot nach Hause? Gar nicht. Neu ist: man entführt bloß die Besatzung – und verlangt dann postwendend horrendes Lösegeld. Der Tanker bleibt einstweilen gut bewacht dort, wo er gerade ist. Etwa 550 Geiseln befinden sich schon in Gewahrsam der angeblich fünf großen somalischen Piratengangs[308]; irgendwo im Hinterland natürlich, praktisch nicht auffindbar. Rund 25 Piratenlager soll es geben. Manche Geiseln kehrten nach Lösegeldzahlung zurück, manche dürften bereits tot sein. Die anderen warten noch auf die Auslösung der geforderten Mittel.[309] 30 Mio. $ sollen die somalischen Piraten heuer schon kas-

[308] Z.B.: „Somali Marines", „National Volonteer Coastguard", „Puntland Group"
[309] vgl. Marchesseau, P.: Geiselnahme auf der Le Ponant – Der Bericht des Kapitäns über die Piraterie im Golf von Aden, Hamburg 2009

siert haben, 500.000 bis 2 Mio. $ pro Schiff.[310] Eines ist sicher: Mehr als 200 Überfälle in großem Stil mußten 2008 registriert werden, so viele wie nie zuvor. Die Situation ist mittlerweile richtig bedenklich. Schon ist sogar die internationale Kriegsmarine im Einsatz.[311] Schwere Kreuzer sollen nun quasi den Verkehrspolizisten geben. Ob das aber eine geeignete Strategie ist? Kürzlich hat ein Kriegsschiff ja schon einen herrenlosen, havarierten Kutter per Kanonenschuß treffsicher einfach versenkt ...

Land grab

Der Hunger nach Ackerland läßt Staaten vermehrt ins Ausland schielen. Weil den armen Ländern das Geld ausgeht, verkaufen sie das Letzte, was ihnen bleibt: ihr Land. Schwellenländer und internationale Konzerne sichern sich Lebensmittelreserven, indem sie in großem Stil Ländereien in hungerleidenden Nationen aufkaufen. Das extremste Beispiel: Der südkoreanische Konzern Daewoo Logistics wollte die Hälfte der landwirtschaftlich nutzbaren Flächen in Madagaskar haben. Um 1,3 Millionen Hektar ging es dabei, Soja und Mais für Korea sollte angebaut werden. Der größte Deal wäre es gewesen, der so jemals abgeschlossen wurde. Dieser Art Neokolonialismus hat der neue Präsident Madagaskars jetzt einen Riegel vorgeschoben. Befürworter finden so etwas gut und sprechen von Technologietransfer, Chancen für neue Infrastrukturen und dringender Kapitalzufuhr. Verschiedene Länder beginnen sich allmählich vor dem „Segen“ zu schützen.

Daß Staaten und Firmen nach Agrarland im Ausland dürsten, ist nicht ganz neu. Schon Ende der 1980er Jahre kauften sich Japaner in mehreren US-Bundesstaaten ein, um dort Rinder zu züchten. Die Produktionsbedingungen waren um so viel günstiger, daß es sich lohnte, die Tiere erst kurz vor der Schlachtung nach Japan zu verschiffen. Doch

---

310 vgl. o.V. (Spectator): Somalia und seine Piraten, Der Soldat 22/2008, 2; Mader, G.: Unter Piraten ..., Der Soldat 23/2008, 9

311 Seit Piraterie von der UNO 2008 als kriegerische Handlung eingestuft wurde, sind Kriegsschiffe aus Frankreich, Niederlande, Dänemark, Deutschland, USA, Rußland und China aufgrund der einschlägigen UN-Resolutionen im Einsatz. Vgl. Hauser, G.: Die NATO verlegt Schiffe an das Horn von Afrika, Österreichische Militärische Zeitschrift 1/2009, 85 f.; Taus, W.: Somalia – Kampf gegen Piraterie, ebd., 83

erst im Zuge der Nahrungsmittelkrise 2008, als sich die Preise für Weizen und Reis vervielfachten, hat der Wettlauf um fruchtbare Böden erst richtig eingesetzt. Plötzlich waren sich etwa die Golfstaaten nicht mehr sicher, ob der Weltmarkt ihren steigenden Bedarf immer decken kann. So eignet sich etwa in den Vereinigten Arabischen Emiraten nur ein Prozent des Bodens für den Ackerbau. Pläne, die Wüste in fruchtbares Land zu verwandeln, wurden längst aufgegeben. Also packte man das Problem an der Wurzel: Im Sudan, der Ukraine, Pakistan, Brasilien und massiv in Südostasien haben die Golfstaaten bereits Land in großem Stil gekauft. Auch China, derzeit noch Selbstversorger, will seinen Devisenschatz zum Landkauf nutzen. Auch viele andere Staaten strecken ihre Fühler einschlägig aus, aber nicht nur sie: Auch Finanzinvestoren wie etwa Goldman Sachs verlockt die Aussicht auf steigende Agrarpreise. In Afrika verspricht man sich eine Rendite von unglaublichen 400 Prozent. Das macht den Landkauf erst richtig lukrativ. Erst recht, wenn man bedenkt, daß es weltweit 4,2 Millionen Hektar bebaubares Land gibt und derzeit davon nur etwas mehr als ein Drittel genutzt wird. In der Subsahara und in Südamerika liegen noch fast 90 Prozent der nutzbaren Flächen brach.

Die Kehrseite der Medaille liegt auf der Hand: Es ist heikel, wenn sich ein Staat in strategisch wichtige Sektoren anderer Staaten einkauft. Oft sind Länder die Verkäufer, deren eigene Bevölkerung hungert und bislang von internationalen Hilfsprogrammen abhängig war. Der Druck, Kapital zu lukrieren, steigt für die armen Nationen künftig mit Sicherheit. Ob mit den Einnahmen - siehe etwa den Sudan - nicht wieder nur Kriege finanziert werden, bleibt sowieso dahingestellt. Zudem hat Geld seit jeher die Tendenz zu versickern.[312]

Das Brot für eine Milliarde Dollar

Die offizielle Inflationsrate beträgt 230 Millionen Prozent. Gerade wurde eine 100-Billionen-Dollar Banknote emittiert.[313] Mehrmals

[312] vgl. Auer, M./Dumbs, H.: „Afrikas neue Lehensherren", Kurier, 22.3.2009, 28; Engelhardt, M.: „Ausverkauf in Afrika", Berliner Zeitung, 10.3.2009, 15; Cambra, L.: „Geld ist Land", http://www.agrotreibstoffe.ch, 10.12.2008

[313] o.v.: „Simbabwe druckt 100-Billionen-Schein", http://www.spiegel.de, 31.3.2009

täglich wechseln die Supermärkte die Preisschilder, die Menschen stehen aber ohnehin vor leeren Regalen. Dringende Importe können längst nicht mehr bezahlt werden. Die Kreditwürdigkeit im Ausland ist praktisch null. So befindet sich die Wirtschaft natürlich im freien Fall. „Es ist so, als hätte man den Stöpsel aus einer Badewanne gezogen. Zunächst fließt das Wasser langsam ab. Doch je näher es an den Ausguß kommt, desto schneller wird es". Man kann davon ausgehen, „daß Simbabwe sich im letzten Strudel befindet. ... Das Gesetz der Wirtschaft ist das einzige, das Mugabe nicht brechen kann".[314]

Dabei begann alles so verheißungsvoll: Robert Mugabe wurde vor 30 Jahren als Freiheitsheld und Hoffnungsträger allseits gefeiert. Versöhnung und nationale Einheit war sein Credo. Simbabwe mauserte sich zur Kornkammer Afrikas und kam zu veritablen Wohlstand. Von einem Musterland war oft die Rede. Vor zehn Jahren begann es aber bergab zu gehen: Der zunehmend autoritäre Präsident enteignete die weißen Farmer, die Produktion bekam einen schweren Schlag. Dürreperioden taten ihr Übriges. Mit seiner mittlerweile ruinösen Politik gab Mugabe dem Land den Rest. Heute ist Simbabwe heruntergewirtschaftet. Nicht nur enorme Versorgungsengpässe bestimmen den Alltag. Die fast 12 Millionen Menschen leben heute vielfach von Hilfslieferungen. Nach den langen Jahren des Niedergangs sind die Menschen regelrecht zu Überlebenskünstlern geworden. Dazu kommt jüngst eine Choleraepidemie, die das Land peinigt. Auch das Gesundheitswesen ist in den letzten Jahren zusammengebrochen.[315]

Mugabe hält, längst zum klassischen afrikanischen Potentaten geworden, natürlich mit Zähnen uns Klauen an der Macht fest. Menschenrechte sind dabei für ihn schon seit Jahren kein Thema mehr.[316] Klar wollen alle inständig, daß Mugabe geht. Eine starke Opposition steht schon seit geraumer Zeit auf den Barrikaden. Zuletzt hat Mugabe so-

---

[314] o.V.: „Simbabwe vorm Kollaps: Die Wirtschaft wird Mugabe zum Verhängnis", Allgemeine Zeitung Windhoek, http://www.az.com.na, 31.3.2009

[315] vgl. Ärzte ohne Grenzen: „Jenseits der Cholera", Berlin 2009; Jung, A.: „Der tägliche Tod", Medico Rundschreiben 1/2009, 18ff.

[316] vgl. Human Rights Watch: „Crisis without Limits - Human Rights and Humanitarian Consequences of Political Repression in Zimbabwe", New York 2009

gar deren offiziellen Wahlsieg glatt negiert.[317] Gelinde ein typischer Fall von Realitätsverlust. Während die Hälfte der Bevölkerung an Unterernährung leidet, versammelte er indes die noch Getreuen zur überbordend opulenten Party anläßlich seines 85. Geburtstages. Eine Liste kursierte in Harare: 2000 Flaschen Champagner, 8000 Hummer, 4000 Portionen Kaviar, 3000 Enten, 8000 Schachteln Schokolade und so weiter. Mögen die Armen doch statt schmutzigem Wasser auch Champagner trinken.[318]

Das Bruttonationalglück

Die Leistung einer Volkswirtschaft möglichst vollständig zu erfassen, war stets ein großes Anliegen der Ökonomie. Das „Bruttoinlandsprodukt“ wurde dieserart zur Meßgröße schlechthin, als Repräsentant einer zweifelhaften, gnadenlosen Wachstumsphilosophie. Auch die EU folgt ihr fast blind, möchte aber den wirtschaftlichen und gesellschaftlichen Fortschritt künftig mit einer neuen Methode ermitteln. Schon 1968 sagte Robert Kennedy: „Das BNP mißt alles, außer das, wofür es sich zu leben lohnt“.[319] Szenenwechsel: 1976 besuchen Journalisten Buthan, das buddhistische Königreich am Fuße des Himalaya. Die Moderne trifft bereits auf die gehüteten Traditionen, die Ökonomie ist von Subsistenzwirtschaft und Tausch geprägt. König Wangchuk gewährt den Gästen eine Audienz. „Wie hoch ist das Bruttoinlandsprodukt von Bhutan“, erlaubt man sich zu fragen. „50 Dollar“, lautet die selbstsichere Antwort. „Ich bin nicht sehr am Bruttoinlandsprodukt interessiert, wichtiger ist das Bruttonationalglück“, sagt der König![320] Gesagt, getan. Mittlerweile hat sein Sohn und Nachfolger dieses Prinzip und sehr eigenständige Entwicklungskonzept in der von Demokratisierung und Dezentralisierung geprägten Verfassung als „Gross National Happiness“ verankert. Bewahrung und Förderung der buddhistischen Kultur, spirituelles Wohlbefinden samt individueller psy-

---

[317] o.v.: „Endgültige Niederlage von Mugabe“, Kurier, 27.4.2009, 6

[318] vgl. Tkalec, M.: „Champagner für den Potentaten“, Berliner Zeitung, 20.2.2009, 8

[319] o.V.: „Das neue Barometer“, Wirtschaftsnachrichten Donauraum, 10/2009, 30f.

[320] http://www.kirchen.net; Michael Rutland, der ehemalige Berater des Königs stellte im Januar 2009 in St. Virgil, Salzburg, das Konzept des BNG vor.

chologischer Entwicklung, Gesundheit, Bildung, der Lebensstandard und ökologische Vielfalt, gutes Regieren und eine nachhaltige sozioökonomische Entwicklung sind dabei die wesentlichen Punkte. Man geht davon aus, daß eine ausgewogene und nachhaltige Entwicklung der Gesellschaft nur im Zusammenspiel von materiellen, kulturellen und spirituellen Faktoren geschehen kann, die einander ergänzen und bestärken. Der Ansatz vernachlässigt dabei auch nicht die grundlegenden Aspekte herkömmlicher Entwicklungspolitik. Eine „Kommission für das Bruttonationalglück" prüft die politischen Vorhaben und Programme sowie die ökonomischen Pläne auf die Einhaltung dieser Grundsätze. Auch gibt es schon Ansätze, das Staatsziel des Erreichens von größtmöglichen Glück und den Grad der Zufriedenheit der Bevölkerung zu messen und damit ihr Wohlergehen zu sichern. Freilich ist das ein eher schwieriges Unterfangen. Aber der „Bhutan-Entwicklungsindex", ein Fächer von verschiedensten Indikatoren, soll darüber Auskunft geben.[321] Der ebenfalls auf die Erfassung bisher nicht berücksichtigter Aspekte abzielende, mittlerweile weltweit erhobene „Happy Planet Index"[322], mag der ambitionierten und innovativen Alternative Bhutans gehörigen Auftrieb geben.

Автомат Калашникова

Professor Michail Kalaschnikow, Held der Sowjetunion, feierte jüngst seinen 90. Geburtstag. Der bahnbrechende Erfinder der AK 47 ist noch immer an der Universität seiner Heimatstadt Izhevsk am Ural tätig. Sein Sturmgewehr, die nach ihm benannte „Kalaschnikow" ist die berühmteste und am weitesten verbreitete Waffe der Welt.[323] 1947 entwickelt, war sie seit 1949 die Standardwaffe der Roten Armee. Die Fakten: Meistens Kaliber 7,62 mm, nur 4,3 kg leicht, seit 1947 praktisch unverändert, absolut zuverlässig und unverwüstlich. Sie schießt

---

[321] vgl. Riedl, T.: „Bruttonationalglück" als Maßstab für Entwicklung, Wien 2009; http://www.bhutanstudies.org

[322] Dabei werden Lebenserwartung und Zufriedenheit der Bevölkerungen in Relation zu den konsumierten Gütern gesetzt. Momentan belegt Vanatu Rang 1, Deutschland ist auf Platz 83, die USA auf 150, hinter Entwicklungsländern wie etwa Burkina Faso.

[323] vgl. „Automat Kalaschnikow", Dokumentation WDR/Arte/ORF, 2003

auch nach einer Woche Schlammbad noch. Jedes andere Gewehr versagt schon bei kleinen Unbillen kläglich. Damit ist sie praktisch jedem anderen Fabrikat haushoch überlegen, egal, ob im unwirtlichen Afghanistan oder anderswo.[324] 80-100 Millionen Stück sollen heute noch im Umlauf sein; produziert in Rußland und 9 von 10 Stück – ursprünglich in Lizenz – in 19 Ländern weltweit. Nachdem die Lizenzen längst abgelaufen sind, wird heute meist illegal hergestellt, angeblich sogar in den USA.[325] Einen besonders großen Ausstoß hatte seit jeher Bulgarien. Heute wird mit der Waffe vor allem der internationale Schwarzmarkt bedient.[326] Die AK vagabundiert dabei sozusagen von Bürgerkrieg zu Bürgerkrieg. Grob gesprochen: Sind die Kämpfe irgendwo beendet, werden die Waffen einfach in den nächsten Krisenherd verschoben. Ob Armeessoldat, Paramilitär, Rebell, Freischärler, Kindersoldat oder Bandit, die AK erfreut sich als ideales Mordinstrument allerorts ungemeiner Beliebtheit. Damit ist sie auch gefährliches Hauptobjekt der illegalen Kleinwaffen-Proliferation, einer fatalen Entwicklung.[327] So gelang es, die Spur ganzer Produktionsserien aus den bulgarischen Waffenschmieden nach Bosnien in den Kosovo, weiter nach Tschetschenien und dann nach Schwarzafrika zu verfolgen. Wo Menschen nichts anderes gelernt haben, als zu kämpfen, wo seit Jahrzehnten der Krieg herrscht, sind Waffen oft die einzige Handelsware, nicht selten die wirkliche Währung. Interessant sind auch die Preise und Äquivalente: In Somalia und im Kosovo kostet eine „Kalasch" derzeit 150 Dollar, nordkoreanische Nachbauten sind schon für 100 Dollar zu haben. In Pakistan bekommt man sie um die Hälfte. In Kambodscha ist das Sturmgewehr gar nur fünf Dollar wert. Drogendealer in New York müssen da schon 3000 Dollar zahlen. Ist harte Währung nicht verfügbar, kommen Naturalien in die Waagschale: In Kenia etwa muß man zwei Kühe für eine AK geben, im Sudan eine Ziege. In Angola zahlte man ganze Schiffsladungen mit Diamanten. Die kolumbianische Guerilla lieferte für 10.000 Kalaschnikows Dro-

---

[324] o.V.: „In the line of fire", Janes Defence Weekly, 23.09.2009, 26f.

[325] vgl. PIR Center for Policy Studies: „Russian Small Arms and Light Weapons – Problems of Unlicensed Foreign Production", http://www.pircenter.org (Moskau)

[326] vgl. Urbach, M.: „Massenvernichtungswaffen", Die Tageszeitung, 10.10.2003, 3; vgl. auch 1

[327] vgl. Stiftung Entwicklung und Frieden: „Kleinwaffen – eine Herausforderung für den Weltfrieden", Policy Paper Nr. 17/2008; http://www.smallarmssurvey.org

gen nach Jordanien ... Kofi Annan bezeichnete Kleinwaffen als Massenvernichtungswaffen und wollte sie in den Kriegsgebieten einsammeln und zurückkaufen. Und was sagt schließlich Michail Kalaschnikow, der angeblich niemals eine Kopeke mit seiner Erfindung verdient hat? Er blickt mit Entsetzen auf sein Lebenswerk und fordert, die Produktion einzustellen![328] Sein Wunsch wird wohl nicht Wirklichkeit werden, auch wenn der Originalhersteller „Izhmash" gerade massiv konkursgefährdet ist.[329]

Im Schuldenturm

Vor mehr als einem Jahr krachte das internationale Finanzsystem. Die Panik griff um sich, allerorts. Eine veritable Wirtschaftskrise war die Folge. Das Auto fuhr, viel zu schnell und ohne Steuerung, gegen den Baum. Allmählich brummt die Wirtschaft wieder. Dem Kurzzeitgedächtnis der Menschen sei Dank, und auch der Reaktion der Staaten. Agieren ist ihre Sache schon lange nicht mehr, reagiert haben sie aber richtig – und schnell. Unzählige Milliarden gaben sie zur Stützung unbotmäßiger Banken und gieriger Finanzberater. Überraschend einig war man sich dabei, und es war gut so. Die Frage ökonomischer Gerechtigkeit mag man an dieser Stelle gefällig ausblenden. Der Wille stand für das Werk. Operation gelungen, der Patient lebt. Die Finanzwelt ist nun wieder bei recht guten Kräften. Manche Stützung ist sogar wieder zurückgezahlt. Die Schuldenberge werden aber noch lange bleiben. Vor dem Abgrund haben sich die Staaten so sehr verschuldet wie sonst nur, wenn sie Kriege führen. Die Gelder für Banken, Unternehmen, Arbeitslose und Konjunkturpakete verschlingen Unsummen, bei zugleich massiv sinkenden Steuereinnahmen. Bis zu drei Prozent der gesamten Wirtschaftsleistung wurden dafür verwendet. Insgesamt haben die G 20 2.000 Mrd. Dollar zugesagt. Soviel Geld ist natürlich nicht da, es muß geliehen werden. Damit rutscht die Welt tief in die roten Zahlen. Gigantische Schuldenberge häufen sich an. Jener der USA wird sich alsbald auf 9.000 Mrd. Dollar belaufen. Japan wird in

---

[328] vgl. Puhl, J.: „Währung Waffe", Die Woche, 21.12.2001, 11

[329] vgl. Anderson, G.: „Bankruptcy fear for Kalashnikov manufacturer", Janes Defence Weekly, 30.09.2009, 25

Kürze mit dem Dreifachen seines BIP in der Kreide stehen. Im Vergleich ist das so viel wie das dreifache Jahreseinkommen des kleinen Mannes – beträchtlich überschuldet jedenfalls. Allen anderen geht es nur unwesentlich besser. Wann wird man das je zurückzahlen können? Ist das eine unabwendbare Entwicklung? Welcher Aufschwung soll das egalisieren? Unbegrenzte Möglichkeiten werden so unbegrenzte Schulden. Vielleicht die höchste Rechnung der Geschichte wird zur Vorlage kommen. Wer wird dafür aufkommen? Der kleine Mann natürlich, wer sonst, allemal ...[330]

Unverschämtes Marktversagen

Marktversagen meint gewöhnlich, daß der allseits gepriesene Markt durch diese oder jene Imponderabilität geschwächt wird. So weit, so gut. Kein System ist perfekt. Mancher Fehler aber stößt wirklich auf und ist zu korrigieren. Ist dies nicht mit Vernunft und Augenmaß möglich, ist der Gesetzgeber gefordert Worum aber geht es wirklich? Führungskräfte sind wichtig, allzeit und systemunabhängig. Macht ist dabei stets – und nicht nur legitimerweise – ein wichtiges Thema. Wissen, Können, Geschicklichkeit und auch der Wille zur Macht sind nötig, sie auch zu erlangen. Sie auszuüben, ist nicht einfach. Zu groß sind die Probleme, zu begrenzt die menschliche Rationalität. Auch der mächtigste Manager ist nur Mensch – und macht Fehler. Selbstüberschätzung ist dabei nicht selten.[331] All die Last, die er auf sich nimmt, ist natürlich anständig abzugelten. Sogleich stellt sich stets die Frage nach dem rechten Maß. 700 Millionen Dollar verdiente Stephen Schwarzman, Manager der Investmentfonds-„Heuschrecke“ Blackstone alleine 2008.[332] Welches Honorar für seine Leistung, rund zwei Millionen Dollar pro Tag! Selbst wenn der Zampano den Sonntag auf dem Sofa verbringt. Erfolg ist gewiß zu remunerieren. Wer aber kann schon so viel leisten? Besagter Herr brachte Blackstone 2007 an die

---

[330] vgl. Schlandt, J.: „Das Land der unbegrenzten Schulden“, Berliner Zeitung, 24.8.2009, 16 und ebenda: o. V.: „Die Welt sieht rot“, 14.9.2009, 12; Dohmen, C.: Let´s make Money, Freiburg/Br. 2009 (vgl. auch den gleichnamigen Film von Erwin Wagenhofer)

[331] vgl. Scholl, W.: „Die Psychologie der Macht“, Der Tagesspiegel, 11.8.2009, 10

[332] vgl. o.V.: „700 Millionen für den Blackstone-Chef“, Berliner Zeitung, 15.8.2009, 17

Börse, um 31 Dollar pro Aktie. Dafür gebührte ihm sein sagenhafter Lohn. Heute notiert seine Firma mit 14 Dollar ... .[333] Ein gerechtes Maß für seine „Leistung“? Richard Fuld, früher Chef des zusammengebrochenen Bankhauses Lehman, „Gorilla“ genannt wegen seines aggressiven (und überaus erfolgreichen) Geschäftsgebarens, hatte kein so gutes Jahr. Um eine Milliarde Dollar soll sein Privatvermögen im Zuge der Krise geschrumpft sein. Heute fliegt er bescheiden wieder mit Delta Airlines und läßt sich in Manhattan nicht mehr gerne blikken.[334] Präsent vor Augen sind noch die Bilder der Hundertschaften von Fondsmanagern, die, ihre Bürohabseligkeiten im Karton, gerade entlassen in der Wall Street standen. Doch indes gewandelt hat sich das Bild. Zur Verantwortung wurde sowieso niemand gezogen. Viele sind dann doch weich gefallen. Merill Lynch hat gerade wieder 3.000 Stellen zu besetzen; und wirbt wie ehedem mit riesigen Bonuszahlungen. Schließlich wurden ja auch im Vorjahr unvorstellbare Summen an die Banker ausgeschüttet. Zurück zum Ausgangspunkt: Wenn jemand wie der deutsche Siemens-Chef Peter Löscher mit einem Gehalt von 10 Millionen Euro in einer engen Welt, die gelinde wie „Dallas“ oder „Denver-Clan“ anmutet, gleichsam als „Ärmling“ dasteht, kann doch etwas nicht stimmen. Gibt es so etwas wirklich? Sind wir im falschen Film? Haben wir es mit Irrungen und Wirrungen zu tun? Ist das alles völlig „systemirrelevant“, oder doch bloß ein Auswuchs des Marktversagens? War einfach der Schock nur zu sanft? Wird die Welt bloß von der Psychologie der Macht an der Nase herumgeführt? Ist der Weg aus den Exzessen zur Tugend so mühevoll? Oder geht es simpel nur um die dringende Notwendigkeit einer Entschleunigung der Zeit und damit um weniger Fahrt in Sachen Akkumulationsgeschwindigkeit des Kapitals?[335] Arbeit jedenfalls sollte sich stets lohnen – für alle, und nicht nur das Gebot der berühmten „inneren Stimme“ sein. Dabei Leistung gerecht zu definieren, scheint das Thema unserer Zeit zu sein.

---

[333] vgl. o.V.: „Am Ende werden die Guten gewinnen“, Berliner Zeitung, 14.9.2009, 13

[334] vgl. Eigendorf, I.: „Der mühevolle Weg zur Tugend“, Welt am Sonntag, 27.12.2009, 29

[335] vgl. Hemmerich, L.: „Triebfeder ist nicht die Gier, sondern die Angst“ (Interview mit dem Soziologen Hartmut Rosa), Berliner Zeitung, 22./23.8.2009, 16

Il Parmegiano

Viel konnte man von den Banken in letzter Zeit nicht erhoffen; zu viel Hang zum Wagnis, dann übertriebene Vorsicht. Selbst wenn man solide Sicherheiten bietet, bei der Vergabe von Krediten zeigt man sich sehr hartleibig. Dabei geht es auch mit Kreativität, so in Italien. In der Emilia Romagna akzeptieren mehrere Geldinstitute Parmesan als Besicherung! Alleine das Bankhaus Credito Emiliano hat 400.000 Laibe des beliebten Hartkäses ihrer Kunden eingelagert. Die 40 kg schweren Käseräder werden mit je 400 Euro bewertet. Die Bank betreibt für den Käse ein eigenes Lagerhaus. Kann ein Kunde seinen Kredit nicht zurückzahlen, wird der Parmesan verkauft. Die Bank geht dabei kein Risiko ein. Fällt der Käsepreis, muß der Kreditnehmer die Differenz begleichen; entweder mit Geld oder mit mehr Parmesan. Diese Art der Finanzierung hat System und bewährt sich schon seit den 1950er Jahren. Sie hilft den Käseherstellern, Engpässe während der zweijährigen Reifezeit des Parmesans zu überbrücken. Gerade in Zeiten der Krise wird die Möglichkeit, Kredite mit Käse zu besichern, besonders gerne in Anspruch genommen.[336]

[336] vgl. o.V.: „Banken akzeptieren Käse als Sicherheit", Berliner Zeitung, 15.8.2009, 17

2010

Leichte Beute für Ausbeuter

„Das Wandern ist des Müllers Lust", sagt ein alter Reim. Heute ist viel Leid damit verbunden. Man stelle sich vor: Ein Dorf in der tiefsten chinesischen Provinz. Man lebt schlecht von einer kleinen Landwirtschaft: Harte Arbeit, wenig Ernte, selten mehr als 60 € Jahreseinkommen. Dazu Eintönigkeit, Langeweile und Zukunftsängste. „Ich will nicht auf dem Feld arbeiten und Schweine füttern. Aber hier bleibt uns nichts anderes übrig".[337] Dann die Chance. Eine Zeitungsanzeige verspricht bis zu 120 € Lohn im Monat, bei freier Kost und Logis. Die Bedingungen: Ab 16 Jahre, gesund und belastbar, keine Erfahrung erforderlich. Das ist attraktiv, vor allem für die Jugend. Wohl ist der Arbeitsplatz mehr als 1.000 km entfernt. Es ist eine Fabrik im Perlflußdelta, wo ein Drittel der chinesischen Exporte hergestellt wird. Der Entschluß steht schnell fest, das letzte Geld wird für die weite Reise zusammengekratzt. Angekommen, wird schnell klar: Vertrag und Versicherungsschutz gibt es nicht. Weil die Papiere nicht komplett sind, wird man illegal arbeiten. Die Arbeitszeit beträgt bis zu 14 Stunden täglich, sieben Tage die Woche. Einmal im Monat ist ein Tag frei. Übernachten wird man in einem furchtbaren Massenquartier. Erst später merkt man, daß Fehlzeiten und auch nur leiseste Kritik Geldstrafen nach sich ziehen. Rechte hat man sowieso keine, die Entlassung droht ständig. Die Löhne werden prinzipiell verspätet, oft erst nach Monaten gezahlt. Das stellt sich als zynisches Instrument der „Mitarbeiterbindung" heraus. Schuldet man jemanden etwas, läuft er nicht davon. Die Lebenshaltungskosten in der Stadt stellen sich als sehr hoch heraus. Meist bleibt vom Lohn nur wenig übrig. Will man die Kinder nachholen, bleibt ihnen der Schulbesuch verwehrt. Man ist

---

[337] Grzanna, M.: „Die Frustrierten", Berliner Zeitung, 22.12.2009, 7

schließlich illegal und kann zudem das Schulgeld nicht bezahlen. So bleiben die Kinder zu Hause und wachsen ohne Eltern auf. Sie können meist nicht mehr als einmal im Jahr zu Besuch in ihr Heimatdorf kommen.

Bis auf 200 Millionen Menschen wird die „gesellschaftliche Verschiebemasse“[338] der chinesischen Wanderarbeiter geschätzt. In einigen Jahren sollen es schon 300 Millionen sein.[339] Weitgehend hat ihnen China seinen bewunderten Aufschwung der jüngsten Zeit zu verdanken. Dessen Träger leben aber unter menschenunwürdigen Bedingungen, sind rechtlich und sozial ausgegrenzt. Letztlich zahlen sie den Preis des chinesischen Wirtschaftswunders.[340] Proteste gibt es ohnehin schon. 35 Millionen von ihnen – die Dunkelziffer ist sicher weit höher – sollen in der Wirtschaftskrise gleich entlassen und nach Hause geschickt worden sein. Dort hoffen sie nun, bald wieder gebraucht zu werden. Denn das Leben auf dem Land bietet erst recht keine Perspektive.[341]

Holzfällen

Der Regenwald ist die grüne Lunge der Welt und ein wichtiges Element des Ökosystems. Zehn Prozent der Erdoberfläche sind von Urwald bedeckt. Die größten Flächen stehen in Brasilien und Indonesien. Die wertvollen Wälder sind jedoch schwer bedroht. Man ist dabei, dem Land die ererbte grüne Haut abzuziehen. Holzeinschlag, oft illegal, und Brandrodung sind die Ursachen. Meist bietet sich ein endlos traurig zerzaustes Bild. Pro Jahrzehnt gehen Flächen in der Größe ganz Skandinaviens unwiederbringlich verloren. Die Kettensägen lärmen unentwegt. Holz wird in großem Stil gebracht, riesige Plantagen werden angelegt, Weiden für die Rinderzucht gewonnen oder Siedlungsgebiete mit Ackerbau geschaffen. Sojabohnen als Zusatz für Kraftfutter und Palmöl als Bioenergie sind momentan die großen Favoriten. Oft werden dabei nationale Gesetze verletzt. Die volkswirt-

---

[338] Bartsch, B.: „Zurück marsch marsch“, Berliner Zeitung, 19.8.2009, 8

[339] vgl. Amnesty International: „China – Die menschlichen Kosten des Wirtschaftswunders“, http://www.amnesty.de, 1.3.2007

[340] vgl. Lange, K.: „Knechte des Booms“, http://www.spiegelonline.de, 1.10.2009

[341] vgl. Erling, J.: „Chinas Wanderarbeiter ohne Jobs“, Der Standard, 21./22.2.2009, 6

schaftlichen Schäden sind groß.[342] Die Eliten der Länder profitieren, die Armut bleibt. Naturvölker verlieren ihr Land und ihre Kultur, einzigartige Flora und Fauna wird zerstört.[343]

Eine internationale Holzmafia verwandelt geschützte Wälder in Südamerika, Asien und Afrika in Gartenstühle, Fensterrahmen oder Billardkugeln. In Indonesien sollen 90 % des Holzes aus solchen Quellen stammen. Nicht einmal Nationalparks werden von der Abholzung verschont. Für einen Jahresumsatz von 20 Milliarden Dollar zerstört die „Branche" skrupellos alles. Die Bäume werden aus den Wäldern geholt, sofort zu Brettern verarbeitet und in benachbarte Länder verschifft. So wird die Ware „gewaschen", ihre illegale Herkunft ist kaum noch nachweisbar. Sie kommt quasi völlig legal in den Häfen der USA, Europas oder Chinas an. Die indonesischen Waldbestände sind in manchen Provinzen – so etwa in Zentralkalimantan – schon um 70 % reduziert. Geht der unkontrollierte Holzeinschlag so weiter, sind die Holzreserven des Landes in 15 Jahren erschöpft, schätzt die Weltbank.[344] Auch andernorts wird gewütet: Seit in Madagaskar das politische Chaos ausgebrochen ist, eskaliert der Raubbau in den Regenwäldern. Das Geschäft mit den Edelhölzern ist regelrecht explodiert. Tropenhölzer wie Palisander, Rosenholz, Ebenholz und andere seltene Sorten, die weltweit schon praktisch ausgerottet sind, gibt es hier noch, obwohl der ursprüngliche Waldbestand schon auf ein Zehntel geschrumpft ist. Mafiöse Gruppen durchsuchen die Wälder systematisch nach den wertvollsten Bäumen. Ein Kubikmeter Rosenholz etwa bringt auf dem Weltmarkt mehrere Tausend Dollar. Spezialisierte Syndikate aus China kontrollieren den lukrativen Handel und nützen die schwachen staatlichen Strukturen. Viel Schmiergeld ist natürlich stets im Spiel.[345]

---

[342] vgl. Gawora, D.: „Zum Beispiel Regenwald", Göttingen 1999; Weder, D.J.: „Umwelt – Bedrohung und Bewahrung", Bonn 2003; o.V.: „Saving the rainforest", The Economist, 24.7.2004, 1ff.; Faißner, K.: „Wir öffnen den Piraten die Arme" (Gespräch mit Lara Lutzenberger, Tochter des verstorbenen brasilianischen Umweltschützers José Lutzenberger), Die Furche, 25.8.2005, 9; http://www.globalforestwatch.org

[343] vgl. Nordhausen, F.: „Der Untergang der Waldmenschen", Berliner Zeitung, 13.10.2009, 8; Nordhausen, F./Garve, R.: Laleo – Die geraubte Steinzeit, Berlin 2009

[344] vgl. o.V.: „Die Holzmafia", http://www.regenwald.org, 12.4.2010

[345] vgl. Engelhardt, M.: „Gebraucht wird Rosenholz", Die Tageszeitung, 11.6.2009, 4

Zahlreiche Umweltschutzorganisationen bemühen sich redlich, stehen aber auf verlorenem Posten. Sowohl den Einschlag zu dämmen, als auch illegale Herkunft nachzuweisen, sind praktisch aussichtslose Unterfangen. Die lokalen Regierungen gehen bestenfalls halbherzig vor. Die Gesetze in den USA und der EU sind bisher „zahnlose Tiger“. Neuerdings versucht man, auch den Kauf illegalen Holzes strafbar zu machen; bisher aber ohne nennenswerte Ergebnisse. Hersteller versuchen zunehmend, die Konsumenten zu bekehren. Auch diese löbliche Absicht ist – noch nicht – wirklich von Erfolg gekrönt. Wie wird es weitergehen? Eines ist klar: Viel Zeit darf nicht mehr verloren gehen.[346]

Geplünderter Ozean

Das Leerfischen der Meere und dessen Konsequenzen ist ein heikles Thema, ein regelrechter Kampf bis zum letzten Fisch. Dieser wird mit allen Mitteln und mit äußerster Konsequenz geführt. Die Ozeane, zwei Drittel der Fläche des Globus, Sinnbild für unermeßlichen Lebensreichtum, stehen am Rand der Erschöpfung. In nur einer Generation hat es der Mensch geschafft, den Reichtum der Meere fast bis zur Neige zu plündern. Ein wirklich guter Fang ist schon bald die Ausnahme. „Das Meer ist geizig geworden“.[347] Über drei Viertel aller Bestände kommerziell genutzter Meeresfische und -früchte gelten als vollständig ausgebeutet, übermäßig überfischt oder schon erschöpft. Insgesamt sind nur mehr 10 % der Bestände von vor 50 Jahren vorhanden. Fisch ist nämlich auf den Speisekarten in Mode gekommen, der weltweite Appetit auf die Früchte des Meeres nimmt täglich zu. Die Folge: Die meisten Fischbestände befinden sich in einem kritischen bis katastrophalen Zustand.[348]

Die modernen, industriellen Fangmethoden, besonders die fatale Grundschleppnetz-Fischerei, fügen den Ökosystemen der Weltmeere

---

[346] vgl. Kohlhöfer, P.: „Operation geplünderter Wald“, GEO 4/2010, 44ff.
[347] Abromeit, L./Hampel, T./Trippel, K.: „Kampf bis zum letzten Fisch“, Geo 6/2007, 133
[348] vgl. Clover, C.: Fisch kaputt, München 2005; Greenpeace: Fisch – beliebt, aber bedroht, Hamburg 2008

schwere Schäden zu. Die tausende Trawler, schwimmende Fischfabriken, umfassenden Fangflotten der Industriestaaten sichern sich über Fischereiabkommen den Zugriff auf die Gewässer der Dritten Welt. Die Heimischen haben sie schon längst ausgeschöpft. Die zahllosen, kleinen Fischer vieler Entwicklungsländer werden jedenfalls systematisch ihrer Lebensgrundlage beraubt, die wichtigste Proteinbasis der täglichen Nahrung für die Hälfte der Menschheit fehlt vor Ort zudem. Weltweit arbeiten in der Fischereiwirtschaft 500 Mio. Menschen. Sie wird in absehbarer Zeit jedoch kollabieren. Bei der „Effizienz" der Trawler ist das kein Wunder. Ein großer Schwarm kann auch gleich 120 Tonnen Fang bringen, das Gewicht eines mittleren Linienflugzeuges. Einmal an Bord gezogen, wird alles schnell sortiert, gepreßt, verpackt und tiefgefroren oder gleich zu Fischmehl verarbeitet. Allein die Öffnung der 450 Meter langen Schleppnetze ist 100 Meter groß. Mit Satellitenhilfe und 3-D-Projektion des Ozeans werden die Schwärme lokalisiert. Das Meer wird mit Netzen durchkämmt, in die sechs Jumbo-Jets im Formationsflug hineinpassen würden und die, zusammengenäht, mehrmals den Globus umspannen könnten. Die Schleppnetze hinterlassen eine Spur der Vernichtung. Der Meeresgrund wird zerpflügt, 80 % der Beute ist unerwünschter „Beifang". Die „Kollateralschäden" sind dieserart gewaltig. Die alten Ökonomen sprachen von der „Tragik der Allmende", der Allgemeingüter. Das trifft hier voll zu.

Große Themen stehen an: Reduktion der Fangquoten; Abbau der Flotten; Einstellung der Subvention; Bekämpfung der Raubfischerei, zumal jeder fünfte Fisch illegal gefangen wird; Einführung von funktionsfähigen Mechanismen der Transparenz von Herkunft und Fangart samt Kennzeichnung; Eindämmung des rechtsfreien Raums und Schaffung international verbindlicher Regeln; Einbindung der „Billigflaggen" in das Rechtssystem und die Implementierung wirksamer Sanktionen und Strafen. Kein Weg wird aber auch an einer nachhaltigen Bewirtschaftung der Meere vorbeiführen: Pausen bräuchte das Meer dringend, zur Erholung und Regenerierung. Das wird sich freilich schwer machen lassen. Nicht zuletzt hängt alles auch vom Konsumenten ab. Meeresfrüchte täglich schon zum Frühstück, sind ganz offensichtlich der falsche Weg.

Aquakulturen – sie decken schon fast 50 % der Nachfrage – mögen ebenso ein Lösungsansatz sein, haben aber entscheidende Nachteile. Auch damit gerät das Ökosystem letztlich aus der Balance. Wo etwa die gigantischen Becken für Shrimpszucht angelegt werden, wachsen die küstenschützenden und viele Tierarten beherbergenden Mangrovenwälder nicht mehr. Die Böden werden verpestet und zerstört. Soziale Strukturen werden gewaltsam verändert, einschlägige Exportstrategien erweisen sich – etwa in Bangladesh, dem fünftgrößten Erzeuger der Welt – nicht als Segen.[349] Doch in einem ganz entscheidenden Punkt schließt sich der Teufelskreis erst: Einfach gesagt – auch Fische fressen Fisch; und so werden für einen Kilo Zuchtfisch bis zu fünf Kilo Fischfutter gebraucht![350]

Müllteppich

Ein gewaltiger Wirbel treibt Plastikmüll durch den Pazifik. 18.000 Plastikteile schwimmen auf jedem Quadratkilometer Meeresfläche. 70 % davon sinken auf Grund. Wahre Müllhalden auf dem Meeresboden ersticken und begraben alles Leben unter sich.[351] Der Abfall stammt aus Asien und den USA, ist jahrelang unterwegs und legt dabei – mit einer Geschwindigkeit von 10 cm pro Sekunde – nicht selten über 10.000 km zurück. Irgendwann kommt er dann wieder praktisch am Ausgangspunkt an. Etwa 100 Millionen Tonnen Plastikmüll zirkulieren auf diese Weise. *Great Pacific Garbage Patch* wird der gigantische Müllstrudel mittlerweile genannt. 1.000 Seemeilen von Hawaii entfernt hat sich indes auch ein Müllteppich von der Größe Zentraleuropas angesammelt.[352] Sünden der Wegwerfgesellschaft, Zivilisationsmüll, wie man ihn sich so richtig vorstellt: Fischernetze, Bojen, Golfbälle, Feuerzeuge, Tüten, Plastikflaschen, Schraubverschlüsse, Zahnbürsten, Bauarbeiterhelme, Kanister, Dosen, Bierkisten, Blumentöpfe, Schilder, Plastikgabeln und -löffel, Elektrosicherungen,

---

[349] vgl. Gouverneur, C.: „Krabben für die Reichen", Le Monde Diplomatique, August 2005, 6ff.
[350] So etwa beim Zuchtlachs; vgl. dazu Fischer, K.: Die globalisierte Lachsindustrie, in: Fischer, K./Reiner, C./Staritz, C. (Hrsg.): Globale Güterketten, Wien 2010, 98ff.
[351] vgl. United Nations Environment Programme: Marine Litter, Nairobi 2005
[352] vgl. Viering, K.: „Expedition in den Müllstrudel", Berliner Zeitung 13.08.2009, 33

Eimer, Styroporteile, Kabeltrommeln, Regenschirmgriffe, Plastikteller, Einmalrasierer, CD-Hüllen, Spülbürsten etc. Die Liste läßt sich natürlich beliebig verlängern. Irgendwo achtlos weggeworfen, landet Vieles schließlich im Meer.[353] Manchmal verlieren auch Schiffe ihre ganze Ladung: einmal 61.000 Turnschuhe, dann 29.000 bunte Spielzeugentchen, ein andermal 29.000 Lego-Figuren. Angeblich soll jedes Teil irgendwann in besagtem Müllteppich enden. Alles „Wert"-Stoffe, jedenfalls was ihre Beständigkeit anbelangt: Die Meeresbewegung zerkleinert sie zwar, ihre endgültige Zersetzung kann aber bis zu 500 Jahre dauern. Die mit der Zeit entstehenden Plastik-Pellets sind zudem gefährlich. Die Meeresfauna verhungert nämlich mit vollem Magen. Die Giftstoffe kommen darüber hinaus in die Nahrungskette und landen schließlich beim Verursacher, dem Menschen.[354]

Rauschendes Fest

Der 9. Mai ist in Rußland der Tag des Sieges über Hitlerdeutschland. Vor nunmehr 65 Jahren wurde die Nazi-Herrschaft bezwungen und eine Tötungsmaschine gestoppt, die ganze Völker ausgelöscht hat, so Präsident Medwedew in seiner Rede bei der traditionellen Militärparade auf dem Roten Platz. Heuer sollte sie ganz besonders sein. Über 10.000 Mann marschierten, unter ihnen erstmals 1.000 Vertreter der Alliierten; sogar eine Einheit der „Welsh Guards" mit ihren markanten Bärenfellmützen war dabei. Zudem nahmen 160 Fahrzeuge und 130 Flugzeuge an der Parade teil. Allein für das Betanken und die Verpflegung der Soldaten wurden 25 Mio. € ausgegeben. 60 Mio. € kostete die ganze Parade, viermal so viel wie im Vorjahr. Auch die russischen Regionen gaben heuer für Beschmückung, Beflaggung und kleinere Militärparaden den Rekordbetrag von 190 Mio. € aus. Richtig teuer wurde aber eine soziale Jubiläums-Initiative. Denn an die Bedürfnisse der Kriegsveteranen wurde bisher nie gedacht. Besonders eine eigene Wohnung blieb für viele ein lebenslang unerfüllter Traum. So bestimmte der Präsident, daß zu den Siegesfeiern alle, die sich vor

---

[353] siehe dazu http://www.greenpeace.de (Maack, T.: „Bordtagebuch: Zum Müllstrudel im Nord-Pazifik", 12.11.2006)

[354] vgl. http://www.müllstrudel.de

2005 um eine Wohnung beworben haben, diese bekommen. Knapp 30.000 Veteranen sind schon umgezogen. Nach 2005 sind weitere 55.000 Anträge eingegangen. Bis Jahresende sollen auch sie abgearbeitet sein. 2,6 Mrd. € wurden dafür zur Verfügung gestellt. So kommt Mütterchen Rußland der Sieg im Großen Vaterländischen Krieg mit über 3 Mrd. € nachträglich sehr teuer.[355]

Goldgräberstimmung

Die Trucks sind so groß wie ein Zweifamilienhaus. Sie fassen 400 Tonnen. Der Bagger bewegt mit einer Schaufel 100 Tonnen Material. In der kanadischen Provinz Alberta werden der Welt größte Lagerstätten von Ölsand erschlossen. Diese Art Tagebau galt vor noch nicht allzu langer Zeit als haarsträubend unwirtschaftlich. Nun machen es die Gerätetechnik und der wohl nachhaltig steigende Ölpreis möglich. Die Reserven sind gigantisch: 400 Milliarden Kubikmeter Öl lagern mutmaßlich, auf einer Fläche so groß wie die Niederlande, im Sand. Derzeit gelten zwölf Prozent davon als abbaubar. 300 Mrd. Barrel können allein daraus gewonnen werden. Das sind weit mehr als die gesicherten Ölreserven von Saudi-Arabien. Schon freut man sich, den weltweiten Erdölbedarf für weitere 100 Jahre gesichert zu haben. Kein Wunder, daß Kanada schon der größte Öllieferant der USA ist.

Das Aufbereitungsverfahren des Ölsandes ist relativ simpel: abgraben, zerkleinern, zentrifugieren und raffinieren. Der Ölsand-Abbau ist jedenfalls billiger als das Erschließen neuer Ölquellen. In den nächsten zehn Jahren wollen die prominenten Ölkonzerne 22 Mrd. Dollar in 58 neue Anlagen investieren. Immerhin kann ein Barrel aus bloß zwei Tonnen Sand gewonnen werden. An heißen Tagen tropft das Öl aus den Uferwänden des Athabasca.

Shell bringt schon demnächst 9.000 Leute in die abgelegene Gegend. 10.000 sind bereits bei den kanadischen Platzhirschen Suncor und Syncrude gut in Lohn und Brot. So verdient etwa ein Fahrer der mächtigen Trucks 100.000 Dollar im Jahr. Genächtigt wird im Camp

[355] vgl. o. V.: „Moskauer Miltärparade zum 65. Siegestag", Der Soldat 10/2010, 4; Ballin, A.: „Siegesfeiern in Moskau kosten 3,1 Milliarden €", Wirtschaftsblatt 7.5.2010, 10

oder Container-Hotel. Die Arbeit geht so schnell nicht aus. Eng wird es allmählich bloß in Fort McMurray. Das ehemals verschlafene Städtchen am Athabasca erlebt jetzt eine wahre Goldgräberstimmung. Normale Jobs will kaum noch jemand machen. Die Lebenshaltungskosten sind nur in Toronto höher.[356]

Mikrofinanzinstitute

Muhammad Yunus – seit 2006 für sein warmherziges, innovatives Lebenswerk Friedensnobelpreisträger – gründete 1976 die Grameen Bank. Er begann mit der Kreditvergabe von 25 Dollar an Menschen ohne Besitz und stellte damit die herkömmlichen Bankpraktiken auf den Kopf. Die Bank hat bisher zwei Milliarden Dollar in Form von Mikrokrediten an 3,5 Millionen Menschen – an die Ärmsten der Armen – verliehen. Yunus, geboren in Bangladesh, war Wirtschaftsprofessor und deprimiert von den realen Lebensverhältnissen außerhalb des Elfenbeinturms: vor den Toren der Universität verhungerten die Menschen, weil sie nicht einmal zu verschwindend kleinen Geldbeträgen Zugang hatten.

In der Zwischenzeit hat Yunus mit seinem Mikrokreditprogramm das Leben von Millionen Familien in Bangladesh verändert. Besonders Frauen werden begünstigt und stellen mittlerweile fast zwei Drittel der Schuldner. Das Modell hat zudem Schule gemacht: heute gibt es in 40 Ländern 125 Projekte auf der Basis der Grameen Bank. In jüngerer Zeit versucht die Bank über ein eigenes Mobilfunkunternehmen die neuen Technologien für die Armen nutzbar zu machen.

Grameen Phone eröffnet – besonders armen Frauen in den Dörfern – die Möglichkeit, Handys als wirtschaftliche Investition zu kaufen. Die Frauen bieten dann ganzen Dörfern oder einzelnen Kunden Telefondienstleistungen an. Das Programm hat einen doppelten Vorteil: der Einfluß der Frauen wird gestärkt, und die Dörfer bekommen eine Verbindung zur Außenwelt. So können zum Beispiel die armen Bauern,

[356] vgl. Paul, R.: „Der Geruch des Geldes", Der Spiegel, 14/2001, 192ff.; Gates, D. S.: Zukunft Ölsand, München 2007; Raoul, E.: „Die Ölsande von Alberta, Le Monde Diplomatique, April 2010, 14f.

die bisher auf Vermittler angewiesen waren, selbst mit den Leuten in der Stadt reden und so ihre Ernte besser verwerten.[357]

Im Staatskadaver

Somalia, prominent gelegen am Horn von Afrika, gilt seit langem schon als „Failed State", als gescheiterter, untergegangener Staat. Ein funktionierendes Gemeinwesen gibt es schon seit bald 20 Jahren nicht mehr. Es existieren keine staatlichen Strukturen und keine staatliche Autorität. Warlords und Clans herrschen in Chaos und Anarchie über ihre jeweiligen Gebiete. Rivalisierende Milizen kämpfen um Macht und Geld. Die Südprovinz, ehemals italienische Kolonie, kontrolliert theoretisch die jeweilige Übergangsregierung. In Wahrheit hat sie aber längst nur mehr einige Straßenzüge im Zentrum der Hauptstadt Mogadischu in der Hand. Das ist nicht gerade viel Einfluß über ein Gebilde, das nahezu so groß ist wie Mitteleuropa. Vor allem islamistische Milizen, die einen „Gottesstaat" wollen, setzen der Regierung stark zu.[358] Die Provinz Puntland am eigentlichen Horn wiederum ist das Nest international gefürchteter Piraten. Eine der weltweit wichtigsten Schiffahrtsrouten führt direkt vorbei, 20.000 Frachter passieren jährlich. Das Operationsgebiet der Piraten erstreckt sich inzwischen auf fünf Millionen Quadratkilometer. Hunderte Überfälle sind zu registrieren, da hilft auch die Armada der internationalen Gemeinschaft, die in den Gewässern zur Abwehr kreuzt, nicht viel. 70 Millionen Dollar Lösegeld wurden etwa 2008 erpreßt, wesentlich mehr als das Budget von Puntland. So ist die Piraterie vor Ort zum angesehenen Geschäftszweig geworden, der vielen Wohlstand bringt. Mittlerweile investieren sogar etablierte Unternehmer in die neue Branche, die Gewinnspannen von bis zu 100 Prozent verspricht.[359] Nicht vermuten würde man dagegen, daß sich in der Nachbarprovinz Somaliland Ruhe

---

[357] vgl. Yunus, M.: Die Armut besiegen, München 2008; Spiegel, P.: Muhammad Yunus – Banker der Armen, Freiburg/Br. 2006; Seifert, S.: Mikrofinanzierung als Instrument zur Förderung des Empowerments von Frauen in Entwicklungsländern, Zwickau 2010

[358] vgl. „Spectator" (Pseudonym): „Somalia – der untergegangene Staat", Der Soldat, 10.1.2007, 2

[359] vgl. Dieterich, J.: „Seeräuber im Villenviertel", Berliner Zeitung, 17.11.2009, 8; Dahlkamp, J./Darnstädt, T./Fröhlingsdorf, M./Gebauer, M./Knaup, H./Schmitt, J./Stark, H./Ulrich, A.: „Flucht in die Zitadelle", Der Spiegel, 47/2010, 116ff.

und Frieden finden. Das ehemals britisch besetzte Gebiet kann aktuell auf eine erfolgreiche demokratische Wahl verweisen. Aus den innersomalischen Konflikten und der exzessiven Gewalt, die hunderttausende Opfer forderten, konnte man sich meistens heraushalten. Zudem kommt man seit zwei Jahrzehnten ohne internationale Hilfe aus. Doch die schon erfolgte einseitige Unabhängigkeitserklärung hilft nicht viel. International anerkannt ist die vergleichsweise mustergültige dritte Provinz des zerrütteten Landes nicht. Daran wird sich so bald auch nichts ändern. Zu heterogen sind die Interessen in einer strategisch wichtigen Weltregion.[360]

Täglich Brot

Rußland brannte! Der Gigant hat schwere Krisen hinter sich: Hitze, Dürre und Waldvernichtung. Ein Großteil der Ernte ging verloren. In die Milliarden gehende Schäden waren zu beklagen. Die Ernteausfälle sind kaum zu ersetzen. Dabei ist besonders Getreide eine absolut strategische Ware, sowohl für die innere Stabilität wie für die Außenpolitik. Mit 100 Millionen Tonnen wachsen in Rußland zehn Prozent der Weltproduktion. Mit den USA und Kanada ist man einer der drei größten Weizenexporteure. Natürlich sind Schwankungen im Agrarsektor normal. Mit Lagerbeständen versucht man diese üblicherweise auszugleichen. Das ist diesmal aber schwierig. Ein – zumindest vorübergehendes – Ausfuhrverbot soll der russischen Bevölkerung zeigen, daß ihre Versorgung und Preisstabilität erste Priorität haben. In dieser Hinsicht ist man im Kreml sehr konservativ. Ohne sozialen Frieden läßt es sich schließlich nur schlecht regieren. Nicht weniger wichtig ist es Moskau aber auch, die reichen Ressourcen des Landes als Instrument der Außenpolitik einsetzen. Das zweifellos prominenteste Beispiel dafür ist die russische Energiepolitik. Weizen findet zwar weniger Beachtung, ist aber ebenso bedeutend. Zumal den Top-Fünf Weizenexporteuren ein ähnliches Schicksal beschieden ist: Dürre in Kasachstan und der Ukraine, Heuschreckenplage in Australien, „Weizenrost“ – ein Pilz, schon lange besiegt geglaubt – in Afrika. So wird

[360] vgl. Prunier, G.: „Somaliland hat es besser“, Le Monde Diplomatique, Oktober 2010, 9

Getreide mehr den je zum Objekt und Mittel der Politik. Moskau ist auch schon bemüht, eine Art Kartell zu schmieden. Speziell Kasachstan, aber auch die Ukraine befinden sich dabei im Fadenkreuz des Kreml. 15 Prozent der weltweiten Getreideproduktion könnte man künftig kontrollieren – und damit ein politisches Druckmittel erster Ordnung besitzen.[361]

Keine Chance

Afghanistan hat sich immer wieder als schier unbezwingbar erwiesen. Über Jahrhunderte wurden Eindringlinge – wer auch immer – auf das Äußerste brüskiert, gelinde gesagt. Auch aktuell zeigt sich das für die „Befreiungs- und Befriedungsmächte“ mehr als schmerzlich. Die Afghanen sind zäh und beugen sich nie.[362] Der „gute Krieg“ ist nichts als ein blutiger Irrtum. Die Expertenstäbe erwägen sicherheitspolitische Strategien, nicht aber wirtschaftspolitische Konzepte. In der Globalisierung spielen die Menschen in Afghanistan ohnehin keine Rolle. Weder als Konsumenten noch als Produzenten sind sie gefragt. Das karge Land ist nicht der Ort, der gute Geschäfte erwarten läßt. Zumindest nicht auf legale Weise; außer Trockenfrüchten und Teppichen – und einer gewissen wiederaufbaubedingten Baumarktkonjunktur[363] – hat Afghanistan vor allem eines zu bieten: Opium![364] Zudem herrscht nicht das Vertrauen in soziale und ökonomische Perspektiven, sondern ein schlimmes Dickicht aus undurchsichtiger Korruption, Vetternwirtschaft und Rechtsfreiheit.[365] Frühere Prognosen haben sich als völliger Fehlschlag erwiesen: „Die Chancen für einen Boom sind bestens. 20 Prozent Wachstum prophezeit der IWF, Unternehmer versprechen sich 15 Prozent Rendite. Viel Geld wird vom Westen ins Land gepumpt. Damit soll der islamistische Terror eingedämmt werden. Mit

---

[361] vgl. „Spectator“ (Pseudonym): „Katastrophen in Russland und die Außenpolitik“, Der Soldat, 8.9.2010, 2; Windisch, E.: „Wer führt Russland?“, Der Tagesspiegel, 15.8.2010, 2

[362] vgl. Fras, D.: „Unbezwingbar“, Berliner Zeitung, 19.11.2009, 3; Willemsen R.: Afghanische Reise, Frankfurt/M. 2007

[363] vgl. Herrmann, R.: „Baumarkt Afghanistan“, Frankfurter Rundschau, 16.9.2005, 32

[364] vgl. Germund, W.: „Afghanistan erwacht aus dem Drogenrausch“, Berliner Zeitung, 3..2009, 8

[365] vgl. Gebauer, T.: „Afghanistan – mit Sicherheit in die Katastrophe?“, Medico International – Rundschreiben 3/2007, 4f.

den Investitionen sollen auch hinreichende Rahmenbedingungen für die Bedienung der chronisch ungesättigten Märkte geschaffen werden."[366] Stattdessen tafeln natürlich nur die Mächtigen, Reichen und allerlei Ausländer – wie so üblich – in Nobelrestaurants, um zumindest für einen Moment die gewaltige Misere zu vergessen.[367] Großverdiener gibt es indes wohl: Vor allem die Taliban haben sich in dieser Hinsicht als besonders „tüchtig" profiliert.[368] Praktisch keinen lukrativen „Geschäftszweig" lassen sie sich entgehen: Erpressen von Schutzgeld, Schmuggel in beträchtlichem Ausmaß, Drogengeschäft, Geldwechsel und internationale Geldwäsche. Vor allem auch mit dem Einheben von „Wegzöllen" läßt sich viel Geld machen. Selbst die Besatzer, die militärischen Verbände aller Nationen vor Ort, müssen für die Benützung von Transportrouten zahlen. Das tun sie denn recht bereitwillig auch: Schließlich ist man auf Nachschub angewiesen.[369]

Der Zuckerberg

Der klassische Begriff „Big Business" taugt nicht mehr. Er greift nämlich einfach viel zu kurz. Neue Entwicklungen im Internet[370] machen es möglich. „Social Network" heißt das Thema. Ein junger Mann namens Mark Zuckerberg ist der Impresario. Erst kürzlich gründete er seine Plattform „Facebook" – Freunde treffen, E-mailen, einkaufen, spielen und vieles mehr. 500 Millionen Menschen sind so heute schon miteinander verlinkt. Facebook, Twitter, Xing, YouTube & Co. erreichen mittlerweile fast ein Sechstel der Weltbevölkerung,[371] Der bisherige Platzhirsch Google ist bloß noch – natürlich nach wie vor bedeutend – ein Konkurrent.[372] Mit immer neuen Angeboten locken die Giganten die Online-User in ihre Spinnennetze. Es geht soweit, das übri-

---

[366] o. V.: „Das hungrige Land", Die Zeit, 15.9.2004, 33

[367] vgl. Fichtner, U.: „Carpaccio hinterm Schlagbaum", Der Spiegel, 44/2010, 120

[368] vgl. Todenhöfer, J.: „Zu Gast bei einer Geisterarmee", Berliner Zeitung, 16.9.2009, 31

[369] vgl. Imbert, L.: „Wegzoll, Schutzgeld, Schmuggel", Le Monde Diplomatique, September 2010, 5; U. S. House of Representatives: Warlord, Inc. Extortion and Corruption Along the U. S. Supply Chain in Afghanistan, Washington, D. C., 2010; Wohlgethan, A./Schulze, D.: Endstation Kabul, Berlin 2009

[370] vgl. Schmid-Egger, C./Krüll, C.: Networking mit Xing, Facebook & Co, München 2009

[371] vgl. Mai, J.: „Das zweite Internet", Wirtschaftswoche, 46/2010, 84ff.

[372] vgl. Reppesgaard, L.: Das Google-Imperium, Hamburg 2010

ge Internet sukzessive überflüssig zu machen und eine Art „Parallel-Web“ zu implementieren. Immer mehr Unternehmen drängen bereits in die neuen Netzwerke, um ihre Produkte zu verkaufen oder etwa auch neue Mitarbeiter zu rekrutieren. Ein Milliardengeschäft! Das Credo: Wer die Kundschaft am besten umgarnt, kann am meisten mit ihr verdienen. Längst werden nicht nur nette Botschaften ausgetauscht. Kein Feld menschlichen Begehrens gibt es mehr, daß vor der Vereinnahmung durch die Konzernhaie sicher wäre. Unentbehrlich will man für die Menschheit werden. Der Anspruch klingt utopisch, ist der Realität aber beängstigend nahe. Die Statistiken der User-Verweildauer sind eindeutig.[373] Shopping-Vollsortimente sind längst selbstverständlich; die Befriedigung vieler anderen menschlichen Wünsche – sei es, günstig zu telefonieren oder einen neuen Partner zu finden – sollen schnell auch bei Facebook und Google möglich sein. Längst sind sie Verkaufsmaschinen. Netzstrategen sprechen von einem „Walled Garden“. Die User dürfen – innerhalb der Mauer versteht sich – nach Belieben grasen und werden permanent schön gemolken. Computer registrieren bis ins kleinste Detail, was immer sie tun. Die (Werbe-)Wirtschaft zahlt gut für die Daten aus der „freilaufenden“ Nutzerhaltung. Dem Innovator folgt jedoch immer schnell ein Imitator. Deshalb gilt es, die Nase stets vorne zu haben, um obenauf zu bleiben. Die Userscharen sollen schließlich nicht bald wieder weiterziehen, sobald anderswo das nächste „große Ding“ lockt. Am besten, sie werden mit den gebotenen Annehmlichkeiten am besten gleich vom Rest des Internets ferngehalten. Dafür muß das Angebot selbst eine soziale Infrastruktur bieten. Zu wissen, wen der Nutzer kennt, ist hier besonders entscheidend. Nur so kann man als Unternehmen verhindern, daß man sich bald selbst überlebt. Hat der Konsument überhaupt noch die Wahl, Facebook & Co. zu verlassen? Ist das Internet einmal vom Wissen der Konzerne über das Sozialgefüge der User durchdrungen, ist es jedenfalls zu spät.[374] Dazu kommt: Wo

373 Dworschak, M.; „Das Netz im Netz“, Der Spiegel, 47/2010, 177; vgl. dazu auch: Schröder, M.: „Einfach mal abschalten“, Der Tagesspiegel, 3.1.2010, 21. Thematisiert wird darin ein sinnvoller Umgang mit der Datenflut, in der viele schon „zu ertrinken“ drohen, und die damit verbundene Gefahr volkswirtschaftlicher Schäden.

374 Schon vor Jahren titelte „Der Spiegel“ warnend: „Ich im Internet – Wie sich die Menschheit online entblößt“ (Der Spiegel, 29/2006)

„Licht", da ist auch Schatten. Das Web systematisch zu überwachen, ist relativ leicht. Die Geheimdienste reiben sich schon die Hände. „Big Brother" ist dagegen bestenfalls eine Miniatur. So fängt etwa die „Einheit 8200" der israelischen Armee längst E-Mails und Telefonate aus aller Welt ab.[375] Nachdem der maschinenlesbare Mensch bereits Wirklichkeit geworden ist, sind Spionage und Attacken im Cyberspace an der Tagesordnung. Nicht zufällig spricht man im Zusammenhang mit einem möglichen III. Weltkrieg – mit nicht einmal vorgehaltener Hand – vom „Cyberwar".[376]

[375] vgl. Hager, N.: „Lauschangriff aus der Wüste", Le Monde Diplomatique, Oktober 2010, 23

[376] vgl. Glenny, M.: „Der fünfte Schauplatz des Krieges", Le Monde Diplomatique, August 2010, 8f.

Internationale Märkte

Herausgegeben von Prof. Dr. Herbert Strunz und Prof. Dr. Monique Dorsch

Die Schriftenreihe „Internationale Märkte" veröffentlicht Monographien und Sammelbände, die sich der marktbezogenen Analyse von Ländern, Branchen und entsprechenden Aspekten des internationalen Managements widmen und wendet sich an ein am aktuellen Geschehen auf verschiedenen Märkten interessiertes Publikum. Autoren, die an einer Veröffentlichung interessiert sind, werden gebeten, sich mit dem Herausgeber der Reihe oder dem Verlag in Verbindung zu setzen.

Band 1 Herbert Strunz: Irak. Wirtschaft zwischen Embargo und Zukunft. 1998.

Band 2 Diana Kowalski: Die Erschließung des Marktes in der Tschechischen Republik. Instrumente, Probleme, Perspektiven. 1999.

Band 3 Herbert Strunz / Monique Dorsch: Libyen. Zurück auf der Weltbühne. 2000.

Band 4 Herbert Strunz / Monique Dorsch: Internationalisierung der mittelständischen Wirtschaft. Instrumente zur Erfolgssicherung. 2001.

Band 5 Herbert Strunz / Monique Dorsch: Algerien. Krise und Hoffnung. 2002.

Band 6 Rica Staiger: Tunesien. Aufstieg zwischen Orient und Okzident. 2003.

Band 7 Herbert Strunz / Monique Dorsch: Sicherheitspolitik und Wirtschaft. 2003.

Band 8 Kati Fleischmann: Schattenseiten des Marketing. Der Kampf um Märkte und Verbraucher heute. 2003.

Band 9 Susanne Klein: Umweltschutz in China. 2004.

Band 10 Franziska Wolf: Senegal. Entwicklungsland im Globalisierungswettlauf. 2004.

Band 11 Silvia Michal-Misak / Monique Dorsch / Herbert Strunz: Perspektiven der österreichischen Neutralität. Politische und ökonomische Auswirkungen. 2005.

Band 12 Mareike Martini / Tina Stopp: Kuba. Eine Insel zwischen ökonomischen Zwängen und ideologischen Träumen. 2006.

Band 13 Alexander Breunig / Harald Pöcher / Herbert Strunz: Wehrökonomik. Entwicklungen im internationalen Kontext. 2006.

Band 14 Christian Wobst: Wirtschaft in Sachsen. Die Transformationsprozesse in den Branchen Automobilbau, Textilindustrie und Mikroelektronik. 2008.

Band 15 Herbert Strunz: Leistungs- und wirkungsorientierte Steuerung im Militär. 2009.

Band 16 Irina Scherf / Holger Scherf / Herbert Strunz: Slowakei. An der Kreuzung Europas. 2009.

Band 17 Gyula Mezey / Herbert Strunz (Hrsg.): Führung von Einsatzkräften. 2011.

Band 18 Herbert Strunz: Tagebuch der Weltwirtschaft 2000-2010. Kommentare, Kritik, Reflexionen. 2011.

www.peterlang.de

Printed by
CPI books GmbH, Leck

FSC
www.fsc.org
MIX
Papier | Fördert
gute Waldnutzung
FSC® C083411

Kolibri 360 GmbH
Ferdinand-Jühlke-Straße 7
99095 Erfurt, Deutschland
produktsicherheit@kolibri360.de